島田流手相占い

島田秀平の

運気が上がる!!

手相の変え方

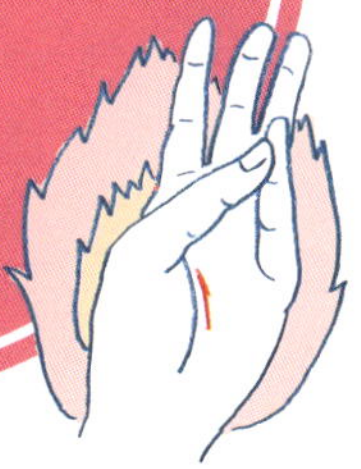

人生がうまく
いかない
ヒュ〜
恋愛でも
さよなら
君
クビ
え…
仕事でも
日常の
ささいなことも
パッ
いつも
赤信号…
ほしい
パン
いつも
売り切れ
ズ〜ン
しかも悩みを
打ち明けられる
人もいない……
大丈夫！
誰にも相談できない
なんてこと
ありませんよ

なぜなら
あなたにはとても頼れる相棒がいるからです
それが……「手」です
何ですか、突然！
申し遅れましたが
手相芸人・島田秀平です！
誰!?
「代々木の甥」とも呼ばれてます
実は手ってスゴイんです
手がスゴイ？
どういうことですか？

手の内を見せる
意味：考えている作戦を相手に明かす
一手先を読む
意味：相手の出方をうかがう
手中に収める
意味：目当てのものを獲得する
手玉に取る
意味：人の心を思いのままに操る
手を組む、手を切る
意味：関係性をつなぐ（断ち切る）
お手合わせ
意味：勝負する、契約する
……など
ドヤァ
これらの共通点、わかりますか？……すべて「手」が含まれているんです
今まで気づかなかった手っていろいろな深い意味があるのね
ほ〜
手を知り尽くせば、必ず幸せになれる！
コレ、間違いないです
手を知るってどうやって？手がしゃべるわけでもないし
そのための方法が
「手《て》相《そう》術《じゅつ》」です

手相……
昔見てもらったけど
さんざんな結果だった
覚えが……
生命線が短いって言われたし……
しゅん……
大丈夫！死にませんよ！
実は手相は
日々刻々と変わるんです！
昨日はなかった線が
できていたり
ずっとあった線が消えたり
BEFORE
AFTER
これはつまり
「運が変われば、
手が変わる」
ということです
性格&運
手相
逆を言えば
「手が変われば、
運が変わる」
ということでもある
でも、
手なんてそう簡単に
変えられないんじゃ
ないですか？
実は
いろいろな方法を
僕が考えて
みたんです
せっかくなので、
試してみませんか？
確かに、何もしないで
悩んでいるより
いいかも……
手は一番身近な
相棒です
まずは
「自分自身の手」
を知ることから
始めましょう！

はじめに

手相はリアルタイムで更新される「自分の取扱説明書」である！

人間にとって「手」はとても重要なパーツです。

人間は手を自由自在に使えるようになったからこそ、ここまで進化することができました。

文字を書いたり、何かを作ったり、欲しいものをつかんだり、いらないものを取り除いたりするのも、すべて手。


手のひらの線の状態、肉のつき方、血色や肌触り……。

日々の生活、行動や思考の結果が手のコンディションに表れています。


そんな手は、言ってみれば「あなた自身の取扱説明書」。

しかも何十億と人が存在する地球上で、同じ手を持つ人はほかにいないのですから、「世界でたった1つ、オリジナルの取扱説明書」といっていいかもしれません。

そんな手の発している情報を読み取ることができれば、人生はグンと生きやすくなります。


手相を知ることで「自分にはこんな才能があるんだ」と気づいて自信になったり、「今はちょっと休んだほうがよさそう」と自分を振り返るきっかけになったりします。

また「もうすぐ転機が訪れそう」とわかれば、
どんなに今がつらくても励みになったりもするでしょう。
手相は、あなたの持って生まれた資質から、
過去・現在・未来までを教えてくれる「万能の取扱説明書」なんです。

――ただ、この取扱説明書、一生変わらないわけではありません。

実は今見た内容と、3カ月後に見た内容で変わっている可能性があります（笑）。


「そんな無責任な！」と思うかもしれませんが、逆に親切なことなんですよ。

なぜなら、10年前のあなたと今のあなたでは、考え方も環境も大きく違っているはず。

あなたを取り巻く状況や心境が変化するのに伴って、手相は変わります。

「リアルタイムで更新される取扱説明書」といってもいいでしょう。


ならば、その取扱説明書を自分にとって望ましい、理想の内容にできたらいいと思いますよね？

そこで今回、「手相を変える」ということにチャレンジしてみました。


そのための方法は3つ。

「手の丘マッサージ」「手相エクササイズ」「パワーネイル」。

どれも簡単にできる方法ばかりですから、ぜひトライして
あなたの「取扱説明書」をよりよいものに変えていきましょう！

CONTENTS

Chapter 1

知っていましたか？

「手」を変えると運が上がるんです！

知れば知るほど奥深い「手」の秘密……。
細かい線を見る前に、手そのもののコンディションをチェックしましょう！
実はこれだけでも「運のよし悪し」がわかってしまうのです。

Shimada Tesou

手相は「運が流れる川」！あなたの手にはどんな川が流れている？

まずは手相の基本的な考え方についてお話ししていきましょう。手相が生まれた中国やインドでは「手相とは運の流れる川である」というふうに考えます。流れる運が「線」となって手のひらに現れているということなのです。

この川は、指から手首のほうに流れていきます。そのため、手相では基本的にタテの線はいい線、ヨコの線はその流れをせきとめる障害を表す悪い線とされています。

また同時に「水の量は運の量」ともいわれています。つまり、線がくっきりと濃く、太い状態で現れていれば、そこを流れる運の量も増えるということ。反対に、線が薄く弱々しかったら、運の量は少ないということになります。

また川の途中に岩があったり、急に水量が減って浅瀬のようになっていたりするとどうでしょう？　流れは滞りま

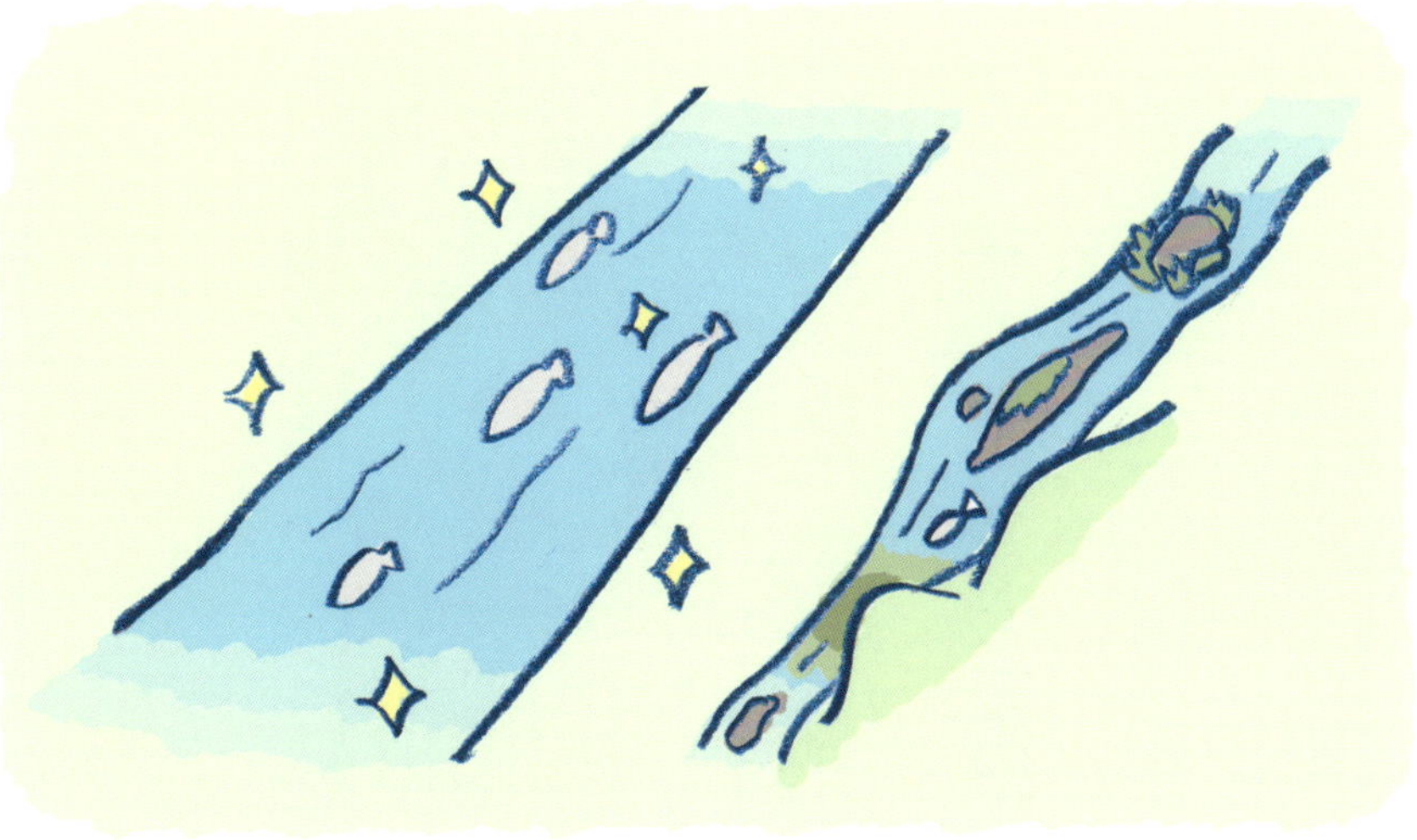

すよね。手相の場合もそれと同じ。線が途切れ途切れになっていたり、途中に島（線の途中に生じる輪のような形の線）ができている人は、**持って生まれた自分の資質を存分に活かしきれていなかったり、本当の自分や感情を抑圧しがち**だったりするかもしれません。

女性に関して言えば、若いうちは線が薄い傾向があるようです。男性でもフラフラした人生を歩んでいる人は、弱々しい線である場合が多いでしょう。

でも結婚して子どもを産んだり、社会に出てバリバリ活躍するようになったりして、責任感が芽生え、**「自分はこれでいくんだ！」という、人生の「覚悟」のようなものが決まると、線が濃くなってくる**傾向があるようです。

「線に乱れがなくきれいで、くっきりはっきりしているほうが、そこに流れる〝運〟の量も増える」、つまり**ゆったり流れる大河のような線**を持っている人は強運といえるでしょう。

まずはあなたの手をじっくり見てみてください。そしてそこにどんな川が流れているか、イメージしてみましょう！

手に刻まれている線は心のアンテナで、線の数は張り巡らせているアンテナの数ともいわれています。

パッと見た時に、基本の線以外はほとんど見当たらないようなつるっとした手の人は、あまり細かいことは気にしない、さっぱりした性格。ある意味、単純というか切り替えの早さが特徴です。

それに対して線が多い人は、それだけ感受性が豊か。常に全方位に意識が向いていて気配り上手。優しい性格ですが、ささいなことを気にして、くよくよしやすいかもしれません。

ちなみに野球選手で言うと、バッターは線が少ないシンプルな手相の人が多く、ピッチャーやキャッチャーは線がたくさんある複雑な手相の人が多いですね。バッターは自分の打順の「ここぞ」という場面で集中すればよいのですが、ピッチャーやキャッチャーは、常にあらゆる方向に意識を向け、シミュレーションをしなければならないわけですから。

また、きれいな女優さんの手に意外と線が多いのは、演技には感受性の豊かさが必要だからかもしれません。こうした職業の違いが手にも表れていておもしろいものです。

Shimada Tesou

細かく線を見なくても、「パッと見」だけでここまでわかる！

手相というと、細かい手の線を読み解くものと思っている人も多いかと思いますが、手相占い師は手の線だけを見ているわけではありません。手そのものの大きさや厚さ、かもし出すオーラなどにも、その人の性格が表れています。

さらに言うなら「手を見せて」と言った時の手の出し方から見ています（笑）。

さあ、あなたも手を出してみてください。

今、パッと指を開いた状態で出した人は、カラッとした性格で裏表のないタイプ。細かいことは気にせず、自分に自信があるでしょう。

やや閉じぎみにおずおずと出した人は、かなりの慎重派。「大丈夫かな」「何を言われるんだろう」という警戒心が先

に立つタイプで自分に自信がない人が多いかもしれません。
また手を出した時の中指と薬指のくっつき具合にも注目を。実はこの2本の指は神経がつながっています。この指がくっつきぎみだと「わざわざ指を離すのすら億劫」ということで、かなり疲れがたまっている状態と判断することができます。
「手を差し出す」という動作だけで、ここまで読み取ることができるんですから、手相って奥が深いですよね。

手の厚さは、○○の厚さに比例する！

ほかにも手のひらで見るべき部分がいくつかありますから、チェックしてみましょう。

例えば手の厚さは「情の厚さ」に比例するといわれています。手を横から見た時に、もこもこと厚手か、薄くぺしゃんとしているかで判断してみてください。他人と見比べてみるとよくわかりますよ。

手が厚い人は、情が厚い親分肌。困っている人を見ると放っ

ておけないタイプです。もしも好きな男性の手が厚いタイプだったら、どんなささいなことでもいいから「困っているんだけど……」と相談事を持ちかけるのがおすすめ。頼られるとうれしくなりますから、そこからお近づきになれる可能性が高いです。「教えて！」と何かを質問するのもいいですよ。

逆に手が薄い人は、情が薄いというよりは、他人よりも自分への関心が強い人が多いです。ですから服装や行動などのセンスを褒めるのがおすすめです。「何が好きなんですか？」「普段、休みの日は何をしているんですか？」とたくさん質問をして、相手のことを引き出してあげると喜ばれます。

いかがでしょう？　手相の読み方がわからなくても、手をパッと見ただけで、これだけの情報を読み取ることができます。気軽に「手相を見せて」なんて言えない会社の上司や気になる男性なども、こうした手の形から性格を読めば、うまくつき合うコツが見えてくるかもしれません。覚えておいて損はありませんよ！

Shimada Tesou

いよいよ大発表！「運のいい手」の3つの条件

これまでに芸能人を含め、何万人もの人の手を見てきた僕ですが、「運のいい人の手」って、実はパッと見ただけですぐにわかるものなんです。それはいったいどういう手なのか、ここで大発表したいと思います！

●運のいい手の条件①　お餅のように「もっちり」

お金持ちの手はやわらかい。これはもはや手相界の常識といってもいいでしょう。カチコチの手よりも弾力のある手のほうが、お金が自然と引き寄せられます。例えば秋元康さんの手は、信じられないくらいのやわらかさでした。

●運のいい手の条件②　吸いつくように「しっとり」

運のいい人の手は、しっとりしていてずっと触っていたくなる気持ちよさがあります。ちなみに内村光良さんは水風船のようにしっとりと吸いつく手を持っていました。乾燥する

と線が弱々しくなるため、ハンドクリームは冬だけでなく、一年中、マストアイテムですよ！

●運のいい手の条件③　全体に線が「くっきり」

あとから紹介する基本6線（P25）は、どれもくっきりと濃い状態が強運。芸能人はくっきりした線を持つ人が多いのですが、それは、ものすごい熾烈な競争を勝ち抜いて今のポジションを得ているから。それだけ強運を発揮してきたことの証しなのでしょう。しかもタテ線が多めです。

あなたの手は当てはまりましたか？　なかったとしても大丈夫。最初にお話しした通り、「手を変えれば、運が変わる」のですから、手の状態を変えればいいのです。手をもっちりやわらかくするには、実はマッサージが有効！

そこでトータルビューティーアドバイザー・水井真理子さんにご協力いただいて、手をふっくらさせたり、血行をよくしたりする本格的なハンドマッサージ法も紹介していきます。

手の状態がよくなって運が上がるだけでなく、見た目も美しくなる……、まさに一石二鳥ですよ！

目指せ！　手の女子力UP①

Let's ハンドマッサージ

～やわらかい手を作る編～

1

両手の指を組み合わせます。

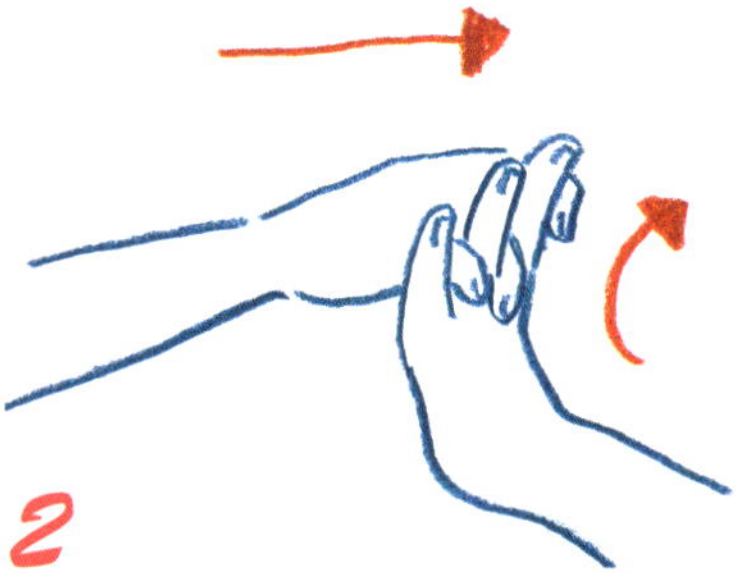

2

片方の手を少し上にずらし、指と手のひらをのばします。

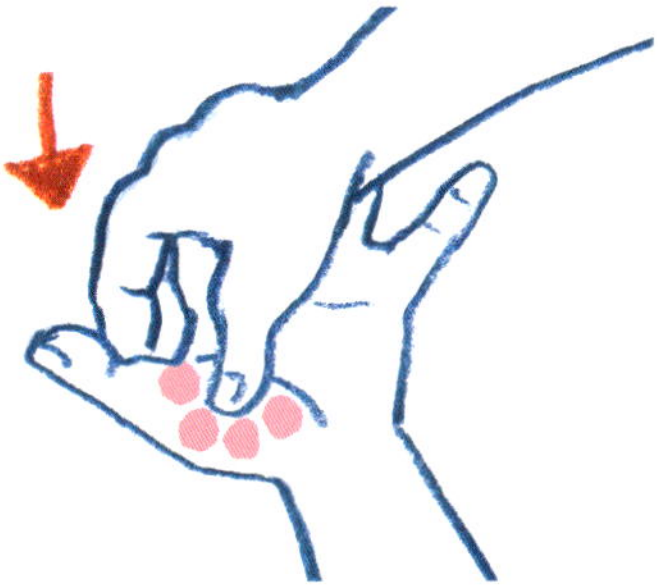

3

手のひらを上に向け、親指の付け根に反対の親指を当て垂直に押すようにして全体的に凝りをほぐします。

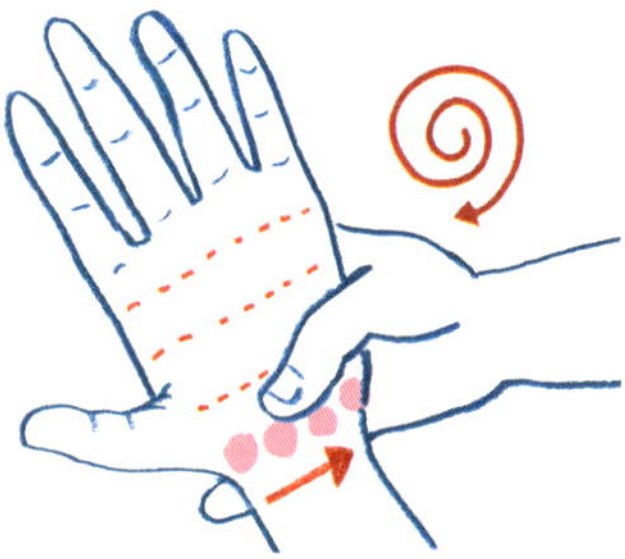

4

手のひらを横に4ラインに分けてほぐしていきます。まずは手首の付け根のところから親指で押しながらほぐしていきます。押しながら回すようなイメージです。

美HAND Column

ネイルやハンドクリームなどで手の表面をきれいにしている女性は多いはず。でもあなたの手はやわらかいですか？　手は重い物を持ったり、洗い物をしたり、メールを書いたりと1日中酷使しているため、意外と固くなっている人が多いもの。それに年齢が表れやすい場所でもあります。だからこそ日常的にしっかりケアをすることが大切です。女性らしいしなやかでやわらかい手、思わず「つなぎたくなる手」を目指しましょう！

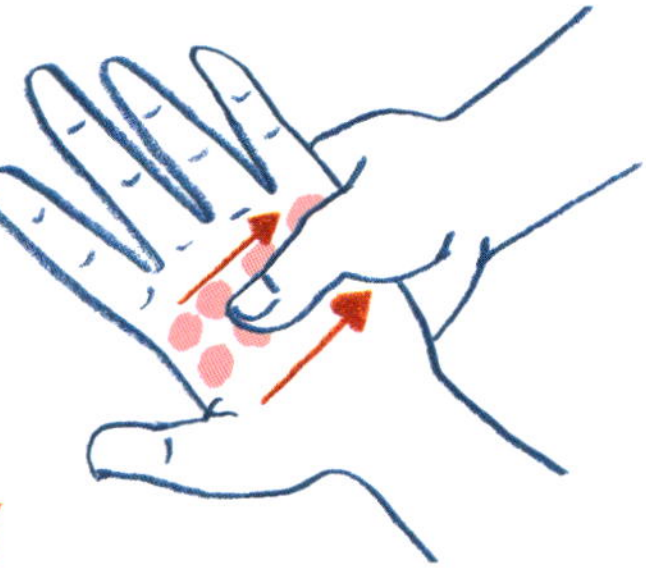

5

少しずつ指を移動させ、次は親指の付け根のラインを、同様に親指と人差し指の間のラインをほぐしていきます。

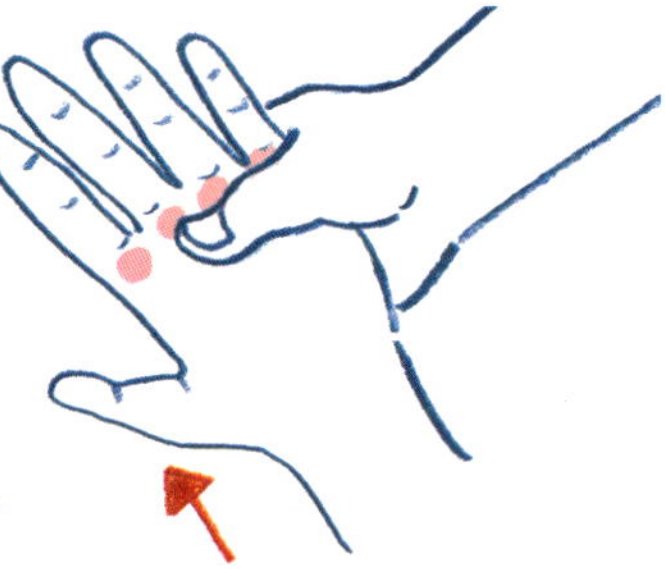

6

さらに少しずつ指を移動させ、指の付け根のラインも同様にほぐしていきます。

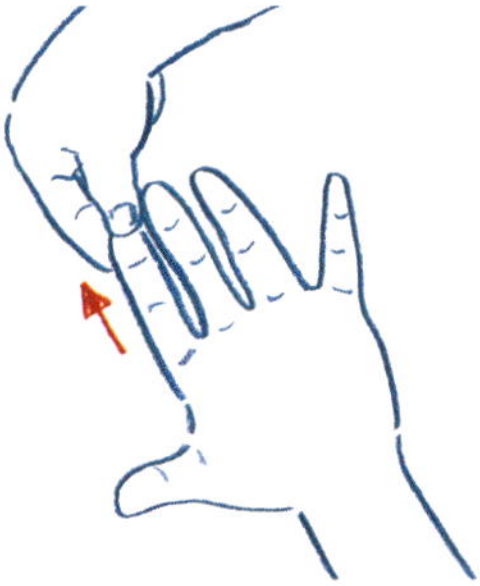

7

人差し指の付け根から指先に向けて、親指で指全体を押し、もむようにほぐしていきます。これを中指・薬指・小指・親指も同様に行います。

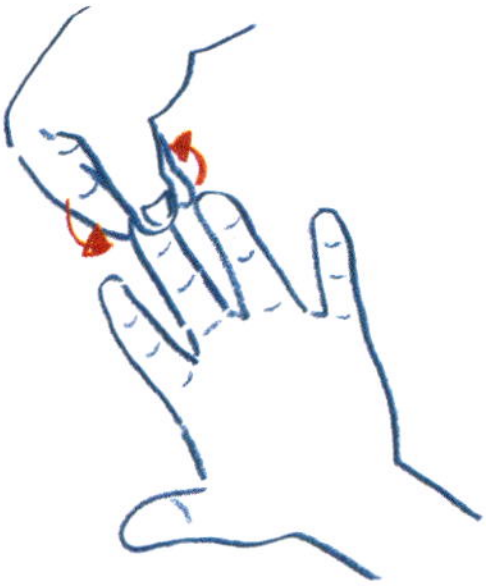

8

最後に指先で指の腹を回しながらほぐします。②～⑧を左右同様に行いましょう。

ちょっと得する
"手の話"
1

一度覚えれば、ずっと役立つ！
手相が読めるとコミュニケーション上手に！

「手相って難しいんでしょう？」「たくさんの線の意味を覚えられるのかな」と言う人がいます。
でも大丈夫！　思っているよりもずっと手相は簡単ですし、一度マスターすると本当にいろいろな場面で役立つこと間違いありません。

手相を学ぶメリット、まずは「コミュニケーションの道具になる」ということです。「手相を見ることができる」と言うと、いろんな人が「自分の手も見て！」と話しかけてくれます。しかも今の状態や悩んでいることなど、相手のほうからいろいろな話をしてくれるので、仲よくなりやすいんですね。
僕自身、学生時代はとてもシャイで、彼女ができても半年間、手を握ることができなかったくらいなのに、今は女優さんのほうから手を出してきてくれますからね（笑）。

そして手相って、人を元気づけるための絶好のツールでもあるんです。「彼氏に振られちゃって死にたい」と言う友達に「大丈夫、いい人現れるよ」と言うと「慰めなんてやめてよ！」と言い返されちゃったりしますけど、「〈モテ期到来線〉（P133）出てるよ！ほらココに」と言うだけで、「えっ、ホント!?」とコロ

りと態度が変わったりします。「手の線」という根拠が目に見えるから、納得しやすいんでしょうね。

そして手相は他人だけでなく「自分自身」とコミュニケーションを取るきっかけにもなります。

普段、慌ただしく生きていると、自分について考える暇ってなかなかないと思うんです。そのうち自分がどうしたいかわからなくなったり、「これでいいのか」と不安になったり。そんな時、手を見るといろいろなことがわかります。「会社を辞めたいなあ」と思いながら手を見ていたら、見覚えのない線があり、調べてみたら〈ブレイク線〉（P35）！　それが転職に踏み切るきっかけになったりすることも。

しかも手は、いつ、どんな時もあなたと共にあります。ランチタイム、何かの待ち時間、電車の中……いつでも手を見ることはできます。「忙しいからまた今度」なんて考えることを先送りしなくなります。

周りの人、そして自分自身と円滑な関係を育むためにも、ぜひ手相をマスターしてくださいね！

Column

島田流！ 使える恋愛心理テク

合コンやデートで選ぶべき最高の「席」が存在する！

手相とは少し異なりますが、女性の皆さんから「教えて！」というご要望の多い「使える恋愛テクニック」をこのコーナーでは紹介していきます。

①意中の相手の「角」を取れ！

例えば4対4の合コンで、狙っている相手がいる場合、座るべき場所はどこだと思いますか？ だいたいみんな、向かい合わせの真正面や、真横の席を狙いたがるんですが、取るべき席は「角」、つまり対角線上にある席です。実は一番会話が盛り上がりやすいのがこの席。真正面だと「対決」の姿勢になって、相手が警戒心を抱きやすくなります。真横だと存在が視界に入らないため「交わる」ことができません。これに対し、対角線の席に座った相手には、なぜか心の内を話したくなるという効果があります。

②「光」を背負うべし！

席を取る際にもう1つ、チェックしたいことがあります。それは窓や照明がどこにあるか。できればあなたの背後に光がくるような席を選ぶのがベスト！ 「後光《ごこう》効果」といって、背後から光で照らし出されると、まるで後光が差している神様のように見えて、無意識のうちに相手の話を信用してしまうといわれています。

ということで、デートや合コンで選ぶべきは意中の相手の斜め前、なおかつ後ろに照明や窓がある席です！

Chapter 2

基本6線をチェック！

今のあなたの「幸運握力」を調べます！

生命線・頭脳線・感情線・運命線・金運線、そして結婚線。
あなたの手に刻まれている、6つの線を読み解きます。
すべての線が発しているメッセージをキャッチして、
自分はどんな人間なのかを探ってみて！

私ってどんな人？それを教えてくれる6つの線

ここからは、いよいよ本格的にあなたの手相を見ていきましょう。注目すべきは次のページにある基本6線です。

①生命線……親指と人差し指の間から下にのびる線
②頭脳線……親指と人差し指の間からヨコにのびる線
③感情線……小指の下から人差し指や中指へのびる線
④運命線……中指の下からタテにのびる線
⑤金運線……薬指の下からタテにのびる線
⑥結婚線……小指の付け根と感情線の間にあるヨコの線

どんな人にもたいてい刻まれているのが、生命線、頭脳線、感情線です。運命線、金運線、結婚線は場合によってはない人もいます。また頭脳線と感情線が一体化している特殊な手相〈ますかけ線〉の人もいます（P44）。

さあ、あなたの手はどうでしょうか？

これが基本6線です！

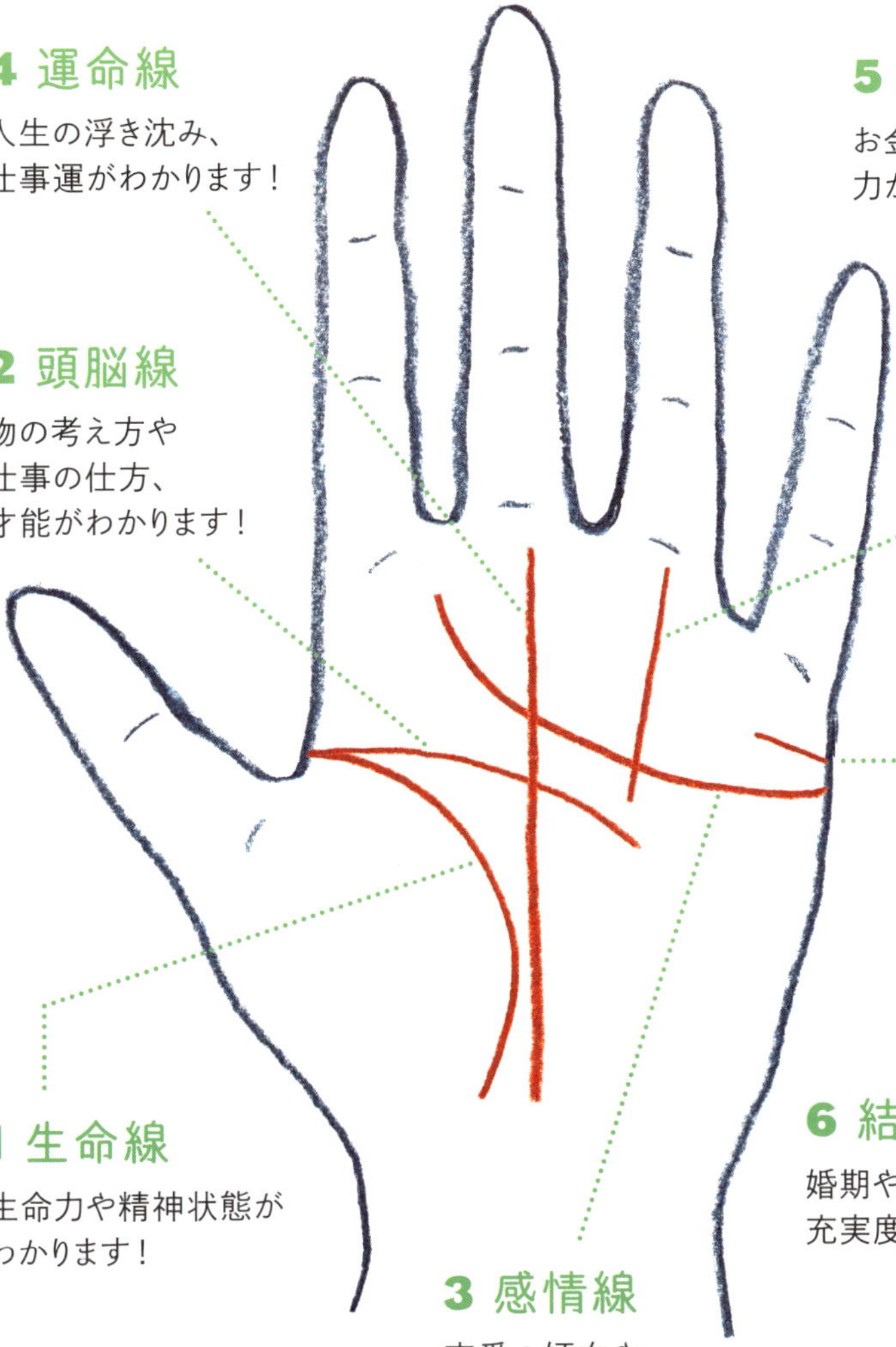

1 生命線

生命力や精神状態がわかります！

2 頭脳線

物の考え方や仕事の仕方、才能がわかります！

3 感情線

恋愛の傾向やどういう感情表現をするかがわかります！

4 運命線

人生の浮き沈み、仕事運がわかります！

5 金運線

お金を生み出す力がわかります！

6 結婚線

婚期や結婚生活の充実度がわかります！

あなたの手の中にいる6つのキャラクター

ここから紹介する基本6線は、あなたの中に存在しているキャラクターのようなものとイメージしてみましょう。

例えば、生命線はやんちゃな少年。この線のコンディションがよければ、どんどん外に出て遊び回るでしょうが、ちょっと弱々しければ、あまり無理をせず家にいることを好むかもしれません。頭脳線ならビジネスマン、感情線はかわいい女の子……と、あなたの中にいる6つのキャラクターがどんな状態にあるのか、それぞれ見ていきましょう。

ただし、心にとめてほしいのは、この基本6線は必ずしも「こうなっているのがいい」「こうなっているとダメ」ということではありません。すべてがあなたの中にあるキャラクター。よりよいおつき合いの仕方をマスターすればいいのです。

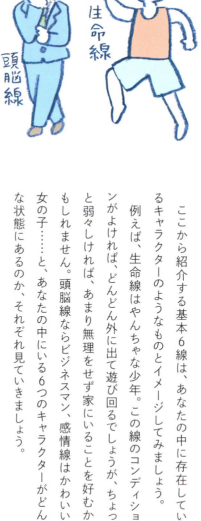

「私を見て！」と主張してくる線に注目

ちなみに手を見た時に、パッと目がいく線はありませんでしたか？ これは僕が長年、手を見続けたからわかるのかもしれませんが、**手を見た時に不思議と「主張してくる線」があるんです**。まるで線が何か訴えかけているような……。

また、手相についてまったく知らない人から「最近、この線が変わってきた気がするんですよね」「この線が濃くなってきたような……」なんて聞かれることもあるのですが、その線の意味を教えると「まさに悩んでいたことです！」とおっしゃることが多いのです。つまり、手のひらを見た時に、**なぜか目につく線は、その人が今一番気になっていることを表す線**であることが多いようです。

それはやっぱり「今、このテーマが大事ですよ」と手が教えてくれているのかもしれませんね。だからこそ、暇な時はぜひ手を眺めましょう。そして気になる部分を見つけたら、ぜひこの本でその意味を調べてみてください。きっと重要なヒントが隠れているはずですよ！

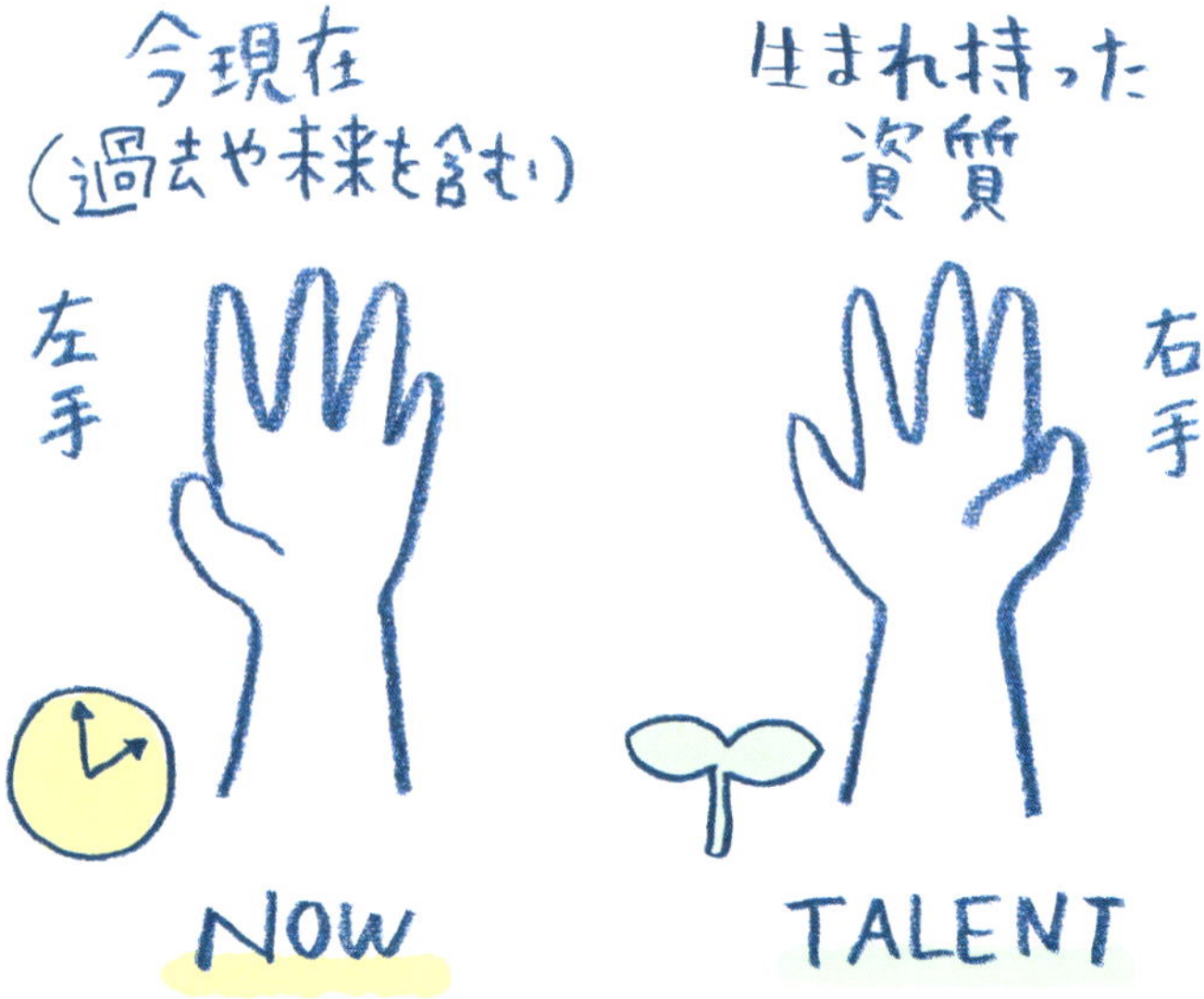

右を見るか、左を見るかの問題

そして手相を見る際、必ず問題になるのが「左右どちらの手を見るか」ということです。これは流派や占い師によって異なるというのが実情。両手を握った時に上になった側の手を見るという人もいますし、韓国では27歳までは左手、それ以降は右手を見るのだそうです。

僕はこれまでにたくさんの人の手を見てきて、右はあまり線が変わらないのに対して、左は頻繁にコロコロ変わるな、という印象があります。そこで右手は「生まれ持った資質」、そして左手は「今現在(過去や未来を含む)」ととらえています。そのため本書では主に左手を見ていきます。

手相を見るのに慣れてきたら、両方の手を見るのもいいでしょう。例えば右手(資質)はいい相を持っているのに、左手(今現在)が今ひとつなら「せっかく才能はあるのに活かせていませんよ」ということなのかもしれません。逆に右手(資質)はそれほどでもないのに、左手(現在)にいい相があるなら「あなたが努力した証拠」と読めるでしょう。

その線は採用すべきか否かの問題

「手相は見るのが難しい！」という声をよく聞きます。それは当然のこと。ほとんどの人が、自分の手しかじっくり見たことがないのですから、その線が長いのかどうか、カーブしているのかどうかを判断するのは難しいかもしれません。こうしたことは、人と比べてみた時に初めてわかるもの。人の手を見せてもらったら、自分とまったく違っていて、「人間の手の線はこういう形が当たり前」と思っていた固定観念が崩れるかもしれません。ですから、どんどん**お友達同士、家族などで手相をチェックし合ってみて**ください。

また「うっすらしている線は、採用していいの？」という質問もよくあります。基本的に線はくっきりと濃く出ているのがいい状態ですが、たとえ薄かろうと、弱々しかろうと、その線らしきものが「ある」のなら、「ある」と考えてOKです。

今は十分に開花していなくても、**その線の示す素質、可能性をちゃんと持っていることの証し**だからです。

Life Line

基本6線 1

生命線

体力と身体の強さ、エネルギッシュさを表す線

その人の生命力が表れるのが、生命線です。身体の強さ、精神的なタフさ、スタミナ、どのくらい頑張りが利くかといったことがわかります。「生命線が短いと早死にするんですか?」とよく聞かれますが、そんなことはありません!

線の長さよりもむしろ大事なのはカーブ具合。人差し指と中指の間の位置よりも、線がグンと張り出していると、かなり元気でパワフル、それに到達しない場合、体力的に無理はできないタイプかも。さあ、あなたはどちら?

これが生命線です

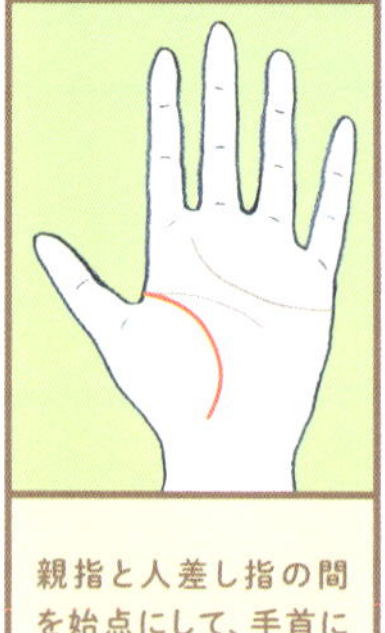

親指と人差し指の間を始点にして、手首に向かってのびていく線

Check 1

生命線の「カーブ」はどうなっている？

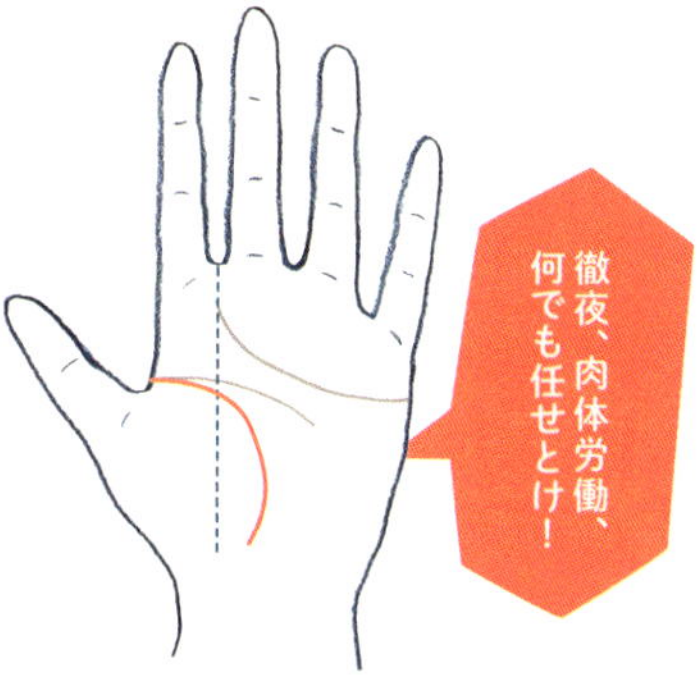
徹夜、肉体労働、何でも任せとけ！

カーブが人差し指と中指の間よりも張り出す

肉体・精神ともにタフ！限界まで頑張れる

生命線のカーブがグンと張り出しているほど、身体が丈夫。普段から身体を動かしている人は、この線が濃くしっかり出ているはず。肉体的な強靭さだけでなく、精神的にもかなりタフなので、みんながバテている場面で、1人だけケロリとしていて、「超人」なんて言われているかも。

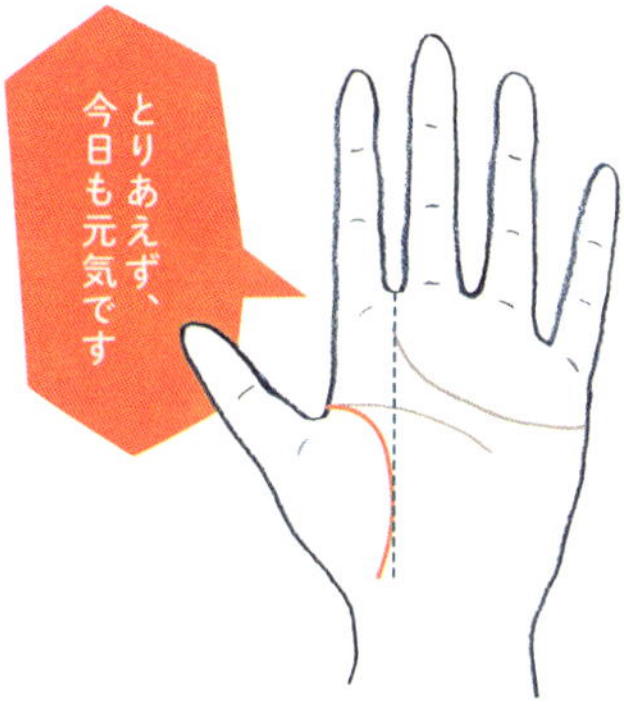
とりあえず、今日も元気です

カーブが人差し指と中指の間辺りまで張り出す

毎日をつつがなく生きる平均的な身体の強さ

もっとも平均的な健康状態。テストや仕事の大一番など、大事な場面では力を発揮するけれど、さすがに毎日だと疲れてしまう……というタイプ。休養も必要です。精神面の強さも平均的で落ち込むこともあるけれど、しばらくたてば復活。今日も元気に生きているはずです。

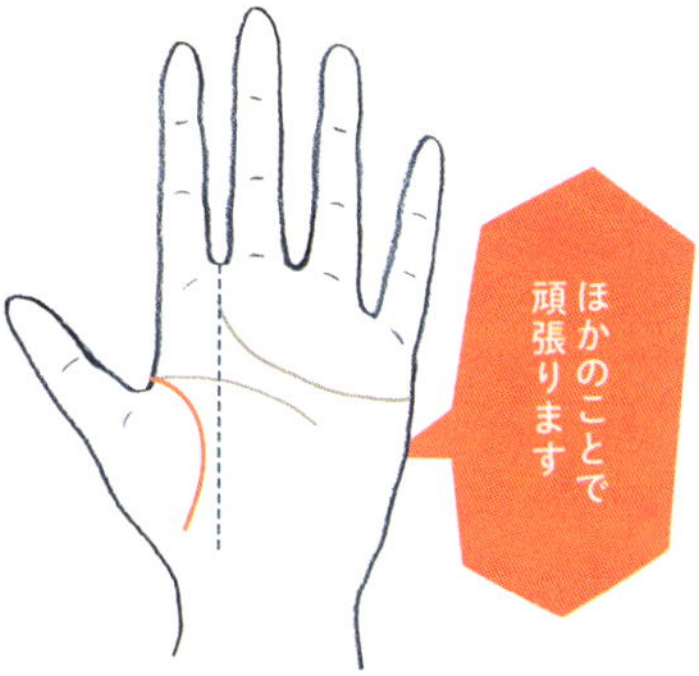
ほかのことで頑張ります

カーブが人差し指と中指の間に届かない

もしかして虚弱体質!?無理はしないほうが……

何かと疲れやすいのがこのタイプ。あちこち出歩くよりも「家にいたい……」というタイプかもしれません。精神的にも打たれ弱く、ささいな言葉に傷ついたり、壁にぶつかるとなかなか立ち直れないかもしれません。特にカーブがまったくない場合は、心の病を抱えがちなので気をつけて。

Check 2

生命線の「状態」はどうなっている?

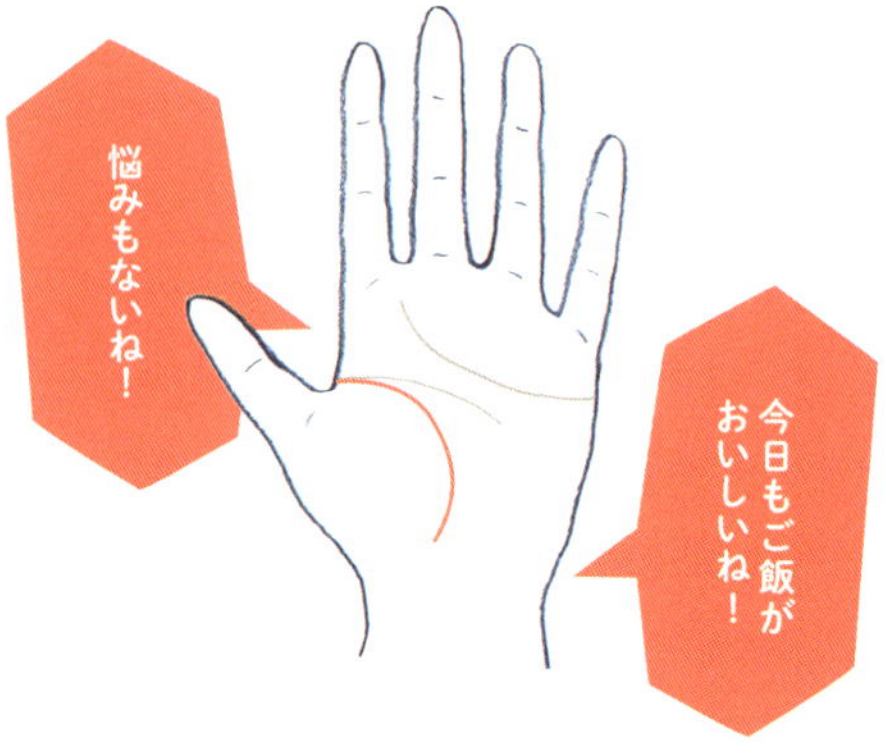

一切の乱れなし、くっきり

おかげさまで、元気に毎日過ごせてます

生命線に乱れがなく、濃くくっきりとしているなら健康面は問題なし。スタミナも十分で毎日元気に過ごせているでしょう。やる気もあるので、いろいろなことにフットワーク軽く挑戦できているはず。このコンディションを維持して、心も身体も健やかな毎日を過ごしましょう!

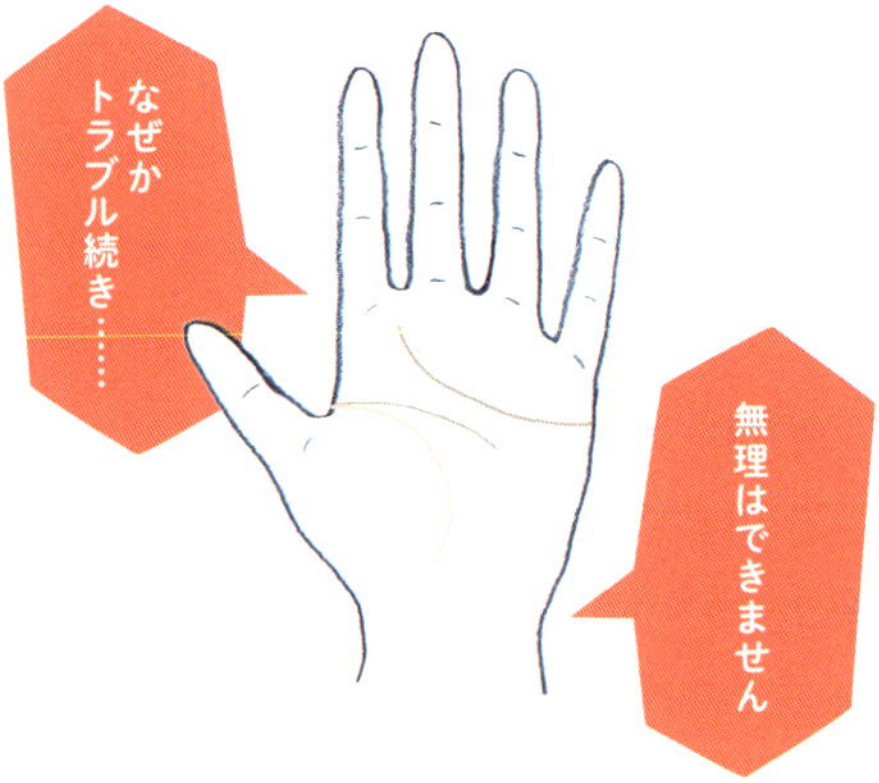

線が薄く途切れ途切れ……

健康第一で過ごしてトラブルに気をつけて!

線が途切れ途切れな人は病気がちな傾向が。また鎖状になっている場合は、体力がダウンしているサイン。いずれも運が散らばってしまい障害に遭いやすい傾向があります。線が途中で途切れていたり、バツ印があったりするなら要注意。ケガや事故に気をつけて、慎重に過ごしましょう。

線が乱れている? なら健康SOS

健康面に直結する生命線で、特にチェックしたいのは線のコンディション。線が入り組んでぐちゃぐちゃになっていませんか? 生命線の始点(親指の付け根側)は生命の入り口、つまり呼吸器を表し、ここが乱れていると〈呼吸器注意線〉(P152)。気管支や肺、ノドに負担がかかっている可能性があります。うがい手洗いも欠かさないで。生命線の終点(手首側)は消化器官に対応し、ここに乱れがあるのは〈消化器注意線〉(P153)。胃腸がお疲れでは? 食生活の見直しと同時に、ストレスもためないように。

もっと知りたい！ 生命線エトセトラ

〈ブレイク線〉が教える人生上のうれしい出来事

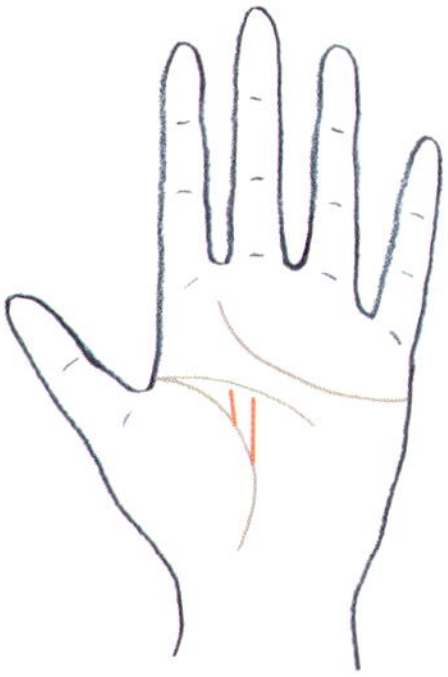

生命線からまっすぐ上に向かう線があるなら、それは〈ブレイク線〉です。運が上向くことを教える線ですが、線がどちらを向いているかチェック。中指に向かっているなら恋愛や出産など人生上の喜び事、もしくは昇進などうれしい出来事がある可能性大。「人生のステージが上がる」と考えて。線が薬指側に上がっている場合は富に関する成功の兆し。大金が舞い込んだり、仕事で大成功を収めたり……。また線が長めで頭脳線を越えているなら〈ベンチャー線〉(P143)で独立起業するチャンス。〈ブレイク線〉がフィッシュ(P155)になっていたら結婚によって人生が好転するサイン！

生命線の流年法でライフイベントを読む！

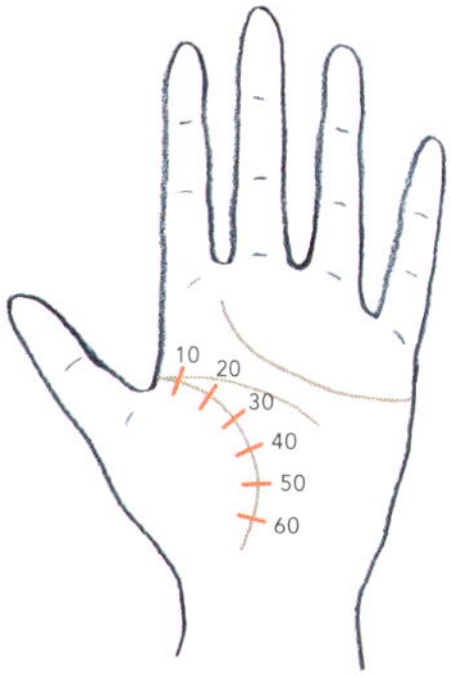

生命線から人生の転換期を読み解く方法を「流年法」といい、上のイラストのように年齢が対応します。生命線に線やマーク(P71)が横切っているなら、その時期に何かが起こりそうということ。また生命線そのものが途切れていたら、事故やケガに注意です。
特に気をつけたいのは生命線と運命線を斜めに横切る〈ハードル線〉(P155)。仕事・金銭面で壁にぶつかるかもしれません。とはいえ、そのことがわかっているのだから、今からお金を貯めたり、周りの人との絆をより強めておいたり、資格を取ったりと、「備える」ことで無事に試練を乗り切れるはずです。

Brain Line

基本6線
2

頭脳線

物の考え方や仕事の才能を表す線

その人の思考のタイプを表すのが頭脳線です。頭脳線も「短いと頭が悪いってことですか？」とよく聞かれますが、頭脳線の長さが表すのは思考の時間。

　平均的な頭脳線の長さは薬指くらいまでといわれていますが、それよりも短い人は、直感的に物事を判断する人、長い人はじっくり考えてから答えを出す人ということになります。野球選手を見た時にバッターは短め、ピッチャーは長めが多かったのですが、手相的には納得！　の結果なのです。

これが頭脳線です

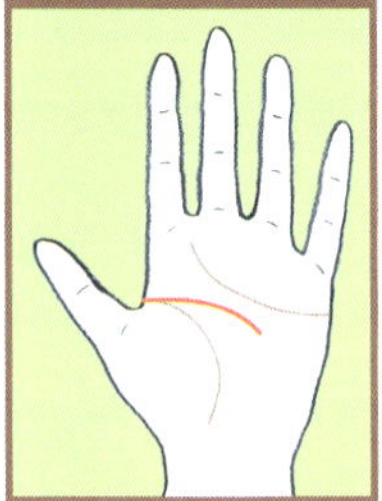

親指と人差し指の間からヨコにのびる線

Check! 頭脳線の「長さ」はどうなっている？

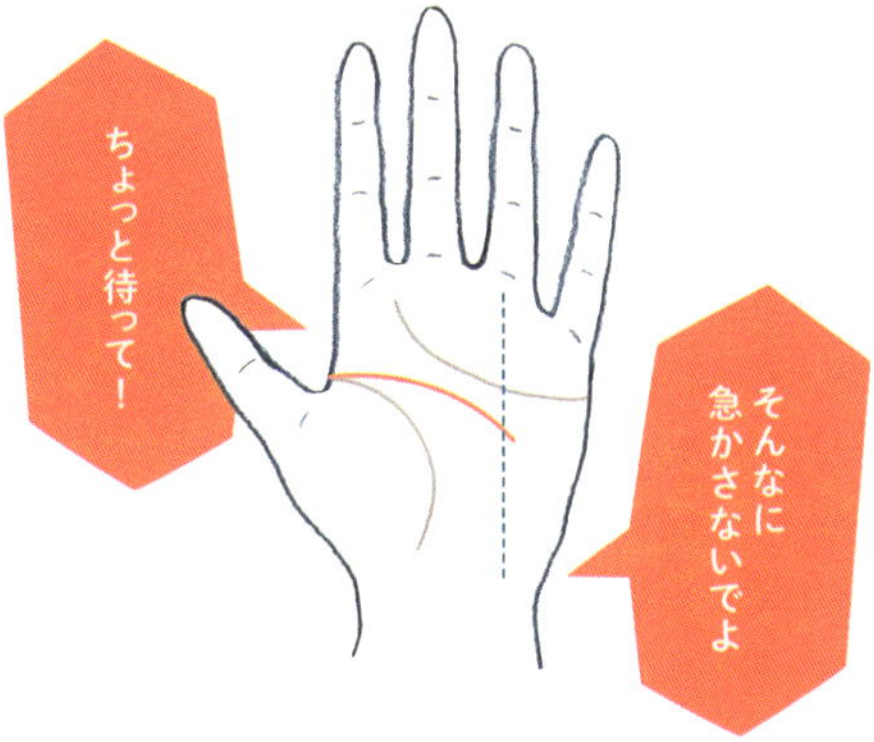

薬指の下よりも長い

何事も一度、立ち止まって考える

じっくり物事を考えた末に、結論を出す人です。臨機応変な対応が苦手で出遅れてしまったり、仕事で「早く！」と急かされることもありますが、ミスが少ないので信頼されるはず。「あの頃はよかった」と過去を振り返りがちで、落ち込むとなかなか立ち直れませんが、長期戦に強いタイプです。

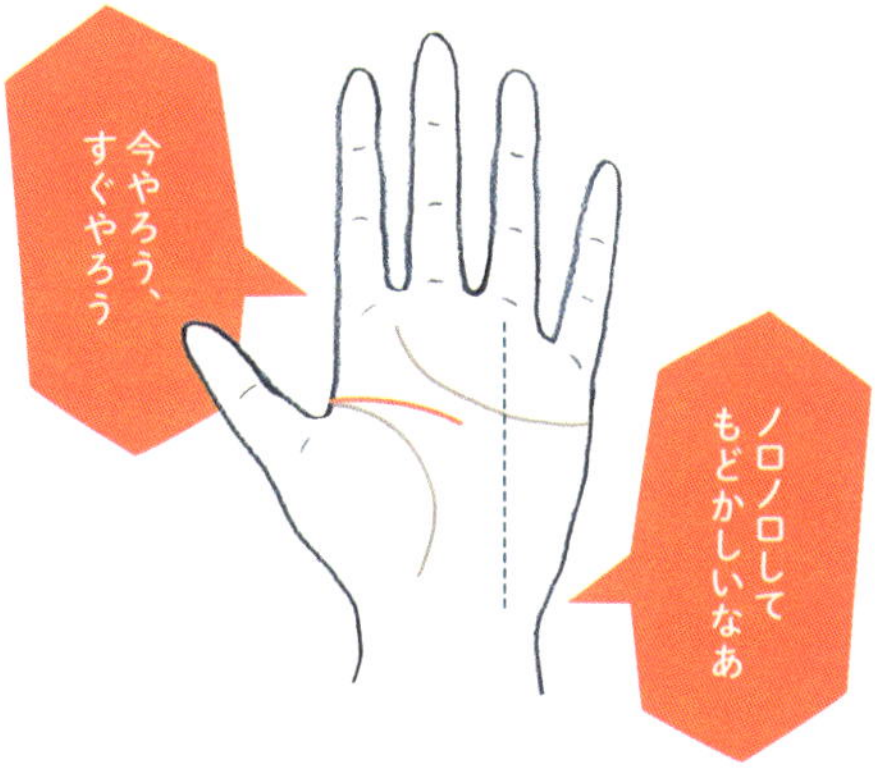

薬指の下よりも短い

考えるまでもなく即座に決断！

物事をパッと瞬間的に判断する人です。「ぐずぐずしている時間がもったいない」と考え、仕事もテキパキと進めるはず。ただしその分、早とちりすることも多め。思いつきの行動ばかりで実にならないことも多いのですが、失敗してもすぐに切り替えられる明るさが魅力です。

反対の思考に陥ったら要注意!?

その人の思考の傾向を表す頭脳線ですが、「らしくない」パターンに陥っているようなら気をつけて。

例えば頭脳線が長いタイプが深く考えず直感的な判断に頼るようになるのは、投げやりになっているサイン。ストレスがたまっていたり、仕事が多すぎていませんか？

また頭脳線が短いタイプが延々と迷ってしまい、なかなか物事を決められない時は、損得ばかり考えていたり、人の目を気にしすぎていたりするのかも。自分のタイプからその時の事情を判断してみて。

Check 2

頭脳線の「カーブ」はどうなっている？

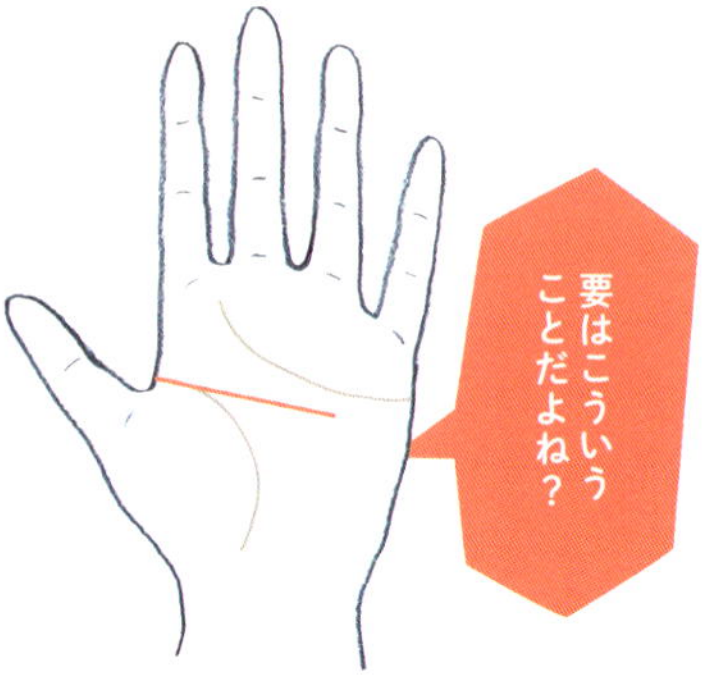
要はこういう
ことだよね？

まっすぐのびている

ロジカルに判断する
〈理系線〉タイプ

自分の中に蓄積した知識や経験をもとに論理的に答えを導き出す人です。頭の回転が速く、物事を的確に判断します。記憶力もいいでしょう。機械や数字相手の仕事ならしっかり結果を出しますが、場の空気を読む、人の気持ちを思いやるなど、ロジカルに判断できないことはやや苦手。

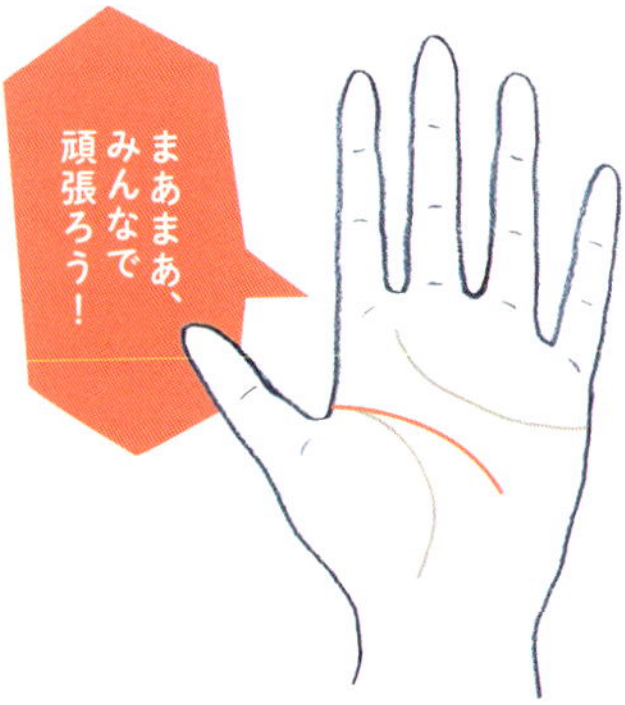
まあまあ、
みんなで
頑張ろう！

少し下降している

和やノリを大事にする
〈文系線〉タイプ

ひらめき力に優れているアイデアマン。理屈よりも気持ちやノリを重視します。人の心をつかむのがうまく、場を盛り上げる力もあるでしょう。人の協力を得るほどに大きなことを成し遂げられます。ちょっと傷つきやすいところがあるものの、悩むのに飽きるとケロッと立ち直る一面も。

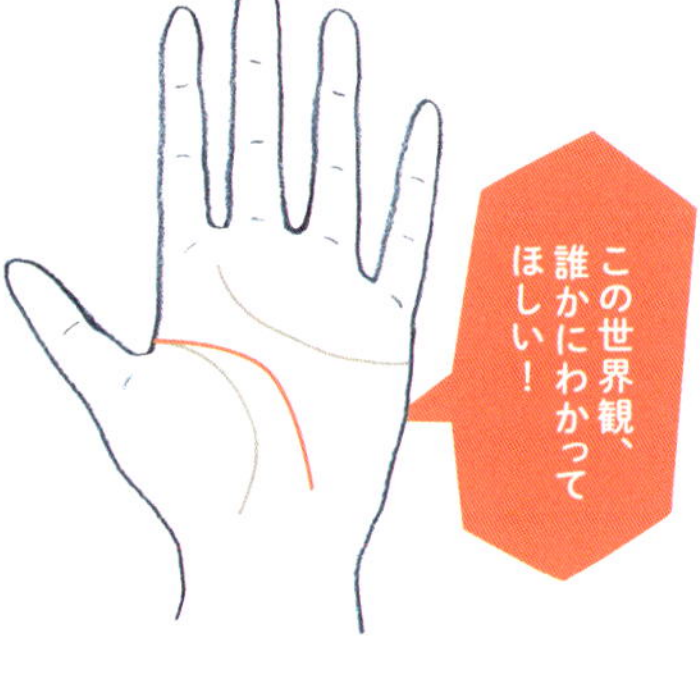
この世界観、
誰かにわかって
ほしい！

グーンと急降下する

言葉にならないものを感じ取る
〈芸術家線〉タイプ

1つの物事を深く極めるタイプ。頭の中で妄想を繰り広げるのが得意で、独自の世界観を持っています。それをうまく表現すれば芸術分野で成功する可能性も。ただし2つのことを並行して行うのは苦手だったり、現実逃避して締め切りに遅れることもしばしば。また「自分大好き」な一面も。

もっと知りたい！ 頭脳線エトセトラ

頭脳線の始点でわかる あなたの自己主張力

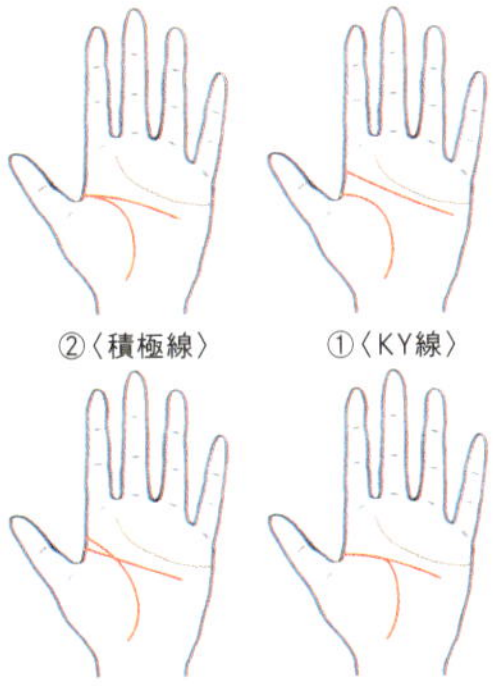

②〈積極線〉 ①〈KY線〉
④〈引っこみ思案線〉 ③〈消極線〉

頭脳線と生命線から「自己主張力」を見てみましょう。

この2線の始点が離れている①〈KY線〉の人は自己主張力高め。誰かに頼らず自力で人生を切り開きます。②頭脳線と生命線の始点が1～2センチくっついているのは平均的な〈積極線〉。ほどよく周囲と調和しながらやっていきますが、2センチ以上くっついていると③〈消極線〉。自分の意見を言うのが苦手で周りに振り回されることが多め。頭脳線が生命線の下にもぐっているのは④〈引っこみ思案線〉。人によく思われたい願望が強く、相手の望む自分を演じてしまいがち。時にはわがままになってみては？

頭脳線と感情線の 離れ具合をチェック

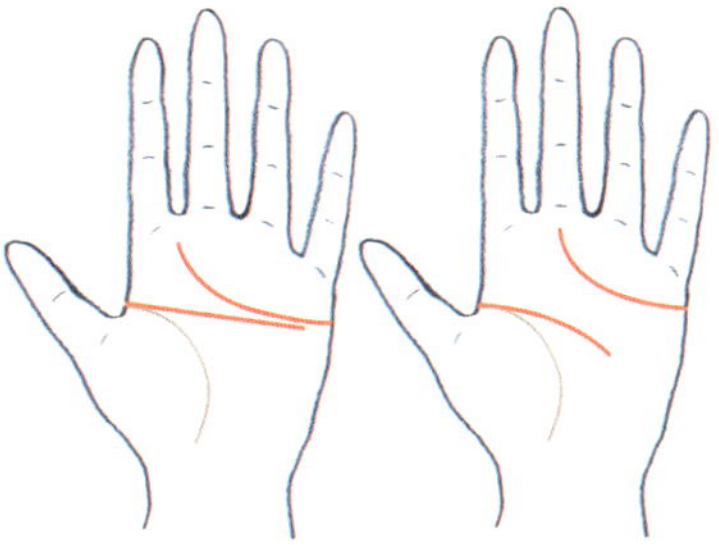

②〈だまされま線〉 ①〈注意が足りま線〉

頭脳線と感情線の間がどのくらい開いているかをチェック！ ここからわかるのはあなたの「注意力」です。

頭脳線と感情線の間が広いのは①〈注意が足りま線〉。上がった感情線は気持ちに突き動かされると周りが見えなくなることを、下がった頭脳線はノリで生きることを意味しますから、うっかりミスが多かったり、うまい話にだまされたりしやすいのです。

逆に頭脳線と感情線の間が狭いのは②〈だまされま線〉。常に冷静に物事を俯瞰し、論理的思考ができるので、おかしいことは「おかしい！」と、即座に見抜くことができるでしょう。

Heart Line

基本6線 3

感情線

気分や感情の盛り上がり方、恋愛の傾向を表す線

これが感情線です

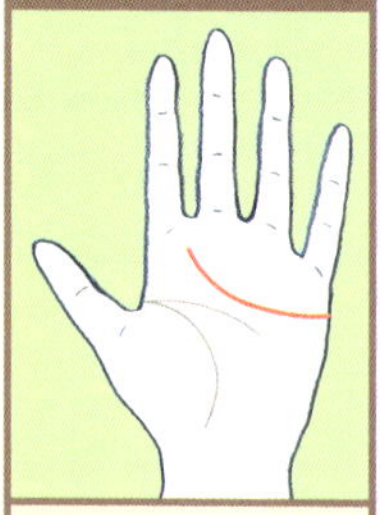

小指の下から人差し指や中指に向けてのびる線

誰かを好きになったり、ときめいたり、怒ったり、傷ついたり……といった心の状態が表れる感情線。「恋愛運を見てほしい」と言われたら、まず、この線をチェックします。恋愛は感情のぶつかり合いですからね。感情線は線の長さがそのまま気の長さを表します。

人差し指と中指の間くらいまでの長さが平均的ですが、それより長いと、気が長くてのんびり、短いと、気が短くてせっかちとなります。あなたの感情線はいかがでしょうか？

Check1 感情線の「長さ」はどうなっている？

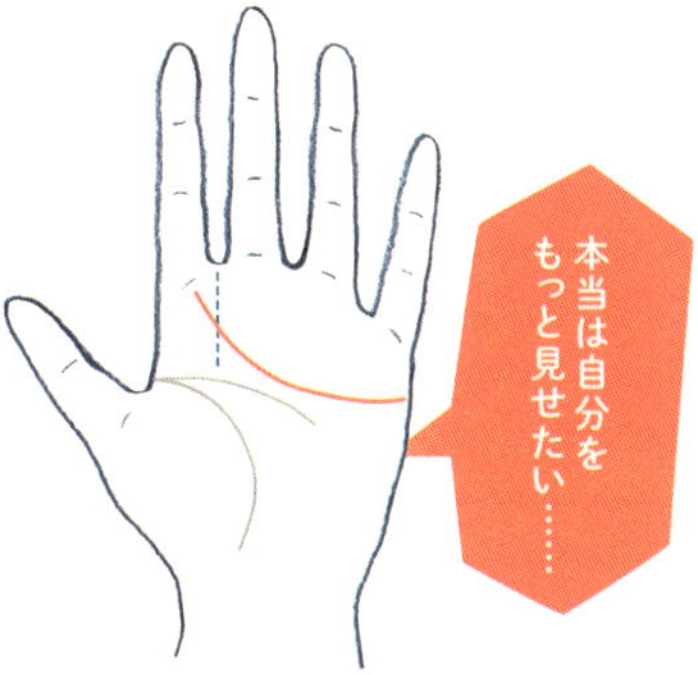
本当は自分をもっと見せたい……

人差し指と中指の間よりも長い

気持ちを出すのに時間がかかる〈奥手線〉タイプ

とても慎重で感情に溺れることはめったにない人です。周囲から「冷めている人」と思われることもありますが、決してそんなことはなく、気持ちを表に出すことを恐れているだけ。疑い深いところがありますが、一度「この人」という人が現れたら、一生かけて愛し抜くでしょう。

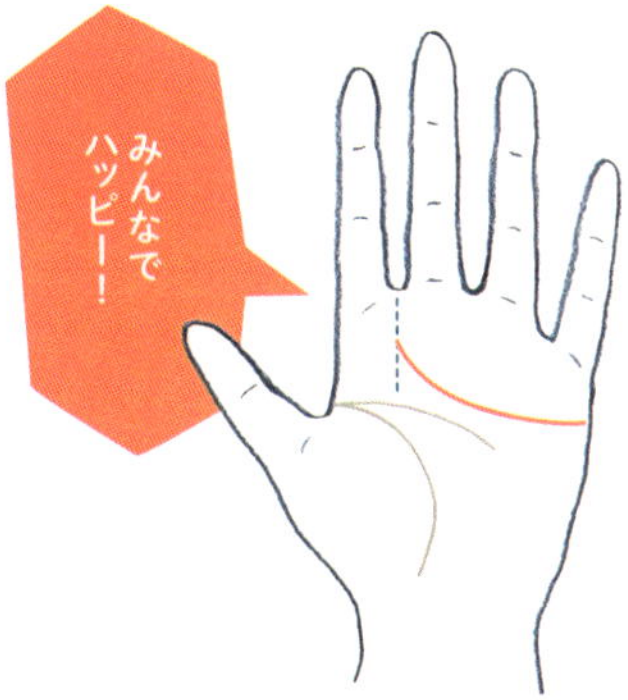
みんなでハッピー！

人差し指と中指の間くらい

心のキャパシティが大きい〈良妻賢母線〉タイプ

感情の起伏が少なく、心のバランスが取れています。楽しいこと好きで、人と接するのも上手。また面倒見がよく、周囲に愛を注げる心の余裕もあるので「一緒にいると楽しい」と思われているでしょう。恋の回数も平均的で、出会い、交際、結婚へと着実にステップアップしていくタイプです。

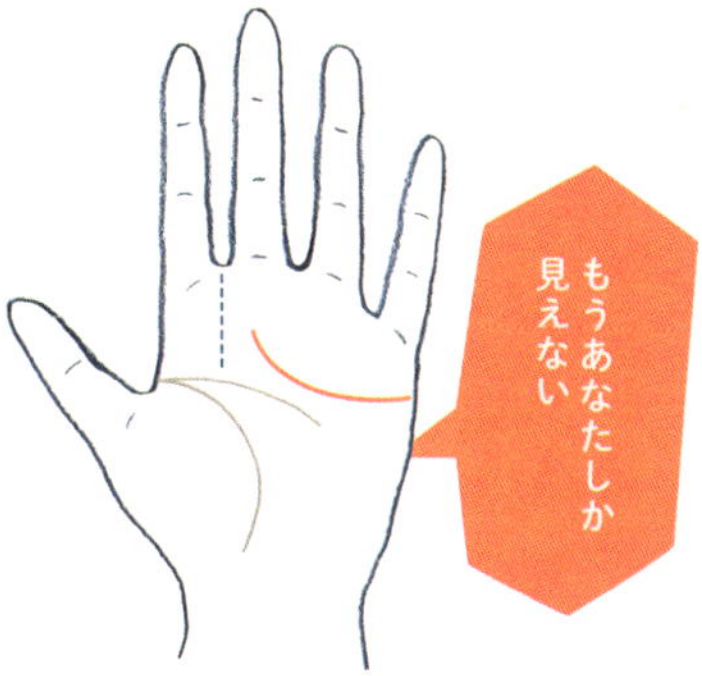
もうあなたしか見えない

人差し指と中指の間に届かない

思い込んだらまっしぐら〈ラテン線〉タイプ

喜怒哀楽が激しい、ドラマチックなタイプです。感情のままに行動を起こすため、予測不可能。好き嫌いが露骨に顔に出るところも。恋においては狙った獲物は逃がさず、自分から大胆に迫ります。でも、いざ仕留めてみたら「こんな人だっけ？」と落胆して、すぐに冷めてしまうことも……。

Check 2 感情線の「線の向き」はどうなっている？

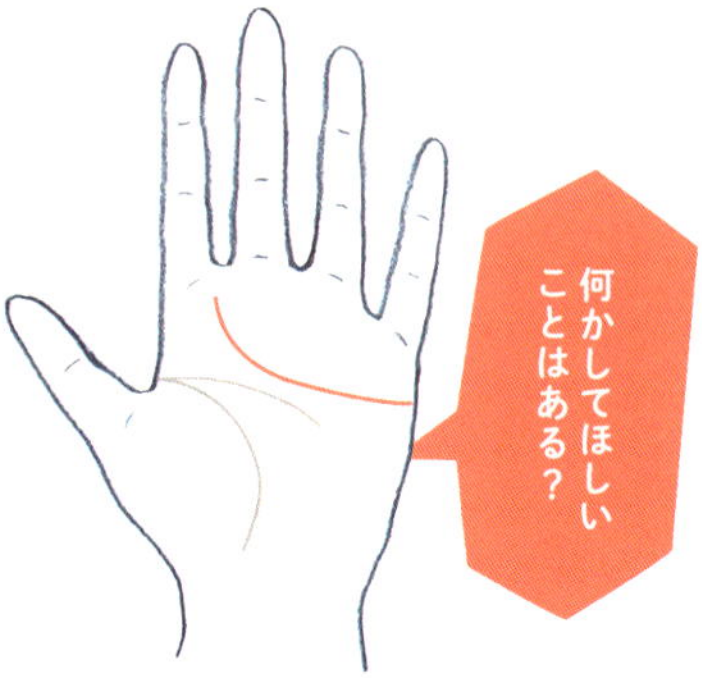
何かしてほしい
ことはある？

上を向いている

**周囲に優しさを振りまく
癒やしの存在**

情に厚く、人づき合い力の高いタイプです。場の空気を読む力があり、相手が何をしてほしがっているか、瞬時に察知できます。人の魅力や才能を引き出したり、落ち込んでいる人を励ましたりと、まさに存在そのものが癒やし。周りからもきっと「なくてはならない人」と思われているはず！

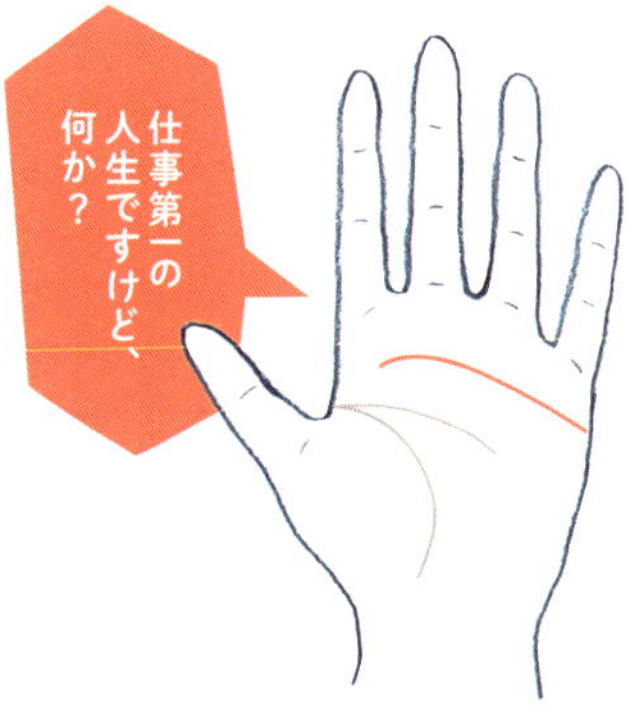
仕事第一の
人生ですけど、
何か？

下を向いている

**感情をグッと抑える
クール&ドライ派**

感情をあまり表に出さない、クールなタイプです。プライベートよりも仕事を優先していて、周囲に「デキる人」と思われているでしょう。でも家に帰ると１人で孤独を感じていたりして……。実は本当の自分をオープンにするのが怖いだけでは？　自分から周囲に壁を作らないように気をつけて。

感情線の向きでわかるベストアプローチ

パートナーや意中の人の感情線の向きをチェックしてみてください。

感情線が上向きの相手は、気持ちの盛り上がりを大事にするので、王道のデートプランに感動するはず。普段の気遣いに「ありがとう」と感謝を伝えるのも◎。


感情線が下向きの相手の場合は、生活を邪魔されることを嫌うので、相手のスケジュール優先で。でも本当の自分を理解してもらいたがっているので、時々食事や飲みに誘うといいかも。

こんなふうに手相を活用してください。

もっと知りたい！ 感情線エトセトラ

感情線から出ている線は上向き？ 下向き？

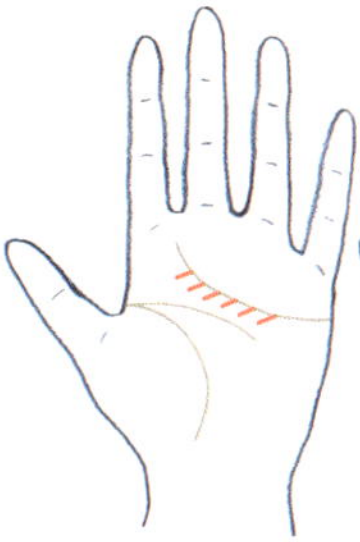

②〈ストーカー線〉

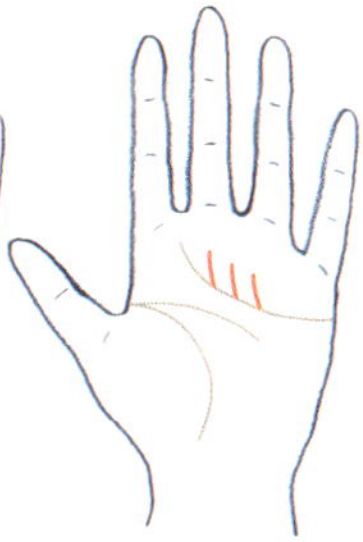

①〈勝ち気線〉

感情線から何本か短い線が出ているケースがあります。これが上向きか、下向きかで意味が変わってきます。

上向きの場合は①〈勝ち気線〉。明るい性格ですが負けず嫌い。ライバルが現れるなど逆境になるほど燃えるでしょう。

下向きの場合は②〈ストーカー線〉。やや人間不信の傾向があり、褒められてもその裏を勘ぐってしまうタイプです。また傷ついた経験をいつまでも引きずり、「あの時、あんなことをしなければ」と毎日1人反省会を開いていることも。実は日本人の多くの人に見られる線でもあります。あまり思い悩まず、こまめなリフレッシュを心がけて。

手のひらに表れている恋下手な理由

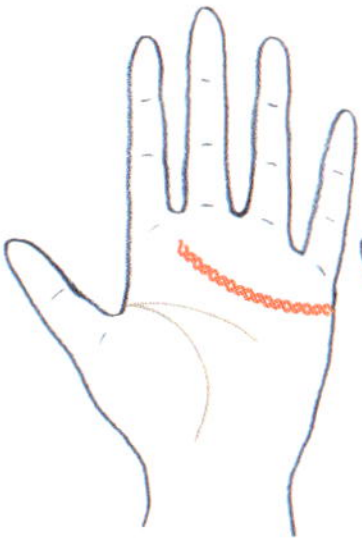

②〈ガラスのハート線〉

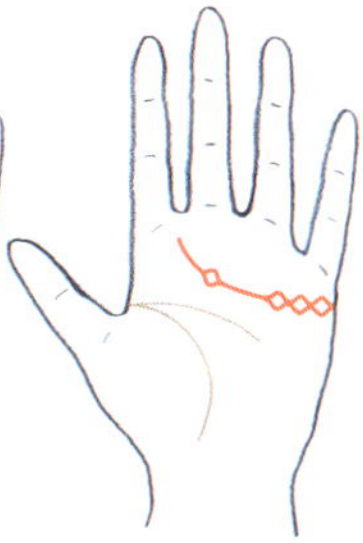

①〈トラウマ線〉

実は女性の感情線は乱れやすいといわれています。いろいろなことを感じる繊細な感受性の持ち主が多いのでしょう。特に感情線の入り口が鎖状になっていたり、複数の島ができるのは①〈トラウマ線〉。過去のつらい体験が尾を引いていて「好き！ でも嫌われるのが怖い」という思いに揺れ動き、極端な行動を取りがちです。

また感情線全体が鎖状になっているのは②〈ガラスのハート線〉。神経質なところがあり、すぐに傷ついてしまう一方、相手に対するダメ出しも多め。恋下手に悩んでいる人は、手相でその原因を探るだけで、答えが見えてくるかもしれませんよ。

当てはまる手相がない!?

こんなあなたはレア手相!

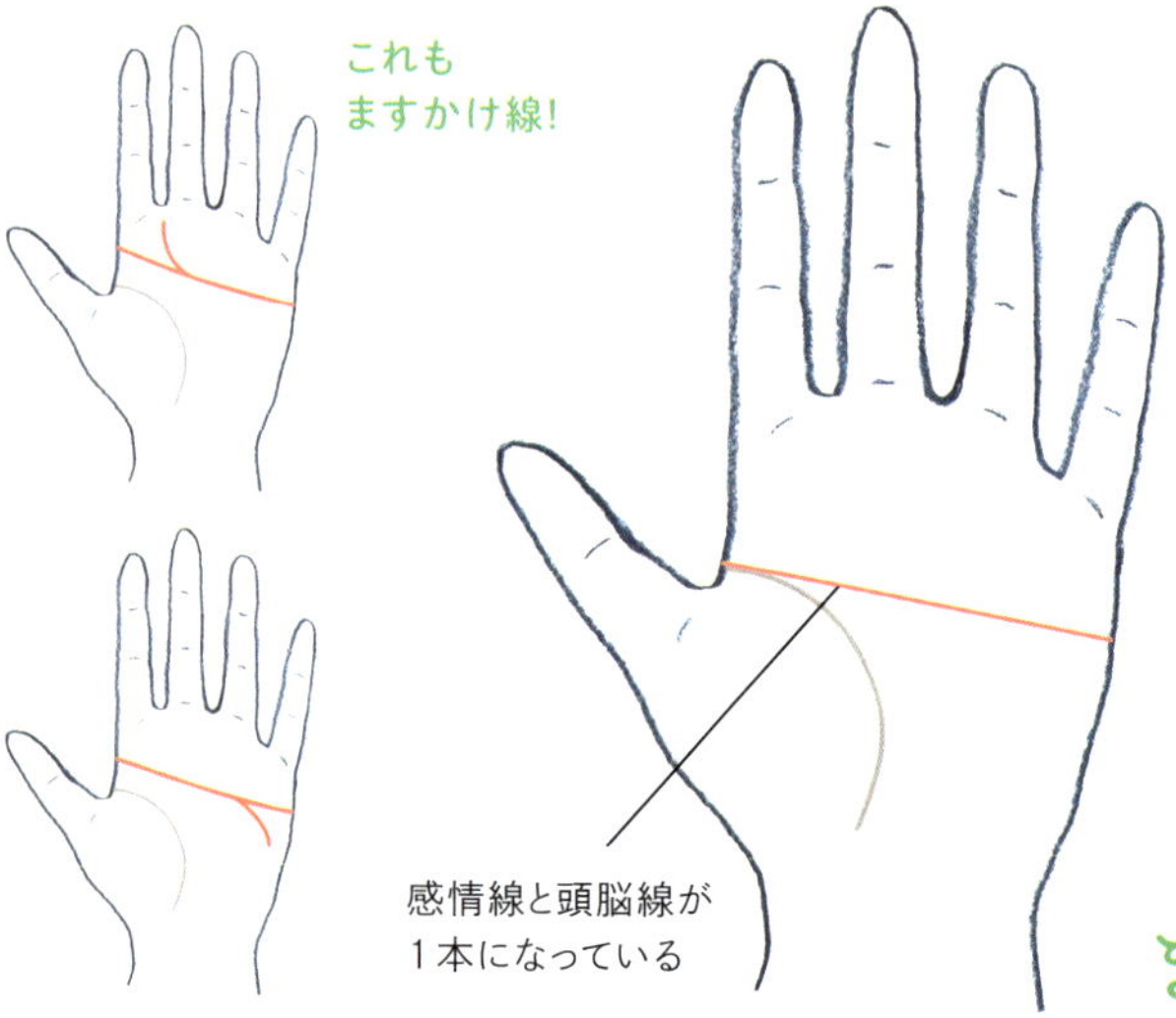

人とは違う道を行く
別名「天下取りの相」

ますかけ線

片手にあるのは１００人に１人、両手にあるのは１０００人に１人といわれる、正真正銘のレア手相。頭脳線が表す「思考」と、感情線が表す「心」が一体になっているため、頭がいいうえに直感力も豊か。先進的な考えで大成功を収めることも。大物政治家や芸能人に多いのもうなずける相です。ただし頑固で人の言うことを聞かないところがあり、運の浮き沈みがかなり激しい傾向も。ある意味、ドラマチックな人生を約束された人といえるかもしれません。

身近にますかけ線を持つ人がいるなら……

かなりの変わり者かもしれませんが、この人が持っているパワーはかなりのもの。何かを成し遂げたい時はぜひ力を借りて。ただし間違った方向に暴走しやすいので、そんな時は相手のプライドを刺激しないよう、さりげなくアドバイスをしてあげると喜ばれるかも。

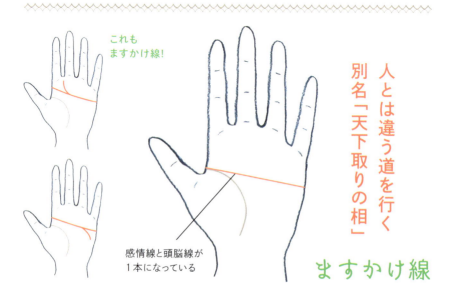

二重生命線
長生きを約束する相

「常人の2倍の運と体力を持っている」といわれるのがこの相。これまでにたくさんのご長寿の方々の手を見させていただきましたが、この線の持ち主が多数。とにかく身体が丈夫で、体力があって元気！ 病気やケガをしにくいうえ、体調を崩したとしても自力で立て直すパワーがあります。実は三重、四重生命線の人もいます。このレベルになるとまさに「鉄人」です。

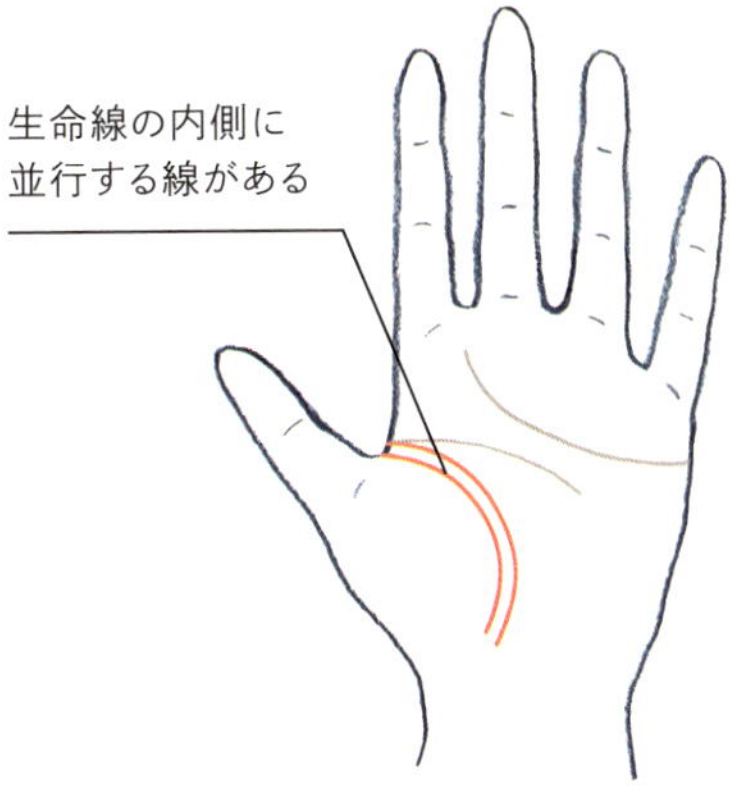
生命線の内側に
並行する線がある

二重頭脳線
恵まれた2つの才能

理論的でありながら芸術性も理解する、まるで頭脳が2つあるような状態です。頭の回転が速く、合理的な判断でどんどん仕事を進めていきます。同時に人の心を理解し、空気を読む力もピカイチ。そのためどんなことも器用にこなすことができるスーパービジネスパーソンの相といえるでしょう。ただしあまりに「デキる」ため、仕事中毒にならないよう、ご用心。

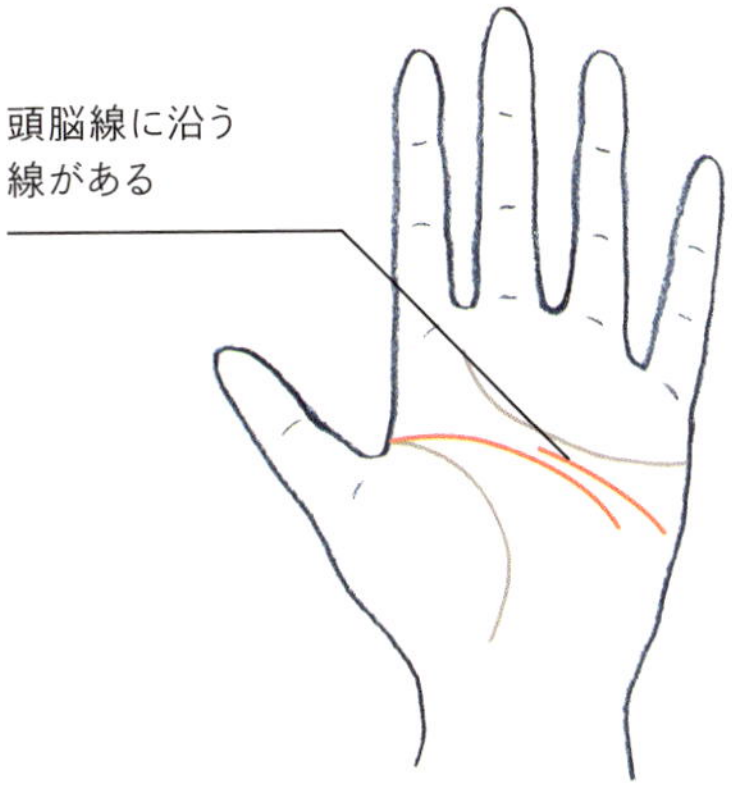
頭脳線に沿う
線がある

二重感情線
愛と優しさは人並み以上！

とても感情が豊かな人です。人の心が手に取るようにわかるため、困っている人を見過ごせないでしょう。人と人を結びつける才能もあり、常にたくさんの人に囲まれているはず。恋愛となると、ちょっと構えすぎてしまうところがありますが、緊張が解ければ本来のキャラが前面に出てくるでしょう。時々、2つの感情の狭間で葛藤する人もいるようです。

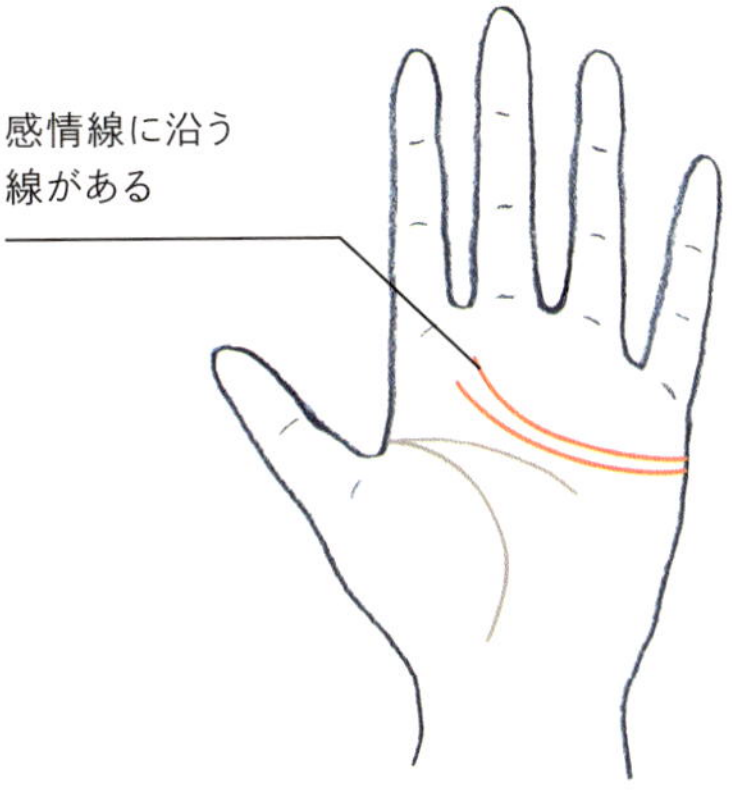
感情線に沿う
線がある

Destiny Line

基本6線 4

運命線

人生の浮き沈みや
未来の行く末を表す線

これが運命線です

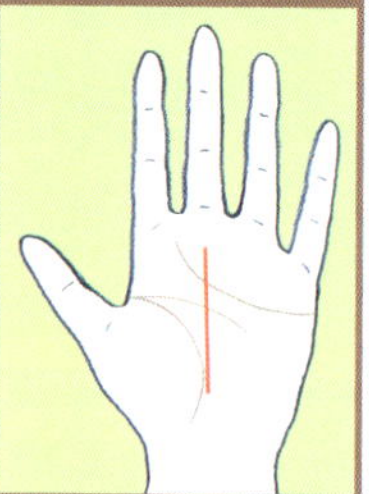

中指の下から手首に向けてのびる線

その人がどんな人生を歩むのか、運命の道筋が表れるのが運命線です。

徳川家康は、幼い頃、刀で手を傷つけられて運命線ができたあと、快進撃を見せて天下を取ったといわれています。社会に自分を打ち出していこうとする意欲を表す線ともいえるでしょう。そのためか芸能人の方ははっきりとした運命線を持っている人が多いようです。ただし運命線がくっきり中央に入っていることは実はまれで、中には線がない人もいます（P48）。

Check1

運命線の「長さ」はどうなっている？

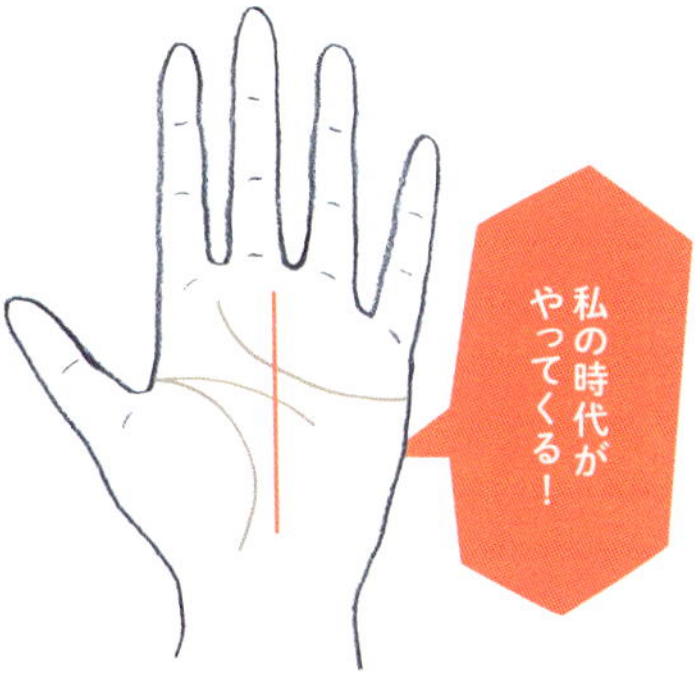
私の時代が
やってくる！

感情線を越えている

自分の道を突き進み、成功をその手につかむ！

運命線が感情線を越えてまっすぐ入っている場合、「大きなことをやってやる！」と一旗揚げる意欲は十分のはず。強運の持ち主でもあるので、目標を実現させる可能性は高め。困難に邪魔されることなく、まっすぐに突き進むことができるでしょう。焦らずに、自分を信じて進んで。

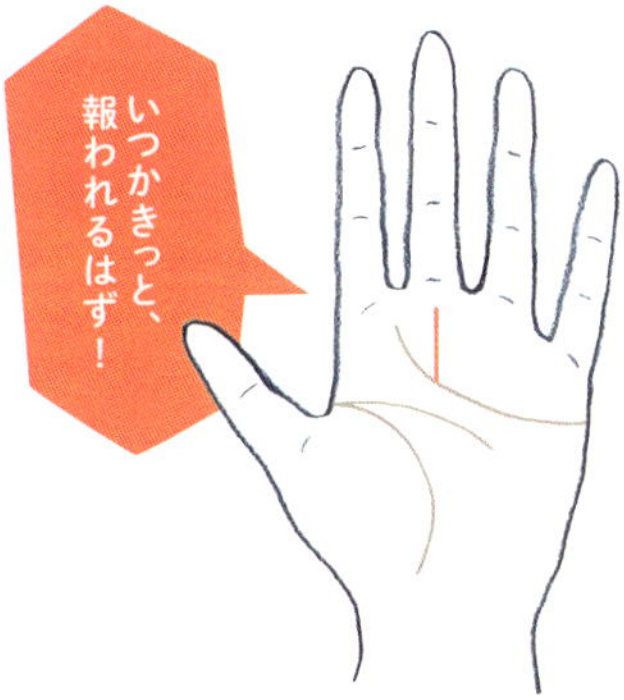
いつかきっと、
報われるはず！

感情線の上から出ている

長い下積みが報われる大器晩成型

実は意外と多いのがこのタイプ。若い頃はなかなか報われないことも多いですが、晩年になってからその努力が花開きます。まさに大器晩成型といえるでしょう。たとえ今、つらくても必ずそれに見合ったごほうびがあるはずなので、腐ることなく、コツコツと頑張りましょう。

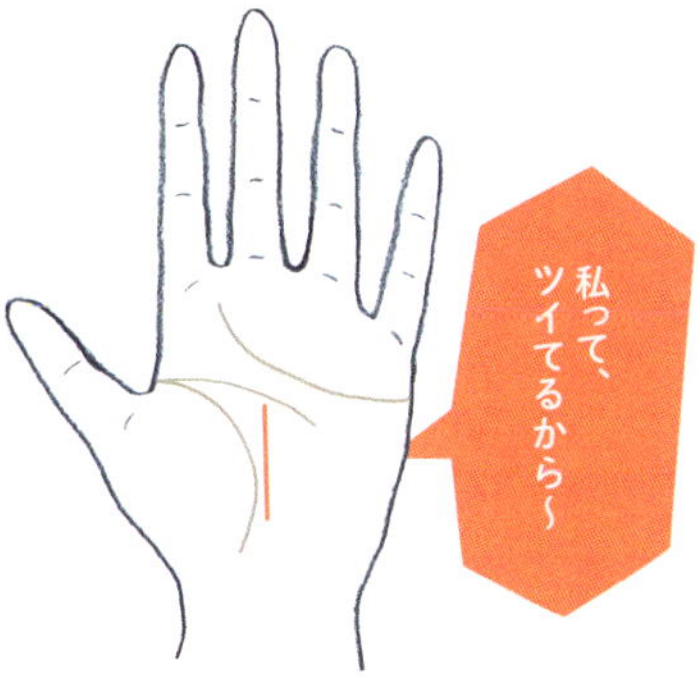
私って、
ツイてるから〜

感情線を越えない

若い頃に快進撃！人生早熟型

人生の序盤はトントン拍子にうまくいく線です。念願の職に就けたり、金銭的に恵まれていたりして、まさに苦労知らず。ただし、それが永遠に続くと思ったら間違いです。運のよい、若い時期にできるだけ頑張って確かなスキルを身につけておくことが、安泰な晩年を送る秘訣になるでしょう。

Check 2

運命線を流年法で見てみましょう！

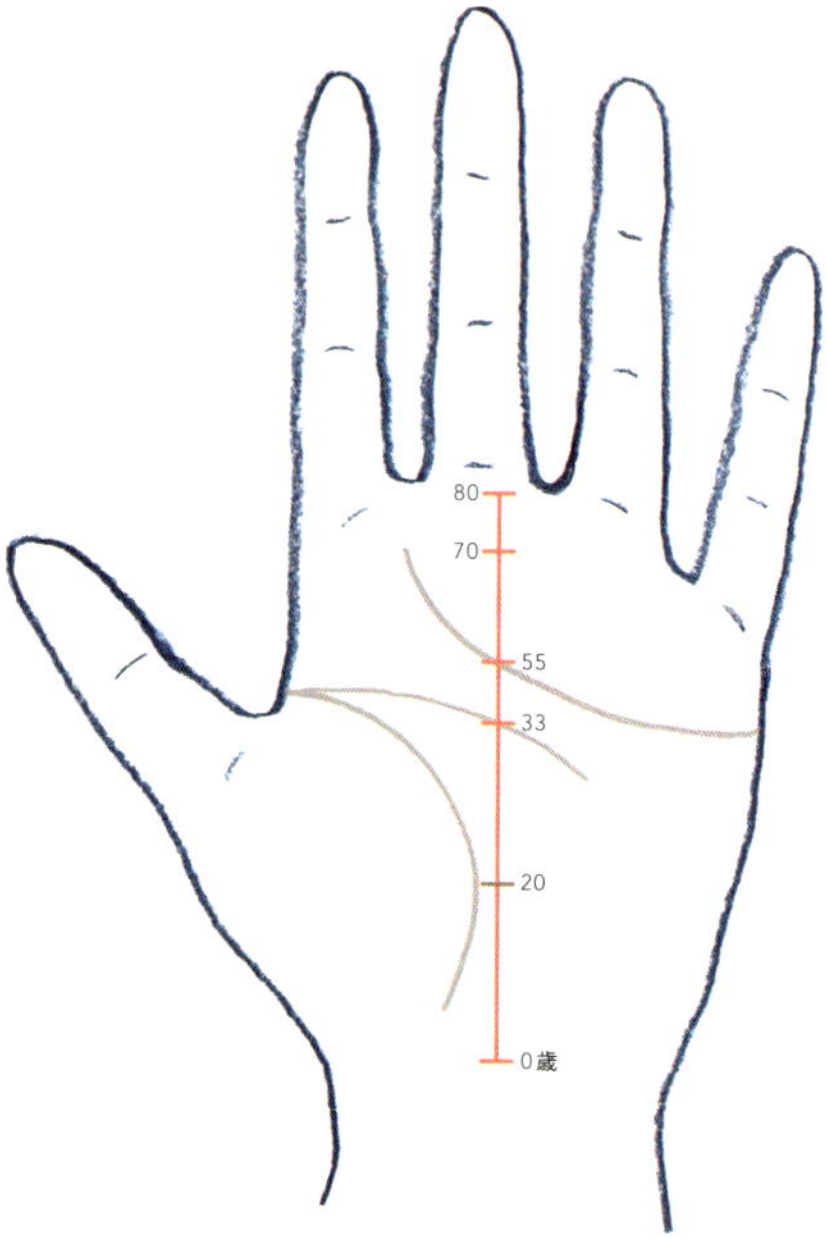

～流年法の基本的な読み方～

①手首を始点にして0歳と読む
②運命線と頭脳線がクロスしている部分を33歳と読む
③中指の付け根を80歳と読む

運命線に人生の年代を照らし合わせると左の図のようになります。

あなたの今の年齢に当たる部分を見つけてみましょう。線はどのような状態になっているでしょうか？

またヨコ線が入っている年代は何らかの障害があることを暗示します。過去、そして未来についてもチェックして、反省をしたり心構えをしておきましょう。


運命線に何らかのマーク（P71）が入っている場合、そこが転機になる可能性があるので、意味を調べてみましょう。

運命線が途切れて薄い、ない場合は？

運命線は心境に応じて変わり続ける線です。もしも今、線が薄かったり途切れているなら、あなたの心に「このままでいいの？」という迷いがあるのでは？　例えば転職するか否か、結婚はどうするのか、その後はどう働いてどう生きていくのか……。未来が見えていないために運命線もモヤモヤしているのかも。「自分はこの道を行く！」と決断を下した時、線がはっきりしてくるかもしれません。

とはいえ必ずしもしっかりした運命線がなければならないわけではありません。運命線がない人は、自分が先頭に立って何かをするよりも、他人のサポートをすることに生きがいを見出すタイプ。「縁の下の力持ち的な存在」として輝きます。

もっと知りたい！ 運命線エトセトラ

向かう先が右か左か……
それが大問題！

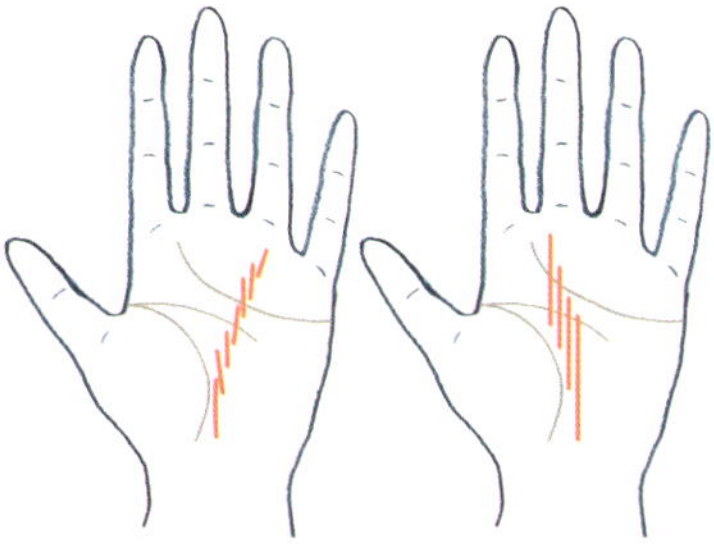

運命線が途切れ途切れの場合、線がどちらに向かっているかをチェック。
手首から左に向かっている場合は①〈ヘッドハンティング線〉。今よりももっと条件のいい会社に声をかけられたり、ずっとやってみたかった仕事に就くチャンスが巡ってきたり、今の職場で昇進することもあるでしょう。
途切れ途切れの線が手首から右に向かっている場合、これは②〈長つづきしま線〉になります。1つのことをやり続けていると飽きてしまうタイプです。大きな夢は語るものの、行動が伴わないケースが多め。この線があるなら、何でもいいので腰を落ち着けてじっくり取り組んでみる必要がありそうです。

運命線をチェックして
支援者を探して！

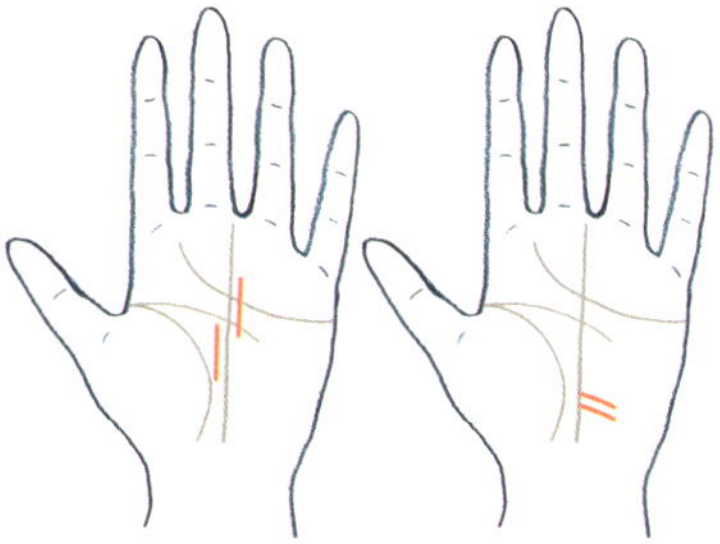

運命線付近に表れるうれしい線を2つ、ご紹介します。
まずは運命線の下に、小指側に流れる①〈モテ線〉です。本数が多く・長く・太いほど◎。この線を持つ人は愛嬌があり、人の気持ちを読む力が抜群、しかも話し上手。そのためかなりモテます。長い1本線の場合は、仕事で有力なスポンサーが現れるかも！
もう1つが運命線に沿う②〈あしながおじ線〉で、人からのサポートに恵まれます。人差し指側なら家族や親戚から、薬指側なら仕事仲間や友人など家族以外から支えられます。この線を持つ人は他人の助言を素直に受け入れるよう心がけると大成します。

Money Line

基本6線 5

金運線

金銭感覚や
お金を生み出す力を表す線

これが金運線です

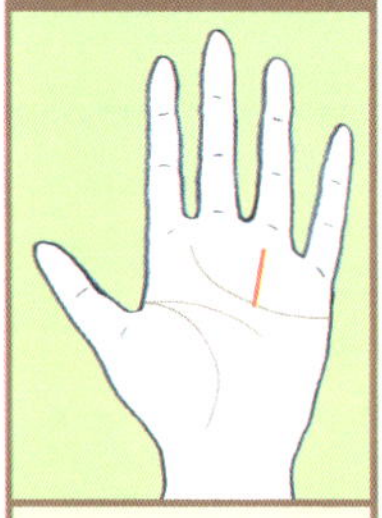

薬指の下からピッとタテにのびる線

ここまでご紹介してきた線に比べると、なじみがないかもしれませんが、金運線はその人のお金を生み出す力を表す線です。たとえ薄くてもピッと入っていることが多いので、目を凝らして見つけてくださいね。

だいたい感情線くらいまでの長さが平均的。それ以上長い場合は、セレブになる素質あり。短い場合は、努力をお金につなげられていないのかも。先の見えない時代、しっかりお金を手に入れたいなら、金運線をくまなくチェック！

Check! 金運線の「長さ」はどうなっている？

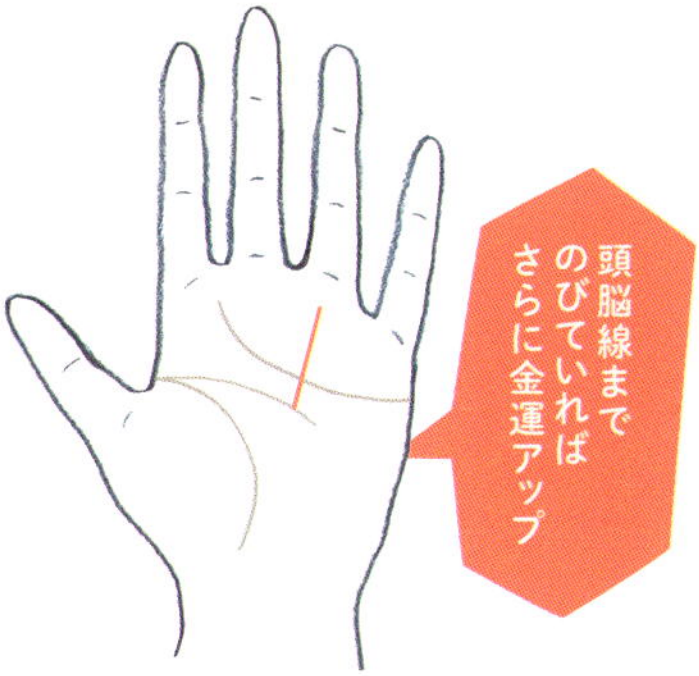

感情線を越えている

お金が引き寄せられる〈セレブ線〉タイプ

平均以上に長い金運線を持っている人は、まさにお金に愛されている人。毎月の支払いに追われたり、ケチケチと節約するなんて生活とは無縁。毎月の収入にも困らず貯金もできるはず。あくせくしなくても満たされている心の余裕が、見た目にもにじみ出ていて「まさにセレブ！」でしょう。

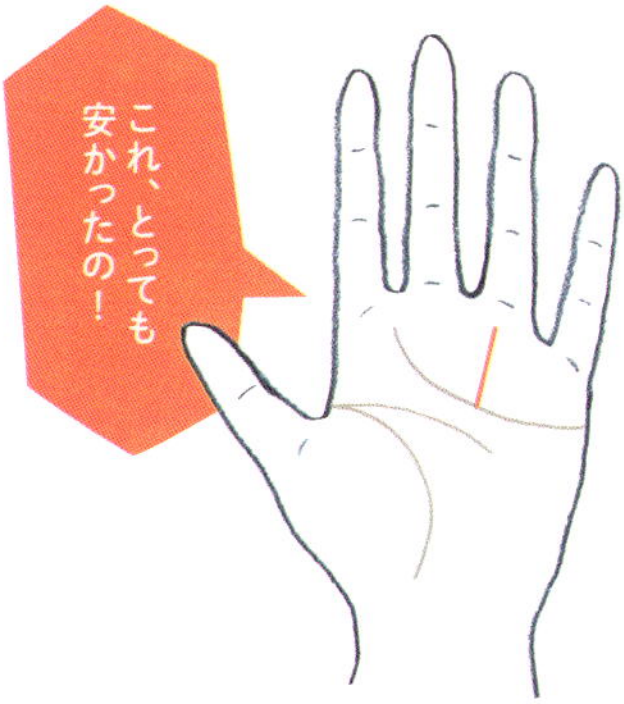

感情線くらいまでのびている

貯めるのが得意な〈コツコツ線〉タイプ

平均的な金運線の長さの人は、お金を大きく生み出すというよりは、安定した収入の中で上手にやりくりをして、コツコツ貯めていく力があります。節約も好きで割引券やポイントカード使いも巧みでしょう。それをゲームのように楽しめるので、お金の面で不安定になることはないでしょう。

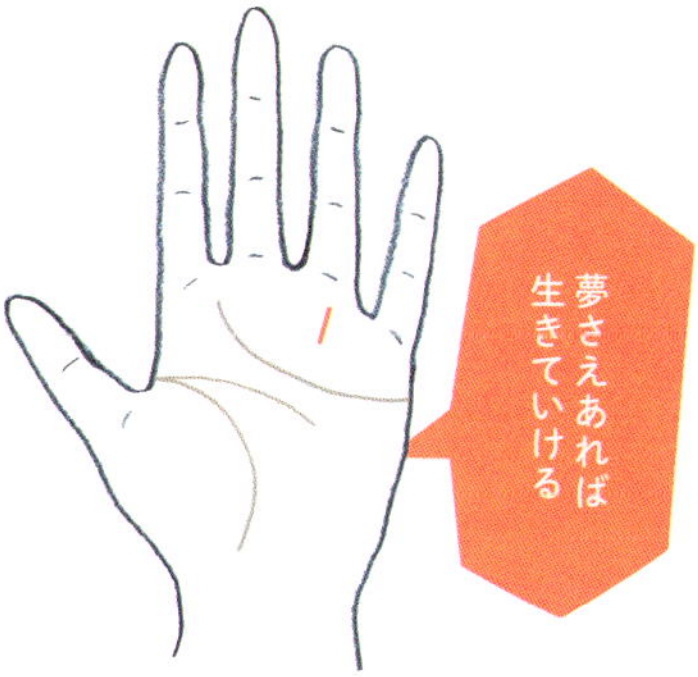

感情線より短い、もしくは金運線がない

お金に興味がない〈夢追い人線〉タイプ

「好きなことができればお金なんて関係ない」がログセのタイプです。アーティスト志望の人に多いかもしれません。でも周りが結婚し始めたり、安定した生活を送るようになって、ちょっと焦っているのでは？　今の仕事では十分に才能を発揮できない気がするなら転職も視野に入れて。

Check 2 金運線の「本数」はどうなっている？

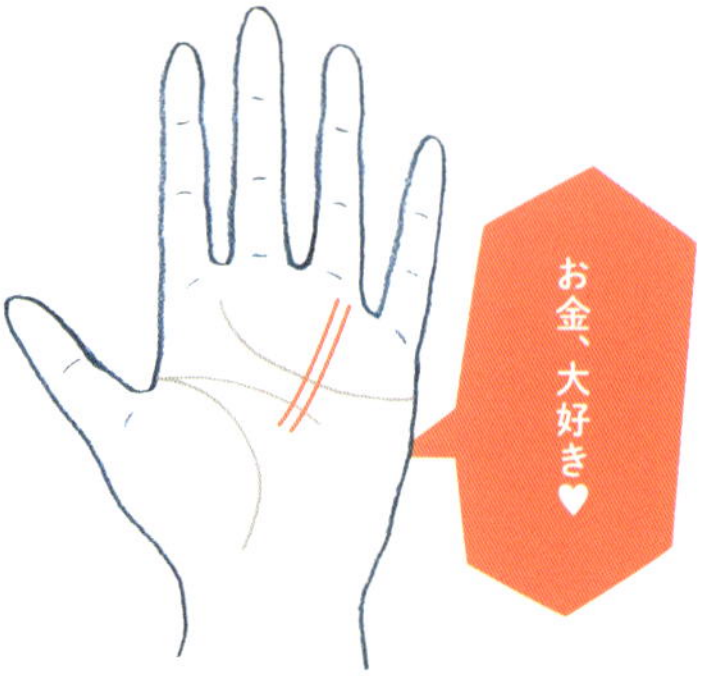
お金、大好き♥

はっきりした線が1本～2本入っている

お金から愛される素質はバッチリ

金運線が複数あるのはよくないといわれますが、はっきりした線が1本～2本なら問題なし。むしろ自然とお金を引き寄せる力を持っています。ただし金運線に島（輪）が入っている場合は要注意。トラブルに巻き込まれる可能性があるので、ギャンブルやお金の貸し借りは厳禁です。

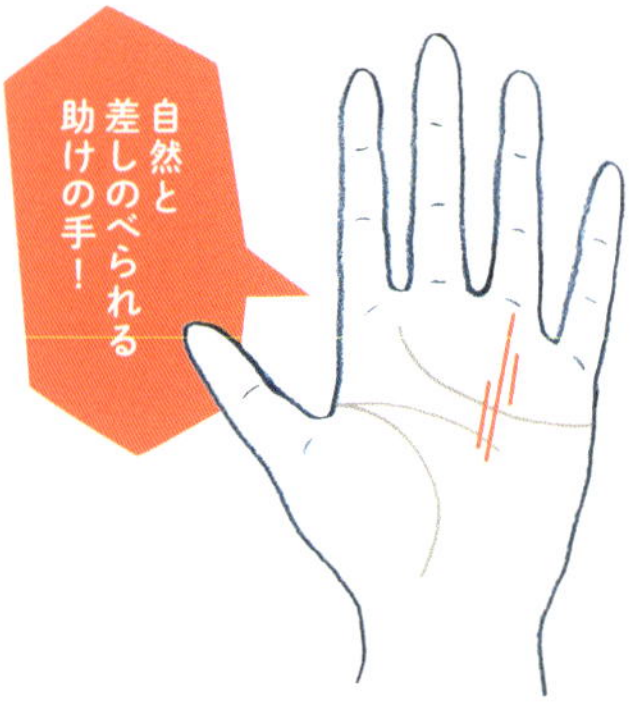
自然と差しのべられる助けの手！

1本の線に寄り添うようにもう1本線が入っている

身近に支援者が!?〈サポート線〉タイプ

金運線を支えるようにもう1本の線が入っている場合、それは「支援者」を表します。中指側なら身内から、小指側なら身内以外の人から金銭的援助を受けられる可能性大。それだけあなたに「サポートしたい！」と思わせる魅力があるということ。そのことに自信を持って！

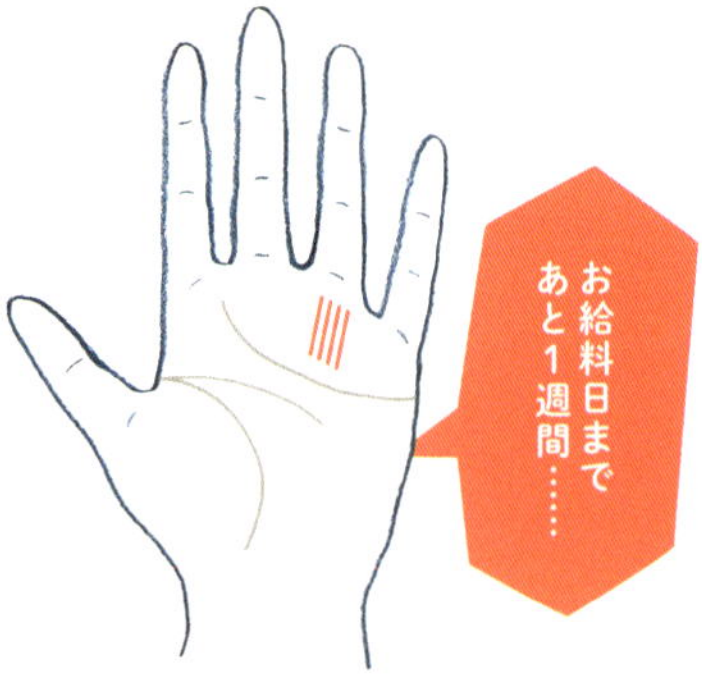
お給料日まであと1週間……

何本も入っている

お金の出入りが激しい〈浪費家線〉タイプ

「どうしてこんなにお金がないんだろう?」と不思議に思うかもしれません。それは入ってきた分だけ使ってしまうから。つまりお金の出入りを管理できていないのです。衝動買いを我慢できなかったり、その場のノリで人におごったりしているのでは？　ここで一度、お金の使い方の見直しを。

もっと知りたい！　金運線エトセトラ

この手に財をつかみ取る最強の相〈覇王線〉

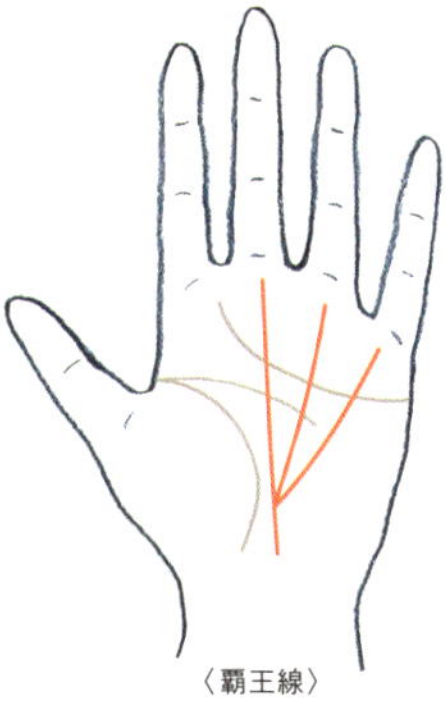
〈覇王線〉

金運線、財運線の両方がある人は、もしかしたらこの相を持っているかも。それは〈覇王線〉！「お金を生み出す」金運線と、「お金を貯めて、増やす」財運線が、「人生の道筋」を表す運命線までのびて、三角を形成している相です。これを持つ人は、自分で想像しているよりもはるかにケタが大きなお金を生み出す才能あり。組織の中で大人しくしているよりも、独立起業して自分の思うままに事を進めたほうが成功するでしょう。またこの相を持っている人に出会ったなら、ぜひお近づきに。のちに成功して有名人になる可能性があります。パートナーに選べば玉の輿に乗れるかも!?

お金がらみで要チェック！〈財運線〉とは？

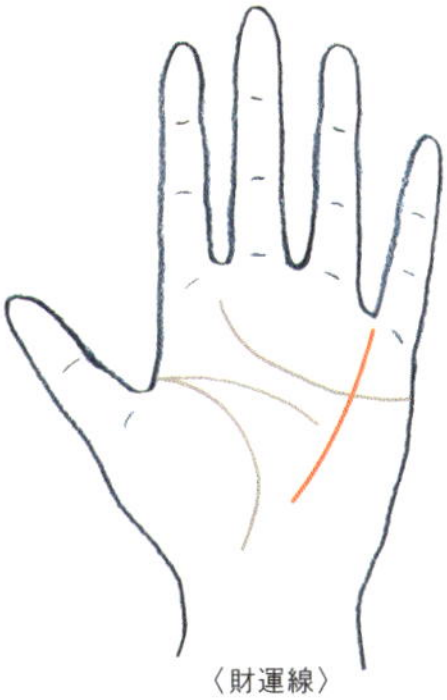
〈財運線〉

金運線と併せてチェックしたい、お金に関する線が〈財運線〉です。
これは小指の付け根付近から下にのびる線のこと。金運線で生み出したお金を「蓄え、増やしていく力」を表しています。ここでいう財産とはお金に限りません。家や土地などの様々な資産のほか、人脈も含まれます。
ちなみに昔は〈健康線〉と呼ばれていました。健康で長生きすればその分、財産が増えると考えられたのでしょう。
実は財運線は若い時よりも年を重ねてからくっきりと出てくることが多いと言われています。たとえ今見当たらなかったとしても諦めないで。

Wedding Line

基本6線 6

結婚線

結婚に対する意識やパートナーとの関係を表す線

女性ならば気になる線、ナンバーワンが結婚線でしょう。よく結婚線の本数を結婚の回数と勘違いしている人がいますが、一番長くてはっきりした線で読みます。結婚線も変化の多い線で、結婚が近づくと線がググッとのびてくることがあります。

　また赤みを帯びるとプロポーズを受けるサイン。相手がいないなら、運命的な出会いが近づいているのかも……。結婚線のコンディションを日々チェックして、幸せのサインを見逃さないで！

これが結婚線です

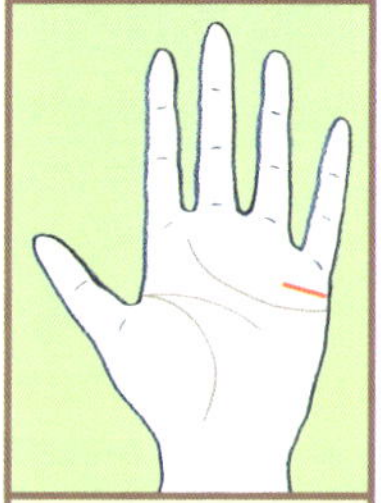

小指の付け根と感情線の間を横切る線

Check1 結婚線の「向き」はどうなっている？

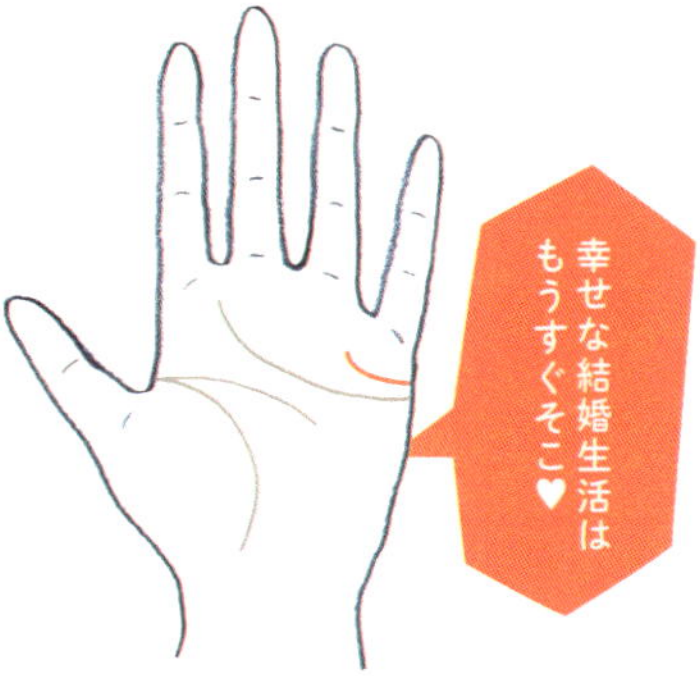
幸せな結婚生活は
もうすぐそこ♥

上を向いている

円満な結婚生活をお約束
〈幸せ婚線〉タイプ

結婚している人は家庭が円満な状態であることを、未婚の人の場合はこれから幸せな結婚生活が待っていることを知らせる線です。家庭第一、家族のことを一番に考える温かい生活が待っているでしょう。家族のイベントを欠かさない、アットホームな雰囲気に。結婚に不安があるなら、この線を持つ人をパートナーに選ぶと結婚運アップ。

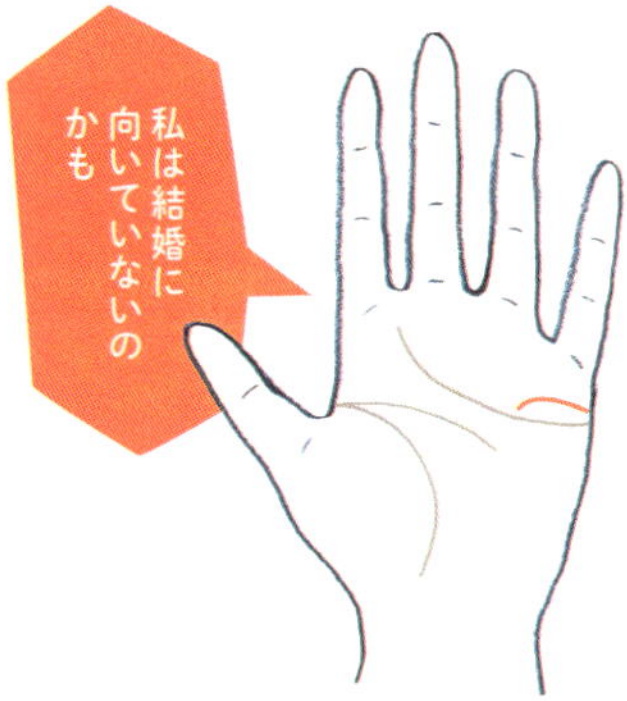
私は結婚に
向いていないの
かも

下を向いている

結婚生活に不穏な影……
〈後ろ向き線〉タイプ

未婚でこの線を持っている場合、結婚に対して後ろ向きな状態かもしれません。「結婚したい」と口では言いながらも「まだ早い」「結婚したら自由がなくなる」「自分には無理」と思っているのかも。既婚の場合、パートナーとの関係に溝がある気配。すれ違う前に、しっかり話し合いを！

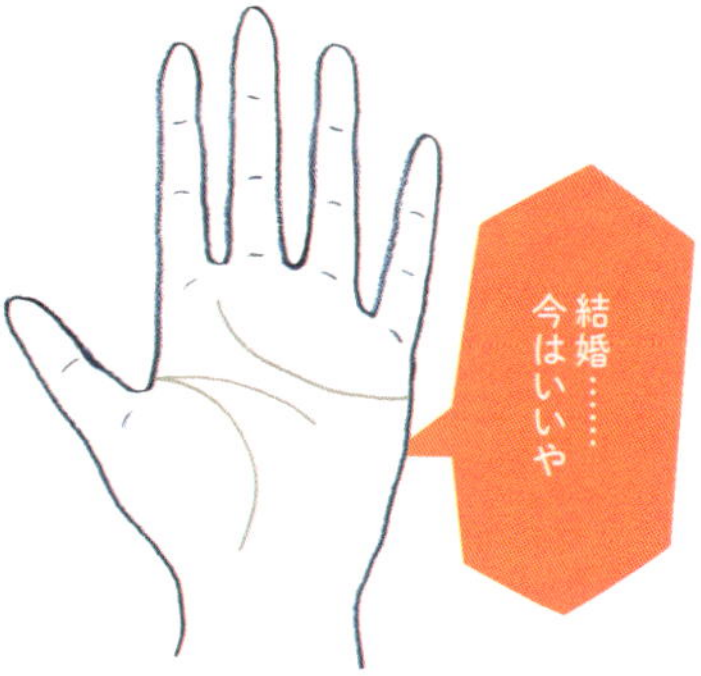
結婚……
今はいいや

そもそも結婚線がない

結婚はまだ夢の段階
〈無関心線〉タイプ

結婚線がないからといって結婚できないわけではなく、結婚に意識が向いていないだけ。独身なら、ほかに楽しいことがあったり、それほど切実に「結婚したい！」と思っていないのかも。いい人が現れれば自然と結婚線が出てきます。既婚の場合、パートナーに対して無関心すぎるのかも……。

Check 2 結婚線の「本数」はどうなっている？

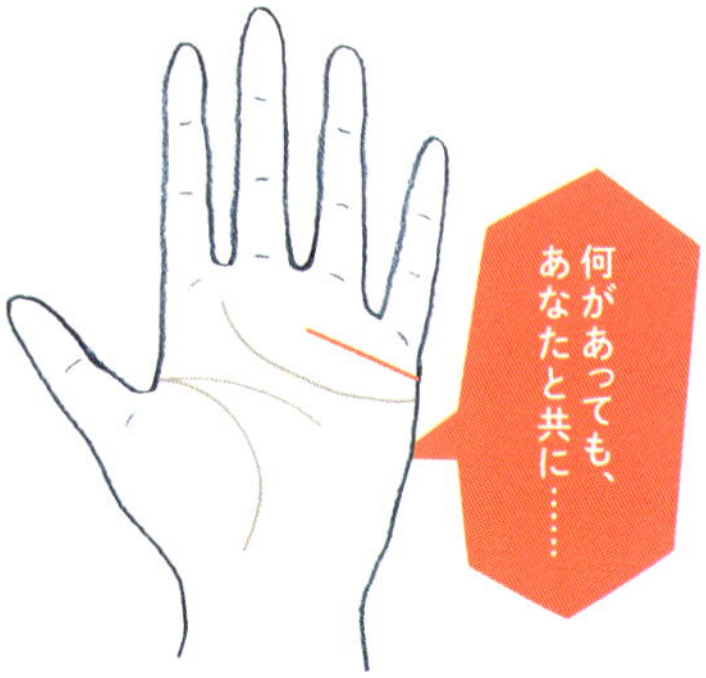
何があっても、
あなたと共に……

長い線が1本入っている

1人の相手と一生を添い遂げる

1人の相手と一生を共にする線です。途中でどんな苦労があろうとも2人でしっかり乗り越えられるはず。結婚線の長さが金運線を横切るほどなら〈玉の輿線〉(P135)に。つき合っている相手がお金持ちではなくても、結婚することで2人の金運がアップ。2人で始めた事業が大成功するかも。

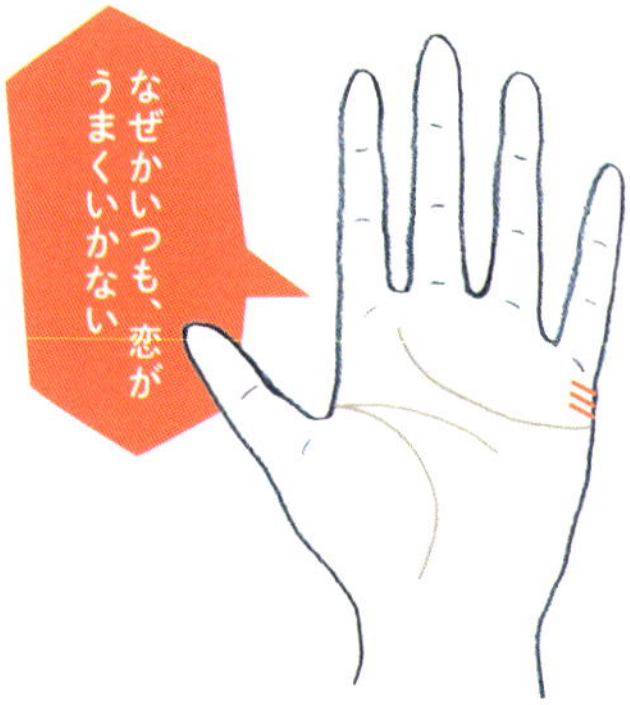
なぜかいつも、恋が
うまくいかない

短い線が何本も入っている

報われない恋が多い〈片思い線〉タイプ

長い片思いをしてしまう、告白しても振られてしまう、ダメな相手に貢いでしまう、相手に都合よく扱われる、友人に好きな人を横取りされる……こんな経験がある人に多い線です。一度、恋の理想を見直してみる必要があるかも。意外と身近にぴったり合う人がいるかもしれませんよ。

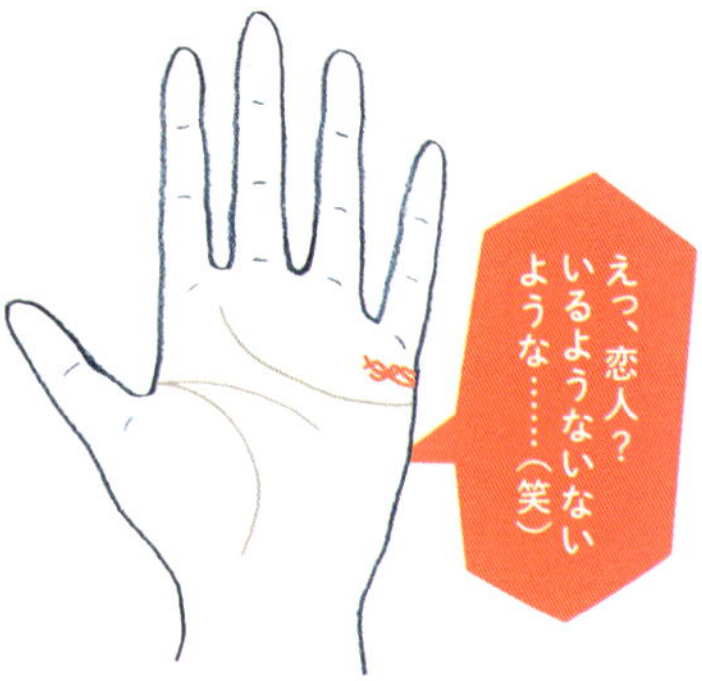
えっ、恋人？
いるようないない
ような……（笑）

複数の線がグチャグチャからみ合っている

隙あらば関係を持とうとする〈好きもの線〉タイプ

線の見た目と同様、異性との関係も混乱している可能性が高いでしょう。不思議な魅力を放ち、モテるタイプですが、無意識のうちにあらゆる人に色目を使ってしまいます。その結果、複数の相手と同時に関係を持ってしまうことも。幸せな結婚を望むのなら、節度を持ったほうがよさそう。

もっと知りたい！ 結婚線エトセトラ

結婚線の形でわかる ウエディングストーリー

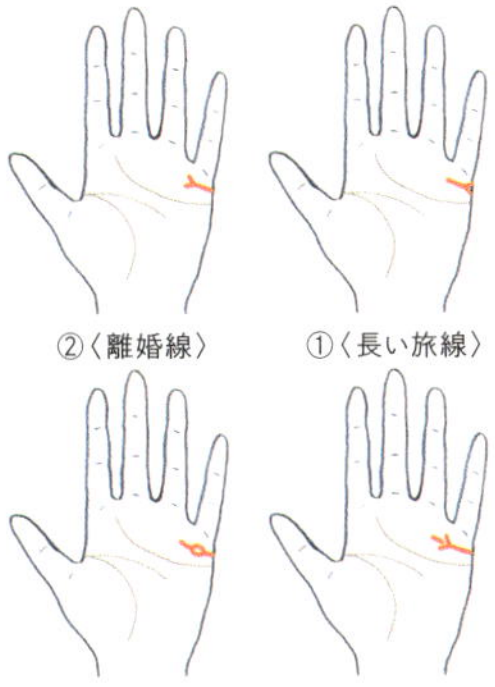
②〈離婚線〉 ①〈長い旅線〉
④〈不倫線〉 ③〈元さや線〉

結婚線は、その形を見れば意味が想像できるものが多く存在します。例えば離れた場所にある2本の線が1つにつながる①〈長い旅線〉。出会ってから数年たって結ばれるカップル、もしくは同棲生活が長いカップルにこの線があることが多いよう。②〈離婚線〉は1本の線が二股になっている線で、2人の気持ちがすれ違い、道を分かつ段階を表しています。でもその先に新しい線ができると③〈元さや線〉に。別れた相手との再会をそのまま表しているようです。要注意なのは④〈不倫線〉。結婚線に島ができています。島ではなく泥沼にも見えてくるかもしれません……！

あなたはいつ結婚する？ 結婚線で時期を見る

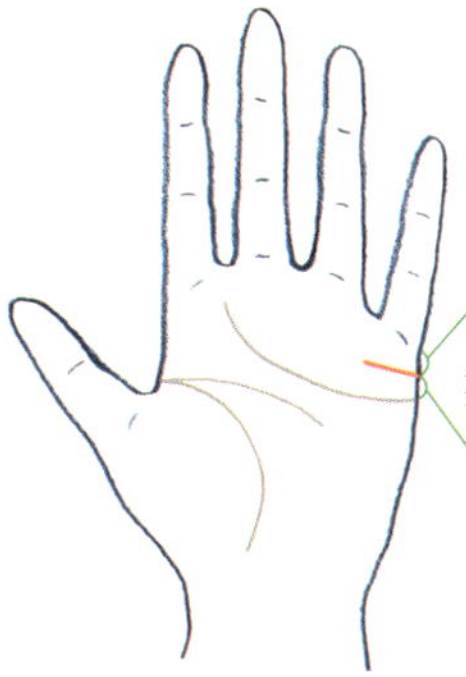

結婚線で気になるのは、やはり結婚のタイミング。そこで結婚線を流年法で見てみましょう。目安としては小指と感情線の間を等分した真ん中辺りを、男性の場合27～28歳、女性の場合は24～25歳と見ます。
一番長く、濃く出ている結婚線がそれよりも下（感情線側）ならば早婚タイプ、それよりも上（小指側）なら晩婚タイプといえるでしょう。
また現在の年齢よりも上の位置にあるなら、これから出会った人と結婚する可能性が高め。現在の年齢よりも低めなら、すでにその相手とは出会っているかも。周りにいる人をチェックしてみて！

ちょっと得する“手の話”
2

芸能界、スポーツ界……トップに立つ人はやはり手相も常人離れ！

これまで僕は30000人以上の手を見せていただきました。なかでも熾烈な競争が繰り広げられる芸能界で生き抜いている方は、特殊な手相を持っていることが多い！　ここでは「これはすごい！」と思った手相の方をご紹介していきます。

まずは運命線に金運線、財運線がつながっている〈覇王線〉（P147）。成功者に多いといわれているのですが、松本人志さんがお持ちでした。ちなみに浜田雅功さんは〈ますかけ線〉（P44）の持ち主。いわば天下取りの相です。ダウンタウンさんは、手相的に見ても「すごいコンビ」だということです。

ますかけ線は、大河ドラマで主演を張るくらいの俳優さんにも多いですね。渡辺謙さん、福山雅治さん、妻夫木聡さんなど。バラエティの大御所、タモリさん、笑福亭鶴瓶さん、中居正広さんは皆、〈スター〉（P153）を持っていました。また明石家さんまさんにはユーモア線（P142）がなんと6本ありましたが、ますだおかだの岡田圭右さんはユーモア線がなかったというのもおもしろいですね（笑）。

スポーツ界もなかなか個性的です。レスリングの吉田沙保里選手はなんと〈四重生命線〉の持ち主!!

やはり「霊長類最強女子」の異名はダテではないのだな、と手を見てつくづく感じました。

野球の大谷翔平選手は〈二重運命線〉（P156）でした。ピッチャーとバッター、二刀流というのが手にも表れていたわけです。フィギュアスケートの浅田真央さんも同じでしたから、これから新たなジャンルでも活躍されるのかもしれません。

「スポーツ選手は生命線がものすごく太いとか、〈スポーツ線〉（P143）があったりするのかな」と思いますが、その辺りは意外と普通で、実は〈オタク線〉（P144）を持つ人が多かったりします。やっぱり1つのことを突きつめる集中力が、一流アスリートに欠かせない才能なのかもしれませんね。

唯一、僕が手相を見ることができなかった人に重量挙げの三宅宏実選手がいます。なぜならバーベルの持ち上げすぎで、手がすれてつるっつる、手相がなかったから！　これこそが「世界トップクラスの努力」の証しなのでしょう。

ちょっと得する
“手の話”
3

「空気が読めない」なんて言わないで！

しっかり意見を貫ける〈K《ケー》Y《ワイ》線〉は勲章である！

〈モテ線〉〈エロ線〉〈あやまりま線〉など、手相の線にいろいろなキャッチーな名前をつけてきた僕ですが、なかでも**一番、反響が大きかったのが〈KY線〉**です。

これは頭脳線と感情線の始点が離れている相のこと。日本人では全体の5パーセントくらいの人が持っているといわれています。独立独歩で周りの目を気にすることなく行動できるということから**「空気（K）を読まない（Y）線」**と名づけました。特に2つの線が5ミリ以上離れていれば、かなりその傾向が強いと読んでいます。

ただし最近は、これを**〈じゃじゃ馬線〉**という呼び方にしています。というのも「私、KYなんだ！　ショック!!」という人が想像以上に多かったから。

誤解のないようにお伝えしておきたいのですが、この**〈KY線〉は決して悪い線ではない**のです。

芯が強くて周りに振り回されず、**「空気を読む必要がないくらい、信念を貫き通すことができる」**ということなのですから。女性の場合、結婚したあとも専業主婦になるよりは、社会でバリバリ活躍することが多いでしょう。

実は手相につけられた名前は、その時代、その地

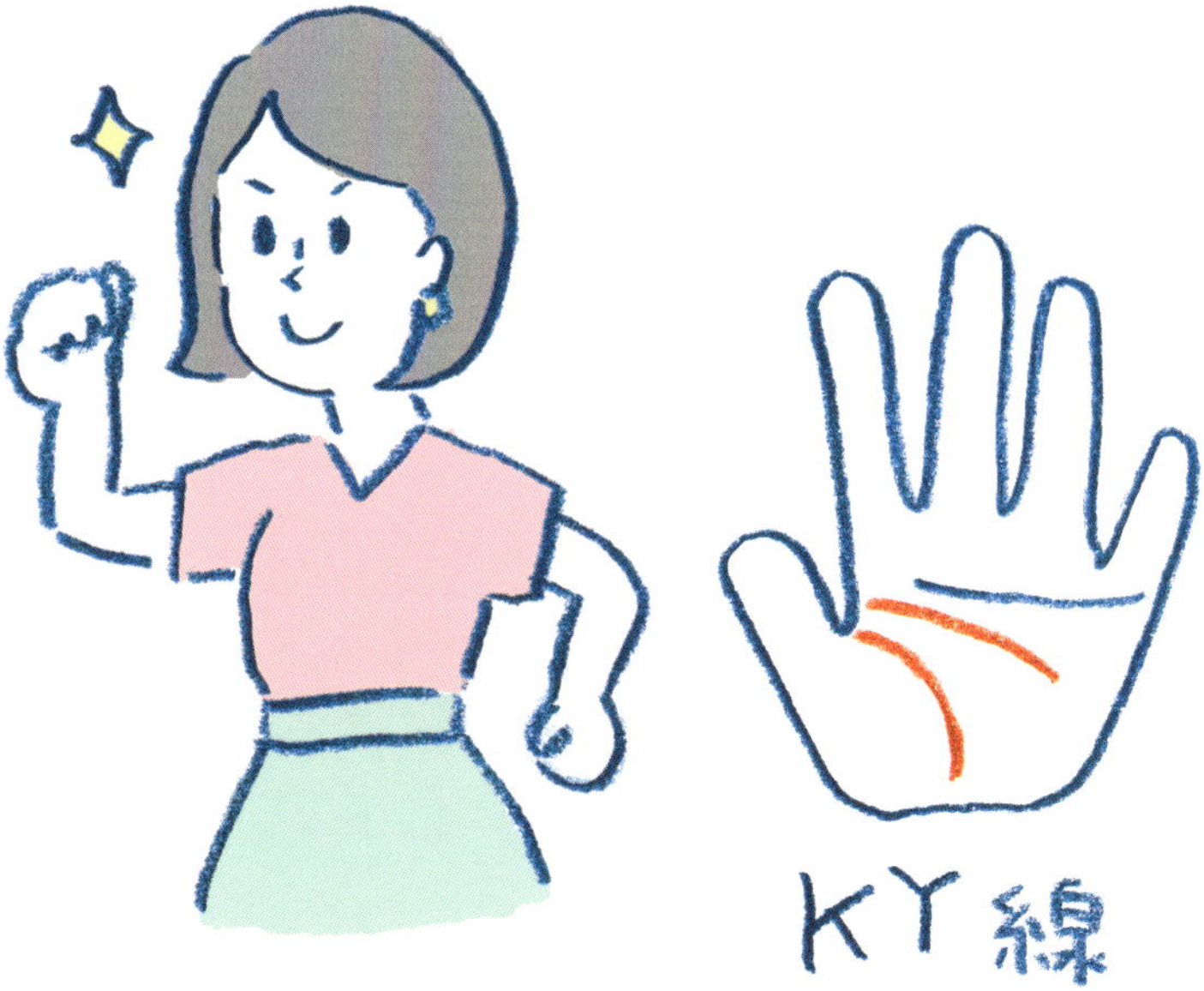

域の価値観をとてもよく反映しています。

例えば結婚線は、昭和以前は〈根性線〉と呼ばれていました。この線の末端が上がっていると「根性がある」、下がっていると「根性がない」と読まれていたのだそう。生きるのに必死な時代ですから、結婚に必要なのは、愛嬌や器用さよりも、どんな逆境をも耐え抜く根性だったということなのでしょう。

ちなみに〈KY線〉を持つ人は、欧米だと日本人よりもう少し多く、25パーセントくらいいるといいます。どうりで自分の意思をしっかりと持ち、自己主張するのが当たり前、人に流されるなんて信じられないという価値観が生まれるわけです。

ですから海外にいったら、KY線は決して「和を乱す人の印」ではなく「堂々と自分の意見を通せる度胸とガッツを持っている人の証し」として、高く評価されるかもしれませんよ。

Column

島田流！ 使える恋愛心理テク

会話を盛り上げるコツは「鏡」と「鼻」にあり！

初対面の場面では、できるだけ早く相手の警戒心を解くのがポイント。そのためのテクニックがあります。

心理学では、自分と同じ動作をしている人には、自然と好感を抱く「ミラー効果」があるといわれています。まさに鏡に映っている自分を見ているかのように安心するのです。

相手がグラスの水を飲んだら自分も飲む、脚を組んだら自分も組むというように動作をまねすることで自然とどんどん2人のリズムが合ってきます。そして緊張がほぐれて、話がしやすくなります。すると相手も「この人と初めて会ったとは思えない」「なんだかすごく相性がいいんじゃないかな」と思い始めるのです。

また会話の最中、あなたは相手のどこを見ていますか？ 相手の目をじっと見つめるのは実はNG。緊張感を抱かせてしまいます。ではどこを見るべきかというと「鼻」です。少し視線は下がりますが、相手は「自分をちゃんと見てもらえている」という安心感を覚えます。同時に相手の女性がとてもやわらかい印象に見えるのだとか。だからどんなに人見知りの男性でも自然に会話ができるのだそうです。

男はやっぱり自分が話したい生き物ですから、聞き上手な女性に惹かれます。男性が自然体で話せるようなシチュエーション作りがカギです！

Chapter3

暇さえあれば押しましょう

「手の丘マッサージ」で開運！

手のひらの盛り上がった１つひとつの部分が「丘」。
実は丘には、運気を貯めるタンクがあるのだとか……!?
それを解放&活性化させるマッサージ法を教えます！

コリをほぐせば運気も活性化！「手の丘マッサージ」を始めよう

特に女性に多いといわれている冷え性。冬だけでなく、夏場もエアコンの影響などで手足が冷えている人もいるはず。

でもこれって、開運的にはあまりよろしくない状態です。なぜなら、手足の末端の毛細血管にまでちゃんと血液が巡っていないということだからです。

運は「運ぶ」という字を書きますよね。だから**新鮮な血液が全身のすみずみにまできちんと「運ばれて」**いること、つまり血が行き届いて、巡っていることが、**運のいい人になるためにはとても大事**なんです。

とはいえ毎日運動をするのは大変……ということで考えたのが、この**「手の丘マッサージ」**です。

「手の丘って何？」という人のために、まずは手のひらの丘について見ていきましょう。それが次のページの図です。

これが「手の丘」です！

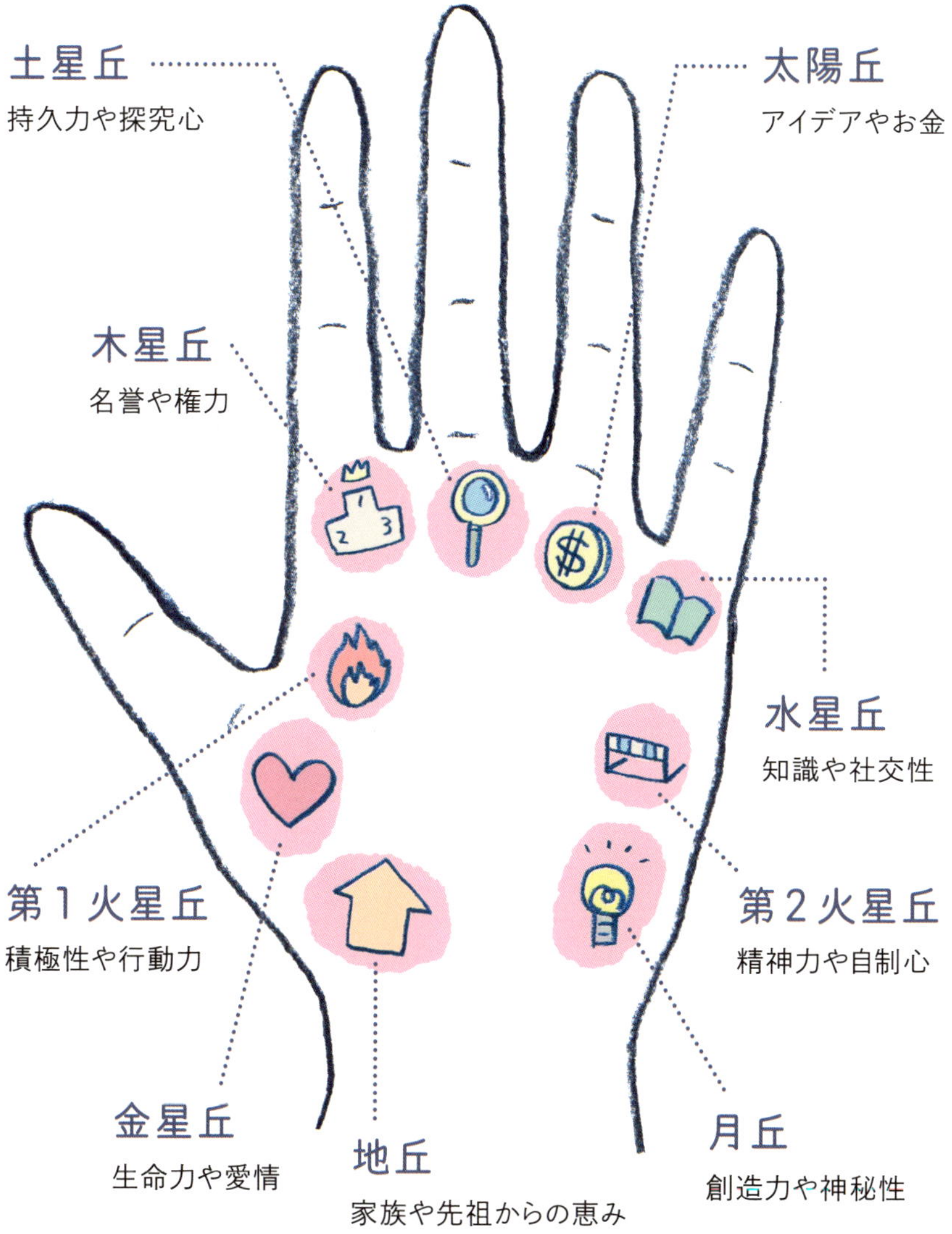
土星丘
持久力や探究心
太陽丘
アイデアやお金
木星丘
名誉や権力
水星丘
知識や社交性
第1火星丘
積極性や行動力
第2火星丘
精神力や自制心
金星丘
生命力や愛情
地丘
家族や先祖からの恵み
月丘
創造力や神秘性

Shimada Tesou

実はとっても重要な手のひらに広がる「丘」

手相において線以外にチェックする重要なポイントがあります。それが「丘」です。手を軽く丸めた状態で、手首側から眺めてみてください。

それぞれの指の付け根がこんもりと盛り上がっているはずです。この1つひとつが「丘」です。よく観察してみると盛り上がっている丘、ペタンとしている丘、血色のいい丘、白っぽい丘……その状態はまちまちだとわかるでしょう。

Chapter1では「手相は運が流れる川である」とお話ししました。そもそも人間は様々な運をどこでキャッチしているかというと「指先」です。運が指先から入ってきて、手首側に流れていくというイメージです。

そして、指にはそれぞれ運が対応しています。

親指なら「家族や健康、愛情」に関する運、人差し指なら「名誉や成功」に関する運、中指なら「探究心や持久力」に関する運、薬指なら「お金」に関する運、小指なら「仕事や勉強」に関する運というようにです。

手のひらの「ふくらみ」は運の貯蔵庫!?

指から入ってきた運気は川のように下に流れていって、指の付け根の部分、つまり**この「丘」に貯まる**のです。

ですからこの丘がしっかり盛り上がっていたり、**血色がよくイキイキしていたりすれば、その運が活性化している**ということになります。

さらに手相ではこの丘の1つひとつに惑星の名前がついていて、それぞれに運気が対応していると考えます。

例えば薬指の下のふくらみは〈太陽丘〉と呼ばれていて、ここがふっくらしていると「お金に恵まれやすい」と考えます。

また仕事運は小指が対応しているため、〈水星丘〉が発達していれば、仕事運がいい状態であるということです。

親指の付け根のふくらみは〈金星丘〉と呼ばれて、生命力や愛情（恋は生命力が旺盛な印です）の状態がここに表れると考えるのです。

あなたの手はどうでしょう？　青白くなっていたり、指で押した時に痛いと感じる丘は、要注意！　もしかすると手が凝っているのかもしれません。

パソコンやスマートフォンを操作したり、何かを書いたり、物を持ったりと、人間は日々いろいろな動作をしますが、同じ動きばかりしていると、筋肉が固まってきてしまいます。案外、手のひらはコリが生じているものなのです。

痛みを感じたり、ゴリゴリとした違和感を覚える場所は、その丘にきちんと血が巡っていない、その運が停滞しているということかもしれません。

あなたが今、〈金星丘〉を押して「痛い！」と感じたなら、**恋愛に対するモチベーションが下がっている、つまり「恋愛力がじわじわ低下中」**ということになるのです！

「手の丘マッサージ」を新しい習慣に！

でも心配はいりません。丘をしばらくもんだり押したりしてみてください。そのうちだんだんふっくらして、赤みを帯びてくるはずです。ぽかぽかと温かくなるのも感じられるでしょう。コリがほぐれると、その部分に血が通い始めます。

それはすなわち、**丘の運気にもきちんと血が通い始めた**ということ！　停滞して冷え込んでいた**運気が、みるみる活性化**するでしょう。

運が落ちているなと感じる時は、自分が欲しい運に対応する丘を丹念にマッサージするといいでしょう。また大事な予定がある時に、パワーをくれそうな丘を選んでもむのもいいですね。例えばプレゼンの前には〈第1火星丘〉をもむといいかもしれません。やる気が出ると同時に緊張もほぐれて、きっといい状態で臨めるはずです。

いいインスピレーションが欲しい時は〈月丘〉、**合コンに行く前は〈金星丘〉をもんでおく**と、人見知りせずに話せたり、魅力がアップしたりするでしょう。

人間関係も円滑になる「手の丘マッサージ」

道具もいらないですし、時間と場所を問わずどこでもできる、ある意味、最強の開運法の「手の丘マッサージ」ですが、実はもう1つ素晴らしい効果があります。それが、大切な人とのコミュニケーションツールになるということ。

自分以外に、家族や友達、同僚など、周りの人にぜひ「手の丘マッサージ」をやってあげてください。「最近どう？」「ちょっと人づき合いで悩んでいて……」「じゃあ人間関係がよくなるよう〈水星丘〉をもんであげるね」なんて、会話のきっかけにもなるはず。

特に女性の皆さんにはぜひマスターしてほしい！　なぜなら「疲れているなら、仕事運が上がるマッサージをしてあげようか？」なんて言えば、ほとんどの男性はイチコロだからです！（笑）　実際に手にふれるチャンスにもなりますから、親密になれること間違いなし。大切な人といい関係を育むために、ぜひ「手の丘マッサージ」を役立ててください。

手の丘に入っている線やマークにも注目を！

手の丘はマッサージをするだけでなく、その表面を観察するのもポイントです。うっすらと線が入っていませんか？基本的に**タテ線は丘の意味を強め、ヨコ線は丘の意味を弱めます**（一部、例外の相もあります）。

このほかにも手相には様々な「マーク」が存在します。2本の線が交差した〈クロス〉、3本の線が交差した〈スター〉、3本の線が三角形になった〈トライアングル〉、4本の線が四角形を作る〈スクエア〉、タテ・ヨコに複数の線が交差した格子状の〈グリル〉、線が円を描く〈サークル〉。

これらもその丘の運がどのように流れているかを表す重要な吉凶のサイン。その意味についても解説していますから、ぜひ参考にしてください。

マークは**すぐに消えたり、生まれたりしやすい**もの。日頃からまめにチェックしておくと、幸運＆不運のサインに早めに気づくことができるはずですよ！

Jupiter Hill

木星丘

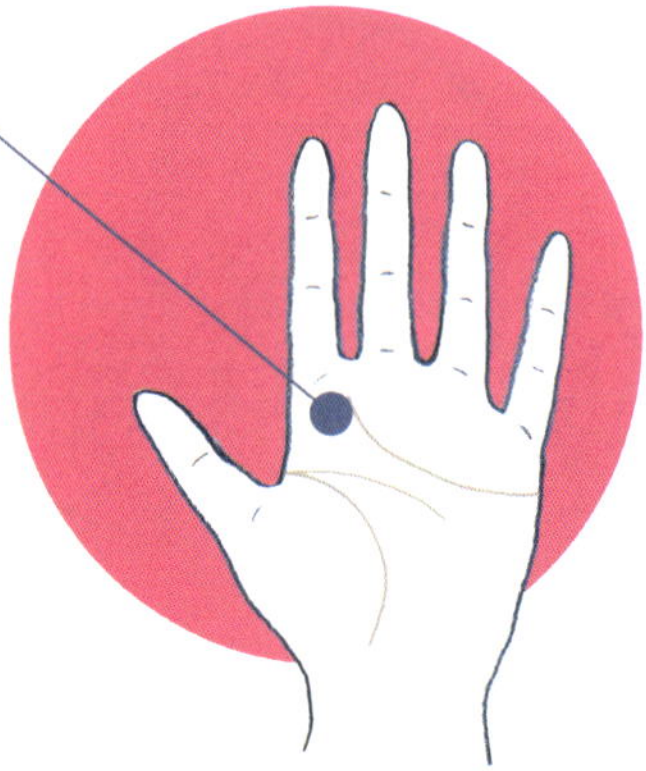

人生を着実にステップアップさせる力

木星丘は「希望」を表す丘です。そのためこの丘が発達していると「こうなりたい！」という理想を思い描くようになります。「成功したい」「より上に行きたい」といった目標を掲げ、それに向かって突き進むでしょう。

そのための具体的な行動として昇進やよりよい会社への転職、試験の合格や資格の取得を目指す場合もありますし、玉の輿を狙ったり、パートナーの昇進を願うといった形で表れることも。

いずれにしろ願いを叶えたい時、モチベーションを高め、向上心を持って過ごしたい時にはこの丘をしっかりマッサージして、運気を活性化させましょう。また試験や面接など大事な予定の前にもむのもおすすめ。きっと自信を持って堂々と振る舞えるはずです。

ココを押すと痛い人は……

- 向上心が薄らいでいる
- 人生に対して無気力
- 物事を悲観しがちで理想がない

こんな時にもみましょう

- 自分を成長させたい
- 試験や面接に合格したい
- 成功をつかむパワーが欲しい

木星丘のコンディションをチェック！

タテ線がある

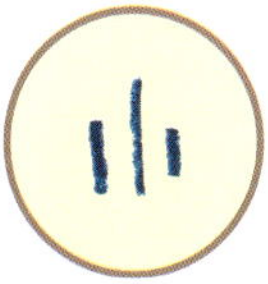

高い理想を思い描き それを目指す時

上を目指す気持ちが高まっています。今までより少し高い目標を掲げると順調にステップアップしていけるでしょう。リーダー役を任されやすい時でもあります。

ヨコ線がある

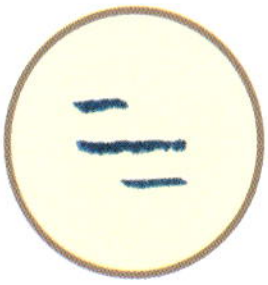

暴走せずに周囲と 足並みをそろえて

仕事面で何らかのトラブルがあるかもしれません。もしかして、ちょっとプライドが高くなっていたり、見栄っ張りになっていませんか？ クールダウンしてみては。

グリルがある

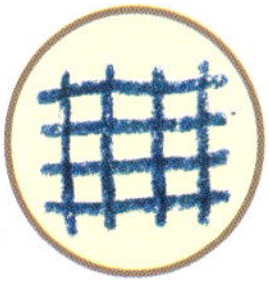

毎日ダラダラ…… モチベーションがダウン

現状に甘んじて「どうせこんなもの」なんて無気力な日々を送っていませんか？ 人任せにして楽をしようとしていることも。何か1つでもいいので、やりたいことを見つけて。

スクエアがある

見返りを求めずに 人のために尽くす

この位置のスクエアを〈ボランティア線〉(P144)と呼びます。「世界のために自分にできることをしたい！」という理想を抱き、無償で人々に奉仕することに喜びを感じます。

トライアングルがある

夢に一歩近づく 好機の到来！

念願の役職に大抜擢されたり、ビッグな仕事が舞い込んだり。「チャンス！」と言いたくなるような出来事がありそう。それに伴い地位が上がり、チームを率いることになる場合も。

スターがある

人生が大きく変わる 大チャンス！

どんな願い事も叶う無敵状態！ 思い描いていた夢が実現する大チャンスです。どんな願いも聞き入れられる時なので、スターが出ているうちに、何かしらのアクションを！

クロスがある

試練を乗り越えるたび タフになっていく

あなたが進もうとしている道に思いがけない横やりが入りそう。でもこのマークを木星丘に持つ人は、ものともせず乗り越えるパワーがあり、それを機に成長していけます。

サークルがある

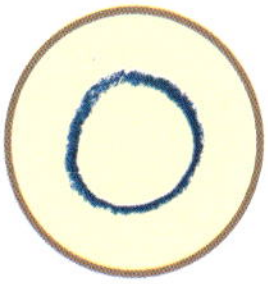

具体的なアクションを 起こしたい時

目標に向けて、動き出すパワーにあふれています。じっとしていないで、夢を叶えるためにできることを始めて。小さな1歩からどんどん新たな展開が始まりそうです。

Saturn Hill

土星丘

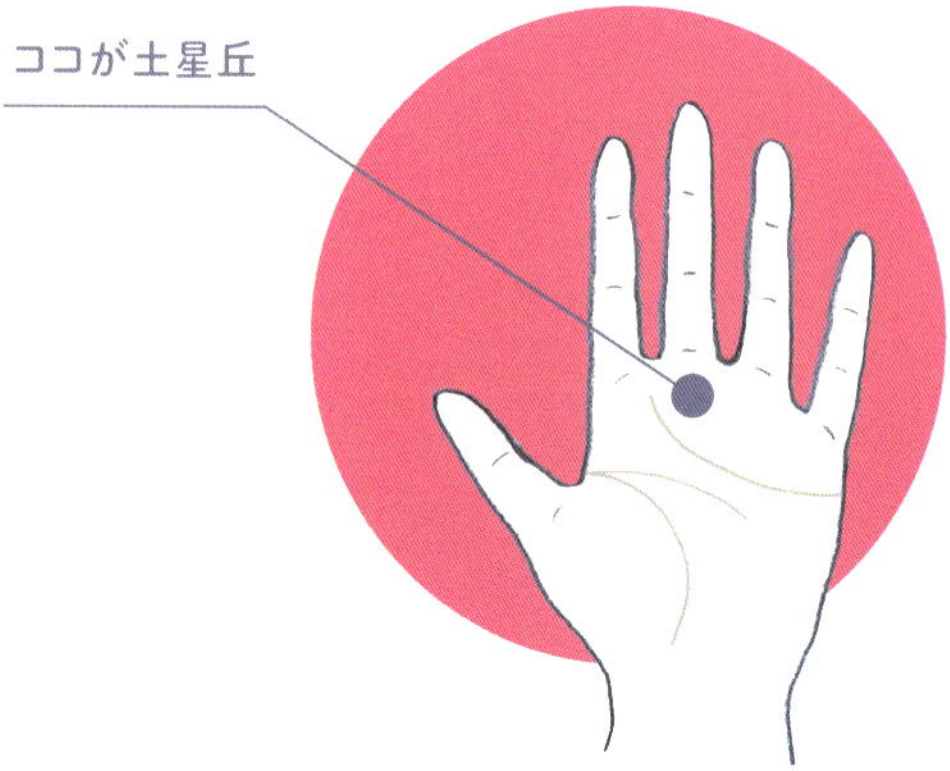

手堅くコツコツと積み重ね、結果を出す力

土星丘は「粘り強さ」を表す丘です。そのためこの丘が発達していると、長期的な目標に向けてコツコツと取り組むことができるようになります。しっかりと一定の成果を出せるため、高い評価を得るでしょう。この丘がほかの丘と比べて盛り上がっている人は、大器晩成型ともいわれています。

また探究心が旺盛になるのも特徴です。1つのジャンルをとことん究めることができるので、その道の専門家や職人として大成することも。同時に人を見る目や慎重さもアップします。

衝動的に物事を判断しがちな人、うっかりミスが多い人はこの部分をしっかりもみほぐしておくといいでしょう。集中して作業に取り組みたい時は事前にもんでおくのがおすすめです。

ココを押すと痛い人は……

・気が散りやすい
・いいところで投げ出してしまう
・言いたいことを我慢しすぎる

こんな時にもみましょう

・集中力をアップさせたい
・何かをとことん学びたい
・人との関係をじっくり育みたい

土星丘のコンディションをチェック！

タテ線がある

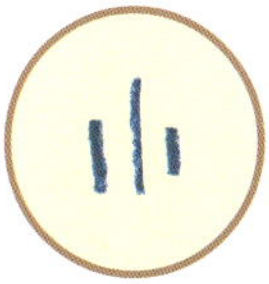

日々、成長の真っ只中
前を見て進んで

着実に努力を積み重ねて成長していける時です。これまでの成果にスポットライトが当たる日は遠くないかも。最後まで手を抜かずにやり遂げることが大切です。

ヨコ線がある

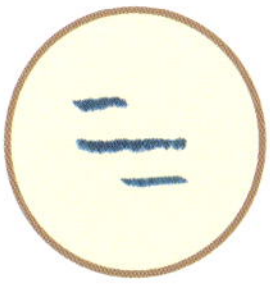

あと一歩のところで
成果がおじゃんに!?

粘り強さを欠いている状態です。結果ばかり重視して、プロセスが疎かになっていることも。ここまでの努力が水の泡になってしまうので、しっかり気合いを入れ直して。

グリルがある

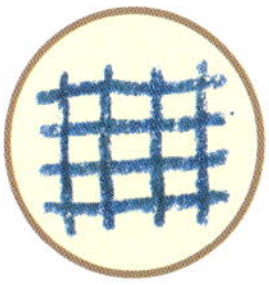

集中力が続かず
ものにならない

忍耐力が低下しているようです。いろいろなものに手を出しすぎて、どれも中途半端になっている可能性も。物事に優先順位をつけて、1つずつこなすことを目標にして。

スクエアがある

つらい局面でも
投げ出さないで

考えすぎるあまり、袋小路に入ってしまっているのかも……。でも、ここで中途半端に投げ出さず、とことん向き合えば、打開策が見つかって一気に形勢を逆転できるかも。

トライアングルがある

頑張りが実る時
自分に自信を持って

これまで継続してきたことが形になり、達成感を得られるでしょう。我慢強く耐えてきた自分自身を誇らしく感じるかもしれません。解けなかった難問の答えが出ることも。

スターがある

待望の運命の相手と
強く引き合う暗示

この部分のスターは特別で「待ち人来たり」の意味になります。恋愛や結婚の良縁に恵まれる可能性が大。家に引きこもらず、いろいろな場所に出かけてチャンスをつかんで！

クロスがある

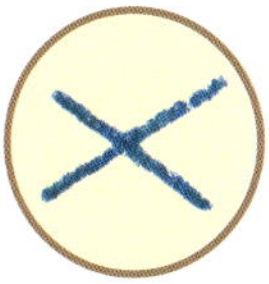

肩の力を抜いて
問題に対応して

今、取り組んでいることに思いがけないトラブルが発生する暗示。でもそこで動揺せず、慎重に立ち回れば必ず乗り越えられるはず。ストレスをためすぎないことも大切です。

サークルがある

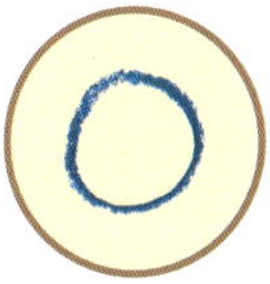

1つのことを究めるのに
最適なタイミング

落ち着いた精神状態を維持できているようです。集中力もアップしているので仕事の能率も上がるでしょう。今までよりスキルアップするチャンスでもあります。

Sun Hill

太陽丘

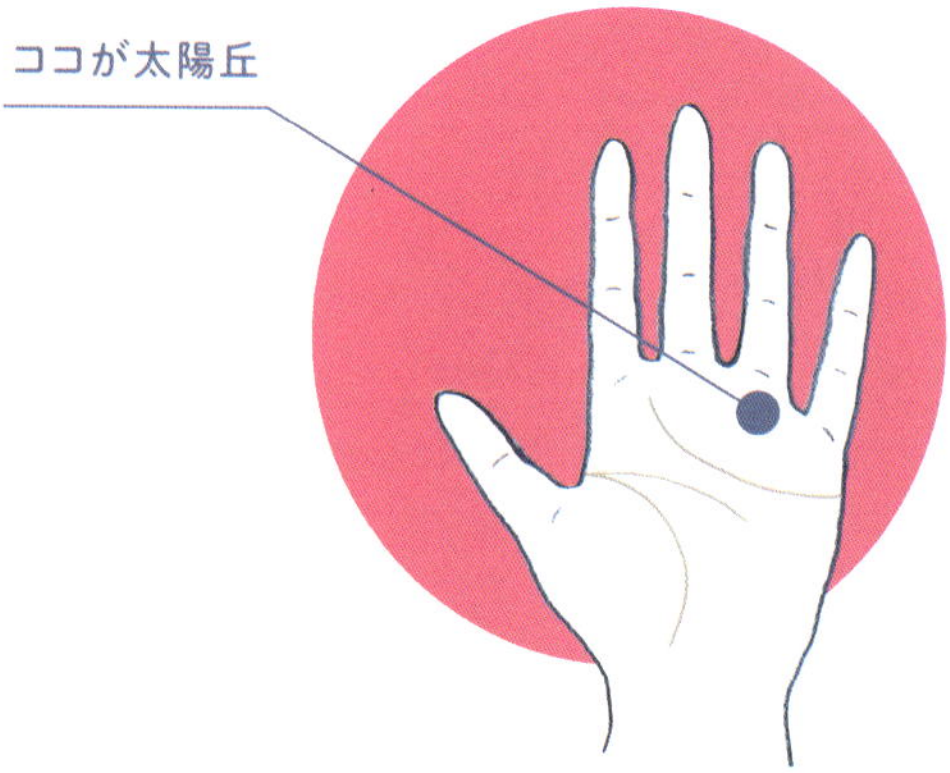

お金に結びつくアイデアを生む力

太陽丘は「芸術性」を表す丘です。そのためこの丘が発達していると、無から有を生み出したり、何かを表現したりすることにこだわりが出てきたり、類まれなセンスを発揮したりするようになります。

例えば「こんなものがあったら素敵だな」「こういうものを作りたい」というアイデアが生まれ、それを形にします。作り出したものは自然と周囲からの注目を集め、名声を得るでしょう。そして、その才能は高く求められるようになり、対価としてお金がついてくるのです。この丘に入る金運線が「お金を生み出す力」を意味するのはこういうことなのです

もっとお金を稼ぎたいと思っているなら、ここをよくもみましょう。

ココを押すと痛い人は……

- お金にならないことばかりしている
- やっていることが評価されない
- アイデア力が低下している

こんな時にもみましょう

- お金になるアイデアが欲しい
- しっかりお金を稼ぎたい
- 人の注目を集めたい

太陽丘のコンディションをチェック！

タテ線がある

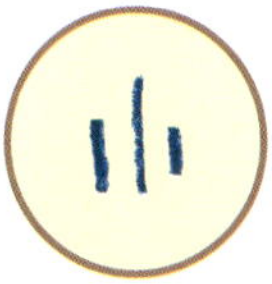

しっかりお金を稼げている日々

毎日の取り組みを順調にお金に換えることができています。これからさらなる収入アップの予感も。ただしタテ線がありすぎると贅沢になって散財しがちになるので注意。

ヨコ線がある

自分のアイデアにもっと自信を持って

せっかく持っている自分のアイデアや表現欲求を抑え込んでいるのかも。恐れず表に出すようにすれば、それが自然とお金に結びついていくはず。まずは自分を解放して！

グリルがある

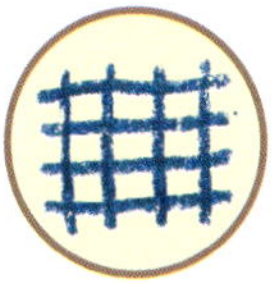

唯一無二の個性に高値がつくかも

この丘にあるグリルは、類まれなセンスを発揮できることを表します。その突き抜け具合は他の追随を許さず、大金に結びつく可能性が大。自信を持ってアピールを！

スクエアがある

お金に関する一発逆転の運気

現在、金銭面でのピンチにあるのかもしれませんが、思いがけないミラクルによって状況が逆転する気配。どん底を脱する日は近いので、希望を捨てないで！

トライアングルがある

スポットライトを浴びそうな予感

お金に関する努力が実る暗示です。収入がアップしたり、臨時収入があったり。もしくはあなたの存在が周囲の人々から注目を浴びるような、うれしい出来事がある気配も。

スターがある

ビッグマネーが転がり込むかも!?

一生に一度、あるかないかの金銭面でのビッグチャンス到来です！　思いがけない大金をつかむ予感があるので心の準備を。宝くじを買ってみるのもいいかもしれません。

クロスがある

アテにしていたお金が入ってこない

金銭面で思いがけないトラブルに遭遇する気配があります。アテにしていたお金が突然入らなくなったり、借金をしなければならない事態になったり。今はグッと辛抱して。

サークルがある

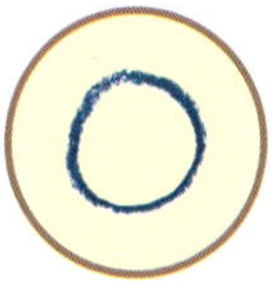

高まるセンスをしっかり表現して

芸術性が高まっていることを表します。人の評価を気にせず、自分が作りたいもの、やりたいことに忠実になってみましょう。それがいずれ、お金に結びついていくはず。

Mercury Hill

水星丘

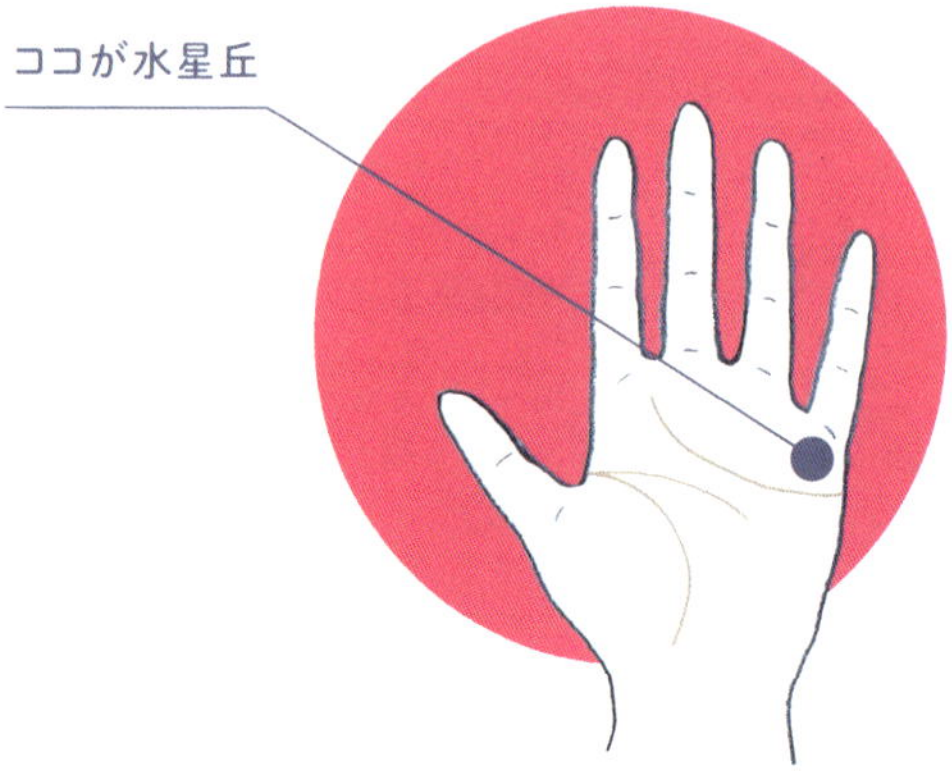

頭の回転を速め、柔軟に立ち回る力

水星丘は「コミュニケーション力」を表す丘です。そのため、この丘が発達していると、社交性にあふれていて、人とのやりとりが活発です。

頭の回転が速いのが特徴で、相手のリアクションに応じて即座に行動したり、話したり、書いたりして情報を伝える力も高いでしょう。知識を習得したり、1つの事柄を分析することにも長けていますから、それが発展するとビジネスにもつながります。

人づき合いに苦手意識を持っていたり、臨機応変な立ち回りが苦手だったりする人は、ぜひこの丘をもみほぐしましょう。きっと機敏な対応ができるようになるはずです。知識の吸収率をアップさせるべく、勉強や仕事の前にもむのもおすすめです。

ココを押すと痛い人は……

・不器用で立ち回りが下手
・人づき合いが苦手
・仕事がうまくいかない

こんな時にもみましょう

・臨機応変な対応力が欲しい
・初対面の相手に会う前に
・人脈を広げたい

水星丘のコンディションをチェック！

タテ線がある

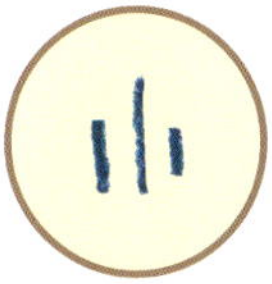

**人と和やかな
交流を楽しめそう**

コミュニケーション力が高まっている時です。話し上手になっているため、いろいろな人との距離を縮めていけるはず。この線が出ているなら、積極的に人と会うようにして。

ヨコ線がある

**人に対して心を
閉ざさないことが大切**

結婚線とは別のヨコ線がある場合、人づき合いに苦手意識がある時。引っこみ思案になっているので自分から歩み寄って。もしくは厄介な人物が現れて困った事態になることも。

グリルがある

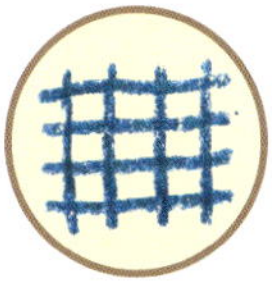

**つまらないミスを
しないようにして**

臨機応変さがダウンしてしまいそう。ボーッとしていてチャンスを逃したり、気の利かない対応で不評を買ったり。気持ちを引き締めて事に当たって。頑固にならないことも大事。

スクエアがある

**窮地に追い込まれても
誠実な対応で救われる**

仕事面でミスをしたり、損害を出すなどのピンチに追い込まれるかも。でもこのマークがあるということは九死に一生を得る暗示。誠実な対応と言葉を尽くすことがカギ。

トライアングルがある

**人とのつながりから
勢力を拡大！**

商才に恵まれる時です。難しい交渉を成立させたり、気難しい相手の懐に入り込めたりして大きなチャンスを得られるかも。また人脈が広がり、そこから新しい仕事が始まる暗示も。

スターがある

**華々しい活躍が
期待できる時**

仕事におけるチャンスが到来します。進めてきたプロジェクトが成功を収めたり、頑張りが認められて昇進したり。また念願だった企業に転職するチャンスが舞い込むことも！

クロスがある

**思いがけない邪魔者が
現れる気配**

仕事面で思いがけない妨害に遭ったり、あなたの邪魔をする人が現れる可能性が。物事が一時停滞するかもしれませんが、そこでめげないこと。必ず乗り越えられるはず。

サークルがある

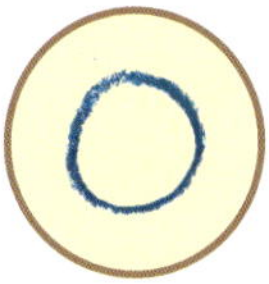

**対人力上昇中で
円満な関係を育める**

人づき合い力がアップしており、どんな人もスムーズに打ち解けられるでしょう。人気が高まり、あちらこちらから引っ張りだこになるかも。いつも以上に笑顔を意識して。

Venus Hill

金星丘

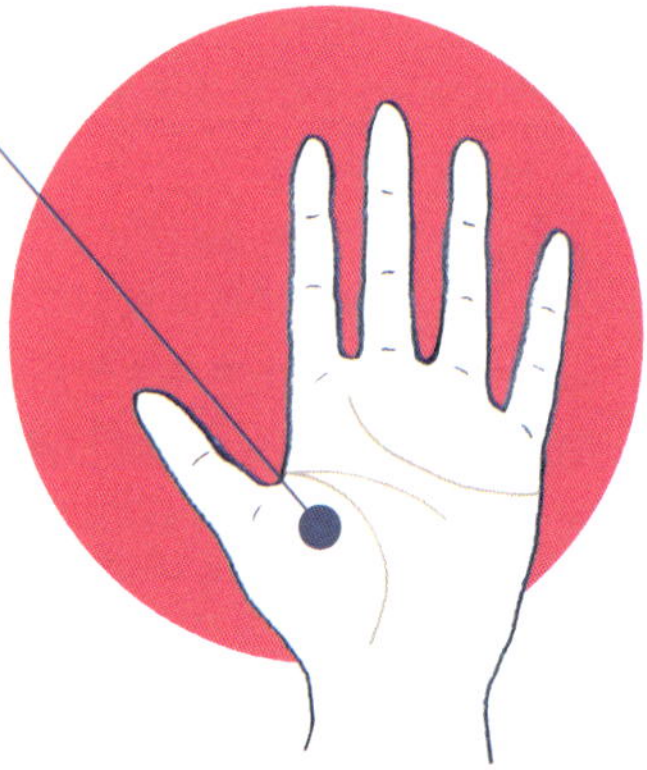

生命力を高め、恋や人生を楽しむ力

金星丘は「生命力」を表す丘です。そのためこの丘が発達していると、とても元気でパワフル。肉体的なスタミナが十分であるだけでなく、精神的にもやる気に満ちあふれているでしょう。生命力の高まりは、同時に人間としての本能を旺盛にします。その結果、性欲が高まったり、異性への関心が増したりすることも。それはおのずと愛情運のアップにもつながるでしょう。

実は現代人はこの丘が凝っていることが多め。試しに押してみてください。きっと痛みを感じるはず。忙しく毎日過ごしているうちに、生命力や意欲がダウンしてしまっているのかもしれません。元気が出ない時、日々を淡々と過ごしてしまっている時には、この丘をじっくりマッサージして。

ココを押すと痛い人は……

・精力が減退している
・恋愛はご無沙汰ぎみだ
・やる気が起こらない

こんな時にもみましょう

・燃えるような恋をしたい
・夜の営みを充実させたい
・体力、精神力をアップさせたい

金星丘のコンディションをチェック！

タテ線がある

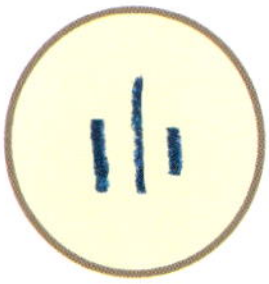

恋を始める準備が整っている時

元気に満ちあふれていて、やる気も十分。そのはつらつとした雰囲気は、自然と異性を惹きつけます。まさに恋する準備は万全！　できるだけ外に出て人と会うようにしてみて。

ヨコ線がある

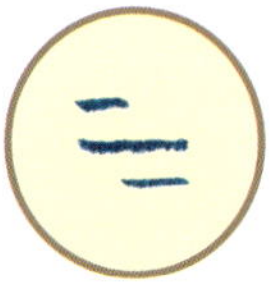

疲れすぎていて何も考えられない……

体力やモチベーションがダウンしています。ただ毎日が過ぎるのを眺めていませんか？　仕事が忙しすぎてプライベートを充実させる気力がないのかも。まずは休養を取って。

グリルがある

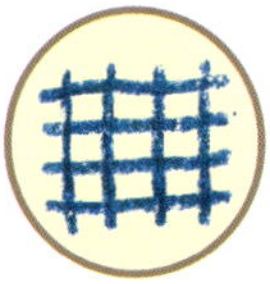

あふれ出す愛情が周囲を魅了する

丘の意味を弱めるグリルですが、金星丘に出た場合はいい意味になります。愛情にあふれていて大らかなので周囲からの人気が高いでしょう。体力があるので冒険してもOKです。

スクエアがある

恋の泥沼に足を踏み入れてしまう!?

三角関係や二股など、恋の窮地に追い込まれる可能性が……。でもこのマークがあるということは、しっかり乗り越えられるということ。取りつくろうよりも誠実な対応が大切。

トライアングルがある

生命力がみなぎり、魅力を発揮できそう

不思議な魅力で異性を虜にできる時です。その結果、思いがけない人から言い寄られることも。パートナーがいるなら、愛あふれる関係を築けるでしょう。ケガや病気の回復も。

スターがある

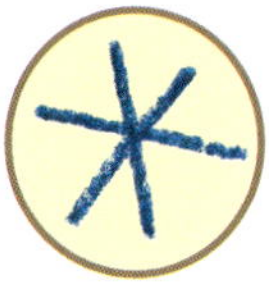

愛されていることを実感できるチャンス

愛情を一心に受けられる素晴らしいサインです。複数の異性からアプローチされたり、交際中の相手からプロポーズされたり、子宝に恵まれたり。人生にそうない恋愛モテ期です。

クロスがある

今は恋以外のことに気を配って

恋愛運の一時停滞を表します。仕事が急に忙しくなってしまうなど、恋をしている場合ではない事態に追い込まれるのかも。また思いがけないケガや病気にも十分注意して。

サークルがある

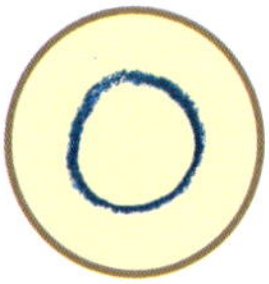

心の中も人との関係もとても円満な状態

力がみなぎり、人生を楽しむことができている時です。どんなことにも前向きなので、チャンスが舞い込みやすいはず。愛情表現も上手なので、周囲の人といい関係を築けます。

No.1 Mars Hill

第1火星丘

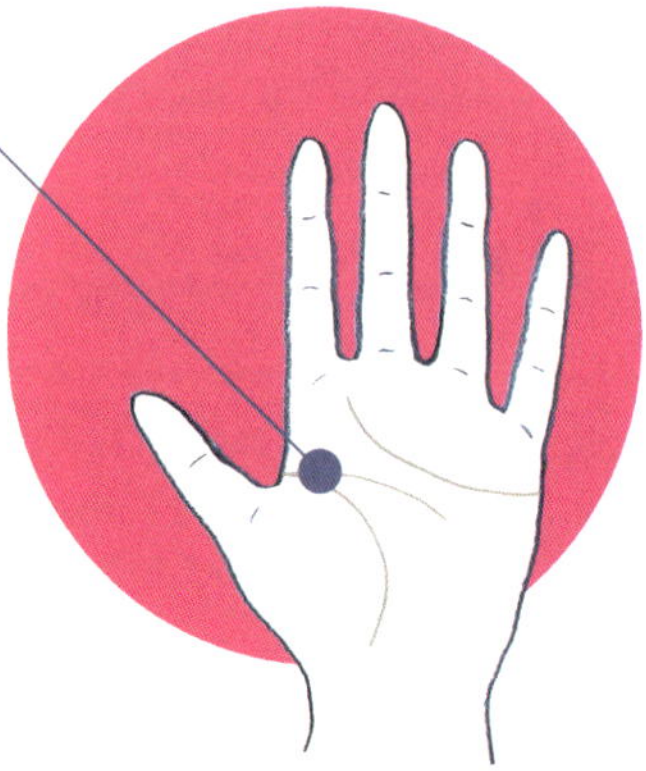

人生を切り開くために、戦いを挑む力

第1火星丘は「行動力」を表す丘です。そのためこの丘が発達していると、情熱が高まってアクティブに。この丘から〈ベンチャー線〉（P143）〈なりあがり線〉（P148）といった線が出ることからも、とても積極的な資質が表れることがわかるでしょう。

たとえライバルがいたり、障害があろうとも、自分のやりたいことを貫くために、戦いを挑んでいきます。競争を勝ち抜く力がありますが、闘争心が旺盛になりすぎて、人を攻撃しがちな点には気をつけましょう。

人目を気にして流されてしまう時、行動を起こすのをためらってしまいがちな時には、この丘をしっかりもんで、血行をよくしておきましょう。きっと勇気が湧いてくるはずです。

ココを押すと痛い人は……

- 気弱で流されやすい
- 人生全般が守りに入りがち
- 行動を起こすのをためらいがち

こんな時にもみましょう

- 人前で意見を主張したい
- 独立を考えている
- 議論やプレゼンの前に

第１火星丘のコンディションをチェック！

タテ線がある

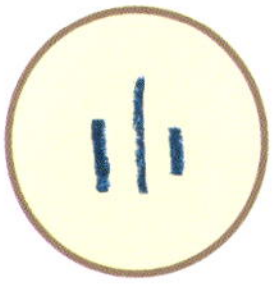

欲しいものを手にするあふれ出すパワー

やる気に満ちあふれていて、積極的に行動を起こしている時です。情熱をぶつける対象が見つかったのかも。エネルギー切れに注意しつつ、果敢に攻めていきましょう。

グリルがある

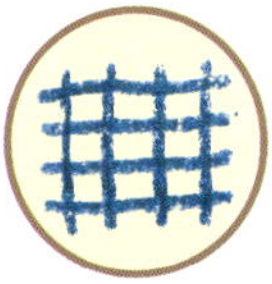

挑戦する前に諦めがち……

「何にも熱くなれない」「やる気が出ない」という心境になりがち。欲しいものがあっても戦う前に「どうせ……」なんて諦めていませんか？　気持ちを切り替えていきましょう！

トライアングルがある

欲しかったものをついに手に入れる

これまでの働きかけが実り、一定の成果が表れそう。念願の地位を手に入れたり、好成績を収められたりして、充足感を得られるでしょう。人を率いるリーダー役になることも。

クロスがある

人とやり合うことになるかも……

他人と激しくバトルすることになる可能性が。あなたからしかけるというよりも、相手が一方的にあなたをライバル視しているのかも。ただの傷つけ合いにならないように。

ヨコ線がある

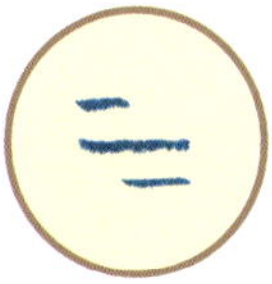

行動することにためらいを感じる

何に対しても消極的になっている様子。人目を気にして行動を起こすことをためらいがちでは？　あるいは失敗することを恐れているのかも。勇気を出して、まずはやってみて。

スクエアがある

面倒事が発生するもいずれ無事に収束

厄介なもめ事に巻き込まれる可能性があります。それに伴い、ストレスを感じることも。でもこのマークが出ているということは最終的に事なきを得るはず。状況を静観して吉。

スターがある

一番星をその手に勝ち取れる時

行動すればするほど、未来が開けていく時です。このマークが出ている時は、積極的に動かなければ損！　レースやコンテストで優勝するなど、トップに立つ経験をすることも。

サークルがある

ほどよく好戦的な態度が吉と出る

闘争心がいい形で発揮される時です。ライバルのいい部分を認め、互いに切磋琢磨することができるはず。また自己アピール力も高まっているので有利に事を進められそう。

No.2 Mars Hill

第2火星丘

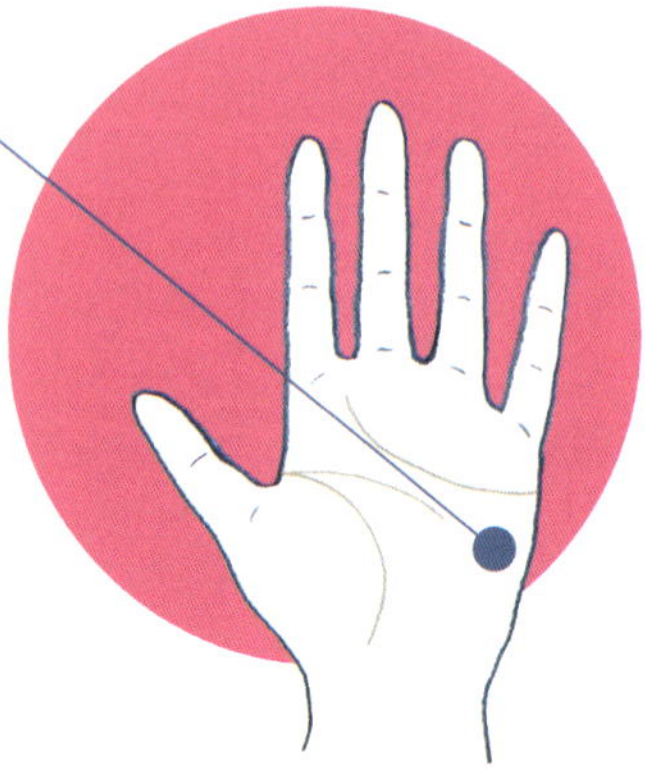

最後まで自分の意思を貫く力

第2火星丘は「精神力」を表す丘です。第1火星丘は他人との戦い、第2火星丘は自分の心との闘いです。

そのためこの丘が発達している人は、とても打たれ強く、ちょっとやそっとのことでくじけることはありません。自分を律する精神力も強いため、途中で「もうやーめた」なんて投げ出すことがないのです。ガンガン行動を起こすというより、グッと耐え忍ぶイメージが強いですが、正義感にあふれていて、周りに何を言われようと自分が信じるものを貫きます。

もしも何事もすぐに諦めがちだったり、自制心が働かずに楽なほうに流れがちな時は、この丘をしっかりもみほぐして。精神力がアップし、最後までやり遂げられるはず。

ココを押すと痛い人は……

- 悪癖から抜け出せない
- 「まあいいか」がログセ
- 肝心な場面で頑張れない

こんな時にもみましょう

- 目的を達するまで諦めたくない
- 生活習慣を立て直したい
- 誘惑に負けたくない

第２火星丘のコンディションをチェック！

タテ線がある

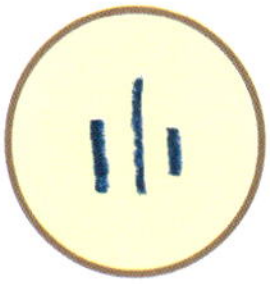

逆境にあるほど燃え上がる心

精神力がある時です。たとえ面倒なことが起こっても「負けてたまるか！」という強い意欲に変えていけるはず。自制心があるため、誘惑に負けて流されることもないでしょう。

ヨコ線がある

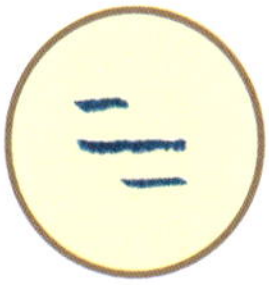

何かに対して強い反発を覚える

反骨精神が旺盛になります。悪いことを見逃さずに異を唱えたり、古いやり方に反発したりすることもあるでしょう。その強い態度がトラブルを招かないように注意が必要。

グリルがある

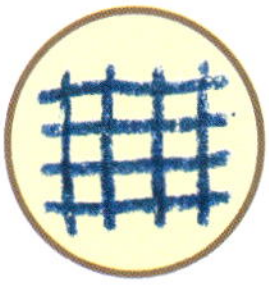

気持ちがぶれて頑張れない……

精神力が低下していて、すぐに物事を諦めがち。楽なほうに流されたり、すぐに意見を変えてしまったりするところも。ストレスがたまっているなら、リフレッシュが急務です。

スクエアがある

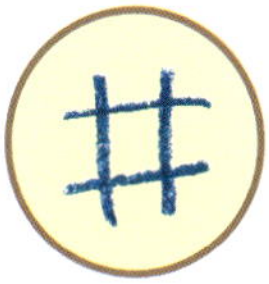

何が起こっても信念を曲げないで

ここまでやり続けてきたことが窮地に追い込まれる可能性があります。でも最後には形勢逆転、あなたが正しかったことが証明されるはず。途中で諦めないことが肝心です。

トライアングルがある

頑張りが実り、充実感に包まれる

コツコツと努力を続けてきたことが一定の形になりそう。他人からも高く評価されますが、何よりも「頑張ってきてよかった」と自分自身に対する満足感が強いでしょう。

スターがある

奇跡としか思えない展開で勝者となる

これまでなかなか希望が見えなかったこと、結果が出なかったことがあったとしても、見事にすべての苦労が報われるような出来事がありそう。最後の最後で笑うのはあなた！

クロスがある

正体不明の悪意が漂っている様子

不穏な空気が流れるかもしれません。あなたが誰かに対して敵意を抱いていたり、あるいは誰かがあなたを快く思っていないのかも。隙を作らず、慎重に動向を見守って。

サークルがある

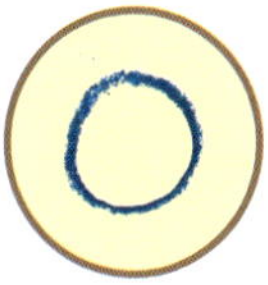

自分だけでなく人のために動ける

いい精神状態を維持できている時です。なおかつ正義感にあふれていて、人を思いやる心の余裕もあるので、困っている人を見過ごせないはず。そんなあなたの評価が急上昇。

Moon Hill

月丘

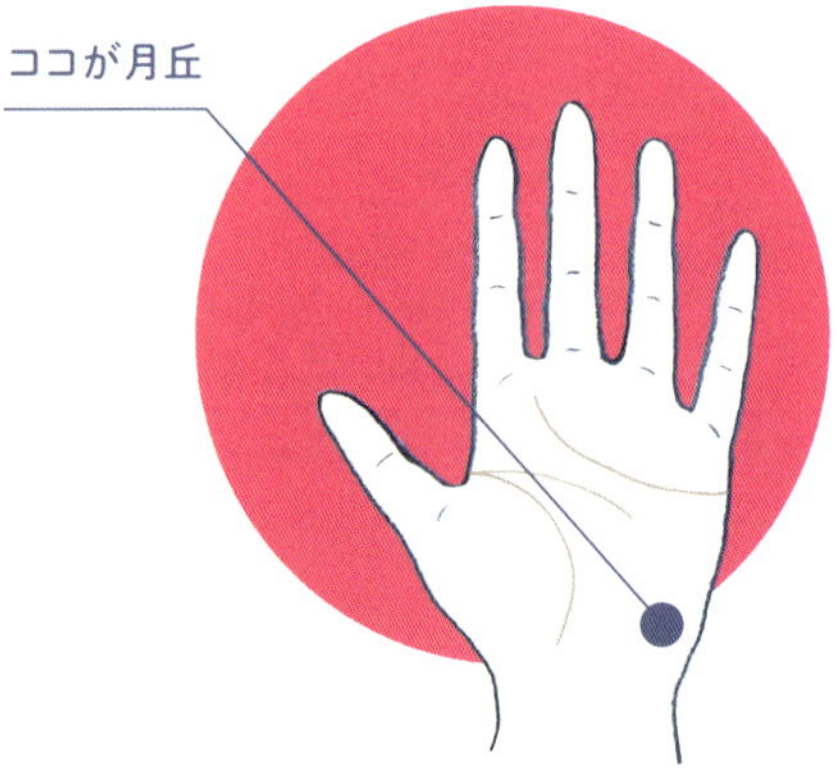

目に見えないものを理解し、表現する力

月丘は「創造力」を表す丘です。

そのためこの丘が発達している人は、目に見えないものを思い描くイメージ力に優れています。1人で空想を繰り広げてニヤニヤしていることが多いはず。

言い換えれば独自の世界観の持ち主ということなので、アーティストとして認められる可能性大。他人の気持ちを瞬時に察知する能力も高いため、周囲の人からの人気は抜群でしょう。

同時に直感力もこの丘に対応します。嫌な予感や虫の知らせを感じ取る能力は、この丘の発達具合によります。

もっと愛されて人気者になりたい人、人やクリエイティブな活動に携わっている人は、この丘をもむことを習慣にすると、いずれ世の中で大ブレイクするかもしれませんよ！

ココを押すと痛い人は……

・イメージするのが苦手
・うるおいのない生活を送っている
・直感が外れることが多い

こんな時にもみましょう

・創作活動に励みたい
・人気を高めたい
・直感力を磨きたい

月丘のコンディションをチェック！

タテ線がある

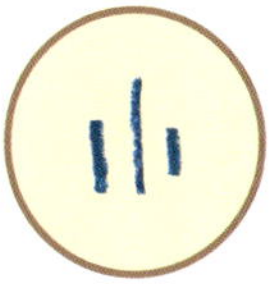

強運を引き寄せられる時 ギャンブルのツキも！

直感がとても冴えていてピンとくることが多いはずです。長い1本のタテ線は〈ギャンブル線〉(P149)となり、「アタリ」をつかめる可能性が大！　ぜひチャレンジしてみて。

ヨコ線がある

人づき合いを避けて 自分の世界にこもる

手の甲から続くヨコ線は〈オタク線〉(P144)で1つのことに熱中することで成功。短いヨコ線が複数現れている場合は〈肝臓注意線〉(P151)。ストレスでお酒に逃げていませんか？

グリルがある

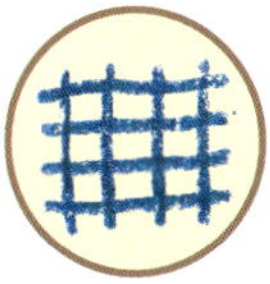

明るい未来が イメージできない

想像力が乏しい状態です。自分の未来のヴィジョンも思い描けないのでは？　とっつきにくい印象を他人に与えやすいので、アートなど感性を豊かにするものにふれてみて。

スクエアがある

出かけた先では 直感に従って正解

身の危険を感じるような出来事がありそうですが、不思議な直感が働いて間一髪で免れそう。嫌な予感を無視しないこと。特に旅行中のトラブルに巻き込まれやすいので慎重に。

トライアングルがある

あなたの才能に ファンがつく暗示

絵や音楽、文章やダンスなど、芸術分野で続けてきたことが高く評価されそう。人気運も上昇中なので、引き立てられてチャンスが舞い込むかも。ぜひいろいろな人に顔を売って。

スターがある

世の中を動かすような スターが誕生!?

アーティストとして活動している人なら、大成功を収める兆し。このスターが出ている間に作品を発表したり、コンテストに応募を。人気を博して大ブレイクするかも。

クロスがある

不測の事態に備えて 慎重に行動を

思いがけないトラブルに遭遇しやすい時です。直感が外れやすい傾向もあるので、いつも以上に慎重に、代案を用意しておくくらいでいいかも。人気を妬む人がいることも。

サークルがある

人に慕われ 交流の輪ができる

相手の気持ちを見抜く力が高まっているはず。そんなあなたと一緒にいると癒やされる、と周りに多くの人が集まってきそう。またスピリチュアルな力が目覚める人も……!?

Earth Hill

地丘

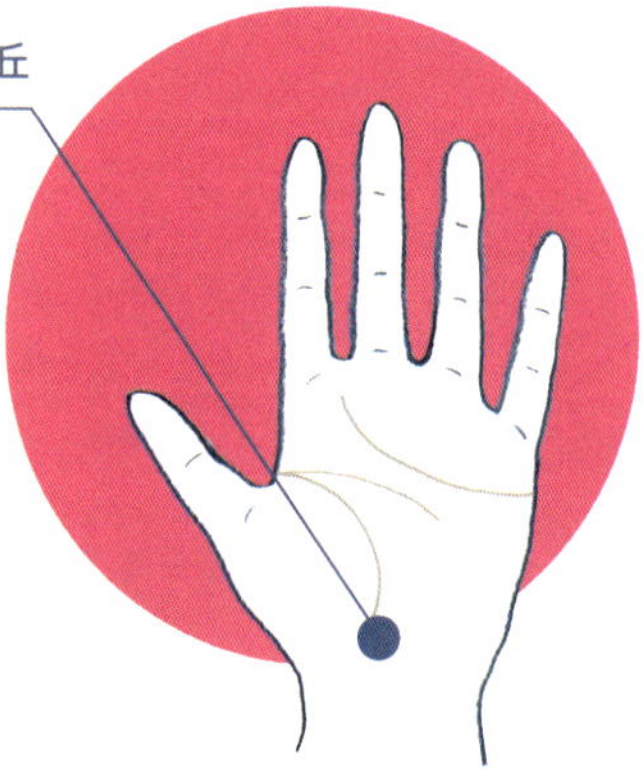

家族や先祖から受け継いだものを活かす力

地丘は「家族の縁」を表す丘です。手のひらの一番下側に位置することからも、その人を支える基盤のような役割といえるでしょう。

そのためこの丘が発達している人は、家族に恵まれていることが多いようです。生まれつき家が裕福だったり、親から愛情をたっぷり注がれて育ってきたりしていて、幼少期からあまり苦労をしなかったかもしれません。

親から受け継ぐものといえば、家や土地、お金だけに限らず、肉体や先祖のご加護なども含まれます。

もしも、あなたが家族との関係を良好にしたかったり、先祖に守られたいと思うなら、この丘をマッサージするのがおすすめです。ぜひ感謝の気持ちを向けながらもんでください。

ココを押すと痛い人は……

・家族との縁が薄い
・もう何年もお墓参りをしていない
・人生の土台がなくて不安定

こんな時にもみましょう

・家族といい関係を育みたい
・先祖に守ってほしい
・しっかり家庭を築きたい

地丘のコンディションをチェック！

タテ線がある

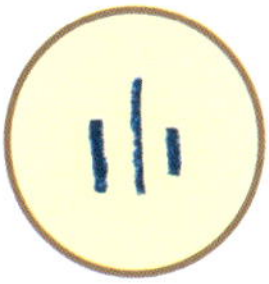

良好な関係を育めている時

家族からの恩恵をしっかり受けられているようです。たとえ離れて暮らしていたとしても、精神的な絆があり、それが心の安定や自信につながっているでしょう。

ヨコ線がある

家族との絆を取り戻して

家族とやや疎遠になっているかもしれません。金銭問題や家族の不仲などの問題を抱えていることも。放置すると根が深くなっていくので、なるべく早く対処して。

グリルがある

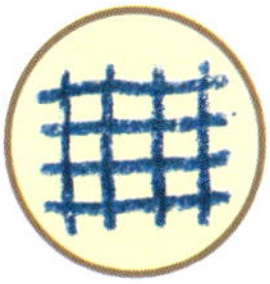

家に頼らずに自分の道を歩む

家族や先祖との縁が薄いことを表します。親があまり頼りにならなかったり、家計が不安定だったりするかもしれません。家族に頼らず、自力で生きると決意するのも一案。

スクエアがある

土台(家)が不安定になるような出来事が!?

急な引っ越しをしなければならない、家族がバラバラになるなど、人生の土台が大きく揺らぐ出来事がある場合も。でも、それを機に絆が強まり、結果的に万事オーライになりそう。

トライアングルがある

いい住まいに巡り合える

不動産運が高いことを表します。先祖や親族の土地や建物を受け継ぐことになる場合も。引っ越しを考えているなら、いい物件に巡り合える時でもあります。

スターがある

持ち前の才能がキラリと輝く！

あなたが生まれ持った才能にスポットライトが当たりそう。もしくは親や親戚からいいものを「受け継ぐ」ような出来事があることも。しっかり感謝の気持ちを表して。

クロスがある

家族間のトラブルはうまくかわして

降って湧いたような兄弟や親族間でのトラブルがありそう。難クセをつけられているようなもので、真正面からぶつかり合っても疲弊するだけかも。うまくかわす術を身につけて。

サークルがある

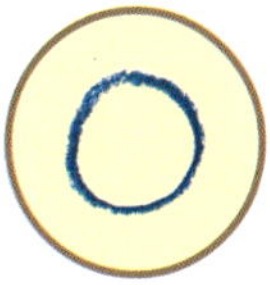

家内安全、子孫繁栄いい調和が生まれる

家族や親戚を含めて、みんながいい関係を築けていることの証し。トラブルなく笑い声に包まれているはず。新たに子どもが誕生するなどして、ますます一族が繁栄していくでしょう。

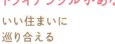

目指せ！　手の女子力UP②

Let's ハンドマッサージ

～腕の血行をよくする編～

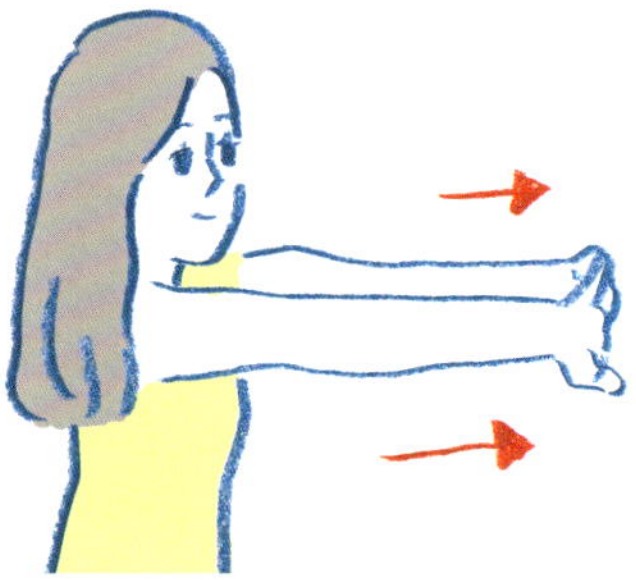

1

両手の指を交互に合わせて重ねます。手の甲が自分側に向くようにして腕を胸の高さでのばします。ひじをピンと張り、手のひらを突き出して指をのばします。一度、ひじをゆるめてから、再び指をのばします。これを3回、繰り返します。

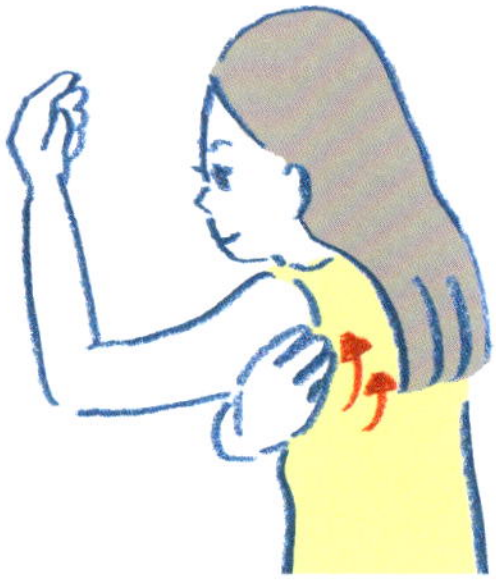

2

脇の付け根に反対側の手の親指を、腕の付け根に人差し指、中指、薬指、小指を当てて、4本の指で腕の付け根を回すようにして軽くほぐします。

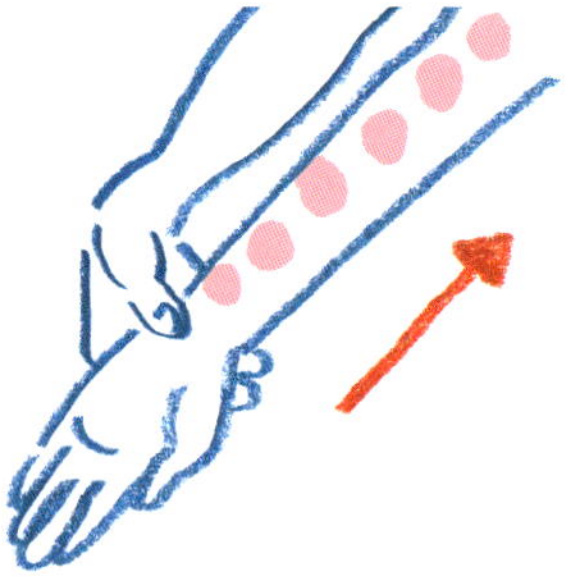

3

手のひらを上にして、手首に親指を横に置き、4本の指は裏側にそえます。親指の腹全体を使い1カ所ずつ、垂直に押していきます。腕を挟むようにして二の腕まで軽く押さえるようにほぐしていきます。

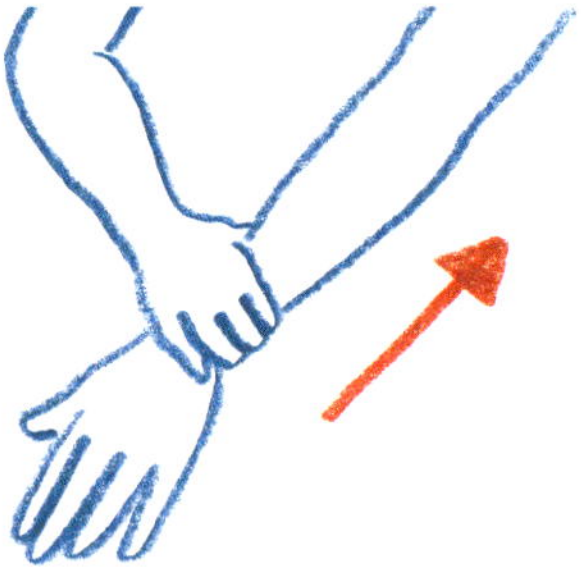

4

腕を胸の高さまで持ち上げ、一直線にのばします。手の甲を上にして、手首を握ります。手のひらは腕の上に、人差し指、中指、薬指、小指の4本の指で腕をつかみ、そのまま二の腕まで手を引き上げるようにさすります。

美HAND Column

あなたの手を触ってみてください。温かいですか？　冷たいですか？　最近は、冬場だけでなく夏場もエアコンの使いすぎによって冷え性の女性が増えています。ここで紹介しているのは腕の血行をよくするマッサージ。むくみやすい脚と違って「腕」の血行なんて意識したことがない人が多いかもしれませんが、実際にこのマッサージで腕のコリをほぐし、血行をよくすることで、腕がすっきりと軽くなるのがわかるはず！

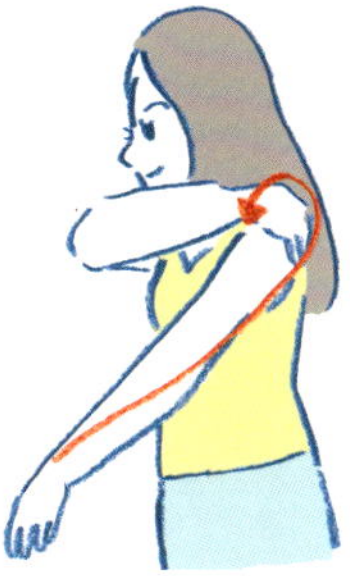

5

手首から二の腕の外側をさすり、最後は肩をつかむようして、身体の前側までをさすります。

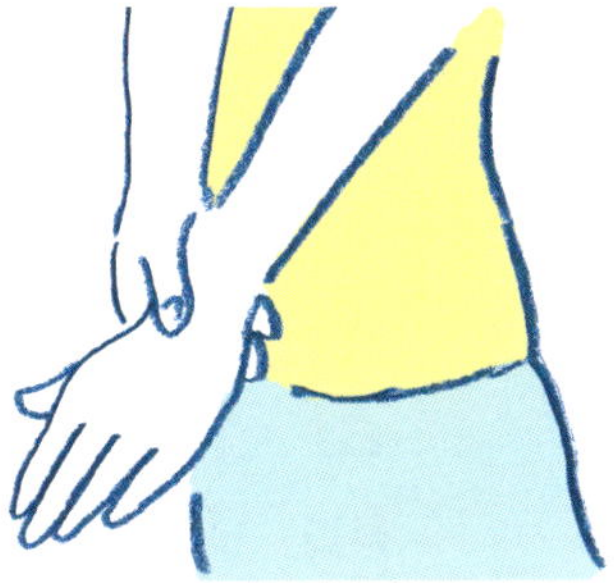

6

次は腕の内側を行います。一直線にのばした手の内側を反対の手のひらでつかみます。

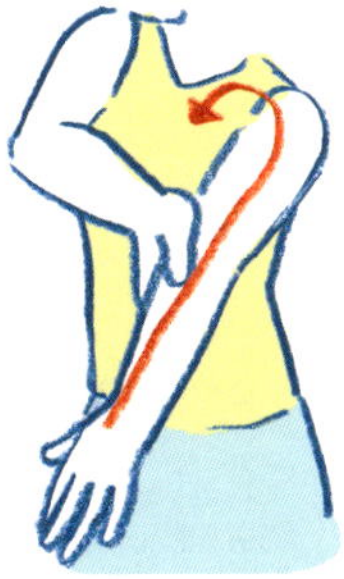

7

親指で腕の内側にふれながら、引き上げるようにして二の腕、脇までをさすります。

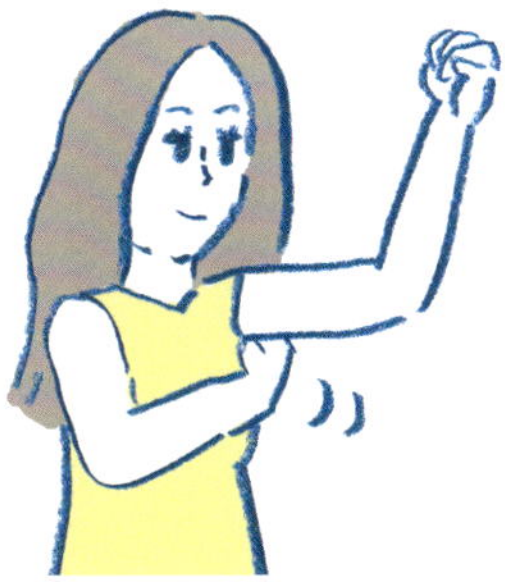

8

最後に脇の下に親指を入れて、軽くほぐします。②～⑧までの動きを左右同様に行いましょう。

ちょっと得する
"手の話"
4

今のあなた、輝いていますか?
手相でわかる!自分の可能性を活かす道

僕が紹介している手相の中には職業の名前がついているものがいくつかあります。とはいえその仕事に就かなければならないわけではありません。職場や学校、家族や友達の中で、**その素質を「個性」や「キャラ」として活かしてもいい**わけです。

例えば〈アナウンサー線〉(P140)を持っている人は話が上手。スピーチや司会進行が求められる場で率先して手を挙げると、チャンスをつかめるかもしれません。また〈スポーツ線〉(P143)があるなら、じっとしているよりも動いているほうが楽しいはず。「誰かこれ持って〜」なんて力仕事の場面で「やります!」と名乗りを上げれば、いいところを見せられるかも。〈タレント線〉(P141)は自然と人気を集める魅力の持ち主ですから、目指すべきはやはり職場や仲間内のアイドル! 〈ライター線〉(P140)なら文章を書くのが上手なので「企画書作りはぜひ私に任せてください!」と立候補するのもあり。〈実業家線〉(P140)なら商才があるので温めているプロジェクトは自信を持ってプレゼンすればいいし、〈ナイチンゲール線〉(P142)なら悩める友達の駆け込み寺的な存在になるのもいいでしょう。

その線があるということは、あなたはすでにその可能性を手にしているということ。それに気づければ、開花させる方法はいくらでも見つかるはずです。

というのも、最近、仕事においてもっとも大事なのは初心ではないか、と思い始めてきました。

「アナウンサーにならなければ」「タレントにならなければ」なんて職業名にとらわれていると、見失ってしまいがちですが、大事なのは「なぜそれをやりたいのか」「どうやって自分は社会に貢献したいのか」ということ。

その根っこの部分がしっかりしていれば、職業はそれを表現する手段の1つにすぎないとわかるはず。「自分は人に笑ってもらうのが好き」という動機なら、身近な人を笑わせることもできますし、必ずしも「芸人」という職業にこだわらなくてもいいわけです。

「自分はこういうことをしたい」という信念を見失わなければ、必ず天職にもたどりつけるはずです。

ちょっと得する
"手の話"
5

見るべき部分はやっぱり手！
理想のパートナーを手相で見つける！

「結婚したい」「自分にとってベストなパートナーを選びたい」と願っている人にも、手相はきっと役立つはず。手相的パートナー選びのコツをお話ししましょう。

まずは「将来有望な手相」を持っている異性を片っ端からチェックしていくというもの。

まず〈覇王線〉（P147）がある男性なら、一発でOK。一旗揚げるだけのパワーを持っていますから、この先に何が起ころうと路頭に迷うことはないでしょう。現時点ではパッとしなくても、あなたが「育てる」つもりでいれば問題ありません。

また〈ボランティア線〉（P144）の持ち主なら、いい旦那さんになってくれるに違いないですね。尽くすタイプなので何年たってもとても優しく、家事も協力的にこなしてくれそうですよ。

子宝に恵まれて幸せな家庭を築きたいなら〈二重生命線〉（P45）を持つ男性もおすすめです。このタイプはとにかくタフ！　どんな試練が待ち受けようとも、全力で守ってくれるでしょう。

「相手の人柄も大事だけど、自分との相性も大事」という人は、感情線に注目してみてください。

感情線は恋愛や感情の傾向を表す線。つまり「自分とよく似た形の感情線」を持つ人を探せばいいのです。そうすれば自然と感性が似た人を選べるので、一緒にいてストレスがないはず。「結婚してみたら性格が合わなかった」ということもなく、一生楽しんで暮らすことができるでしょう。

「とにかくお金に不自由しない、リッチな人と結婚したい」というあなたは、「手セックス」（P124）で、手を握った際に一番感触がやわらかかった人を選んでください。「金運のいい人は、手がやわらかい」というのが手相の定石ですから、おのずと玉の輿に乗れるかも……。

将来有望な手相の人、自分とよく似た形の感情線の人、とにかく一番、やわらかい手の人。このうちのどれか、もしくはすべてを兼ね備えた人をマークすれば、その後の結婚生活は安泰かも！

Column

島田流！ 使える恋愛心理テク

会話の最中、絶対に言ってはいけない言葉とは？

異性との会話があまり盛り上がらないと感じている人は、自分の発言を振り返ってみてください。あるフレーズを多用していないでしょうか？ それは「でも」という言葉です。

最初のうちは、だまって異性の話を聞いているかもしれませんが「どうしても自分も言いたい！」という思いにかられることもあるでしょう。その時に「そうなんだ、すごいね。でも私はね」なんて言っていませんか？ そこで「でも」と言われると、相手はせっかく気分よく話していたのに、それまでの自分をすべて否定されたような気分になってしまうのです。

「でも」を使わないよう気をつけるだけで、相手は話にブレーキをかけられずにすむため、どんどん自分の気持ちを話すことができます。「なぜ俺はこの人にこんなに自分のことを話せるんだろう↓ぜひ、また会いたい！」と気持ちが高まってくるのだとか。

もう1つ、覚えておいてほしいのは「夕方のメールが勝負！」です。実は夕方は相手の心に入り込みやすい時間帯。仕事で疲れてちょっと頭がぼんやりしている時に、優しい言葉を投げかけられると無条件で受け入れてしまうのだそう。ある政治家は、労働者に向けた演説は必ず夕方の時間帯に行っていたとも。ぜひこの時間帯に、愛のこもったメールを送って！

Chapter4

今日からひそかな習慣に

「手相エクササイズ」で開運！

手相は鍛えることができるって知っていましたか？
「あるポーズ」をすることで線がみるみる濃くなったり、
太くなったり、新たに生まれることも!?
毎日の習慣にして、強運ハンドを作りましょう！

Shimada Tcsou

欲しい線があるなら作ればいい!?新感覚「手相エクササイズ」

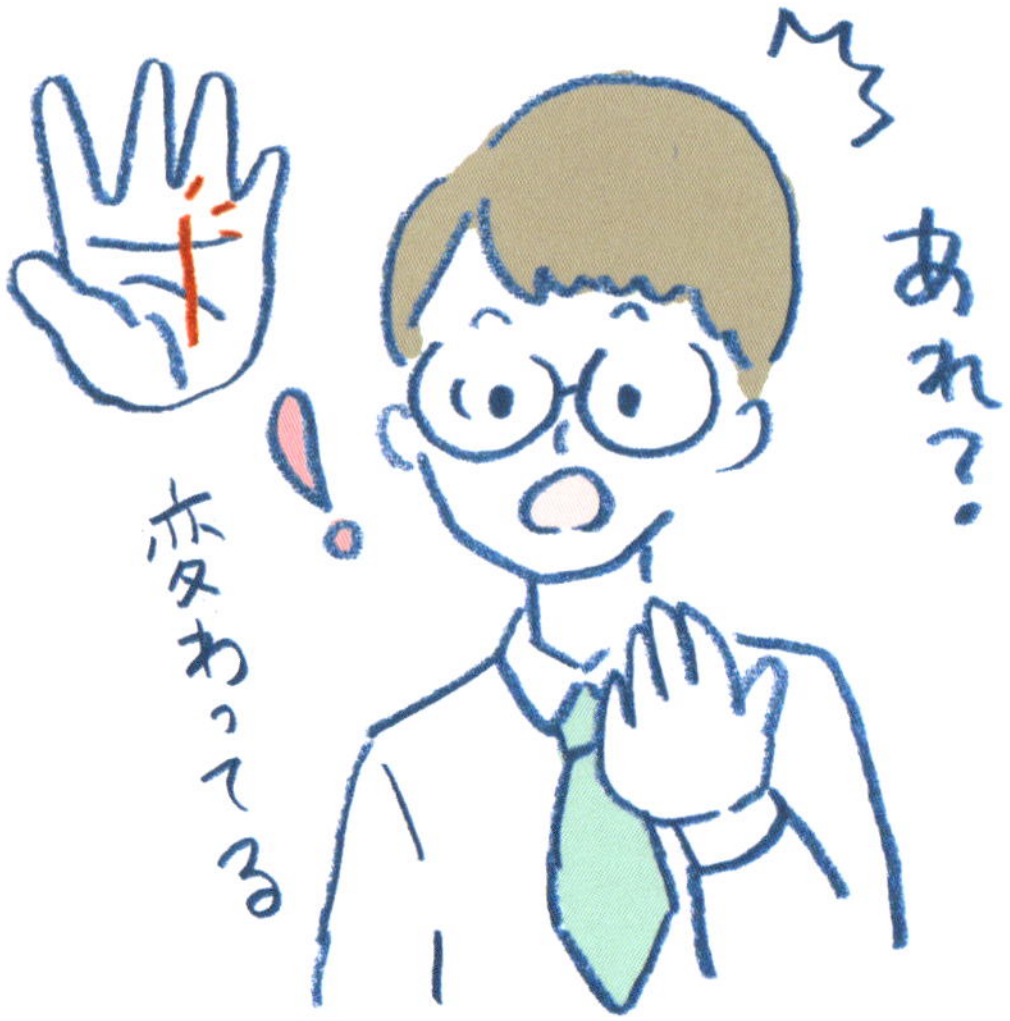

手のひらを見て「あーあ、私にも覇王線があったらよかったのに」「私の生命線ってなんだか切れ切れ……どうしよう」なんて思った人がいるかもしれません。

そんなあなたにお伝えしたいのは、**手相は日々変わる**ということ。今までなかった線が急にできることもありますし、いつのまにか悪い線が消えていることもあります。

これは僕のマネージャーの話です。彼女ができたのですが、そこから結婚線がグングンのびてきたことがありました。「なんだこれは!?」と話していたのですが、ある日、急に振られて、そこから結婚線が分かれて二股になっていったんです。「こんなに線って変わるのか!」と怖くなりましたね。ちなみに、**これは数週の間に起きた出来事**です。

手の線は、日々のいろいろな動作の積み重ねによって生じ

るものです。手を開いたり閉じたり、何かを持ったり握ったり。そういう動きのクセが線として刻まれていきます。その人の心境が変われば生活習慣が変わり、手の動作も変化します。それが線になって現れることもあるのでしょう。

「じゃあ、意識的に動作をすることで、手相の線を作ったり、濃くはっきりさせることもできるのでは？」そう考えて編み出したのが、この「手相エクササイズ」です。

開運の新習慣！　手相を鍛えましょう

基本的に手の線は**くっきり、はっきりしているのが吉相**です。身体作りのエクササイズと同様、ある「動き」を日々の習慣にして、線のコンディションをよりよくしていきましょう。まったくない線を一から作るのは大変ですし、数回で劇的に変化することはありませんが、コツコツと継続することで線をはっきりさせたり、強くしたりすることはできます。日常生活の合間にぜひやってみてください。気づけばあなたも**「強運な手」**になっているかもしれませんよ！

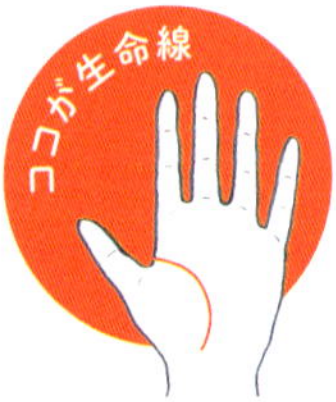
ココが生命線

もっと元気になりたい！

生命線エクササイズ

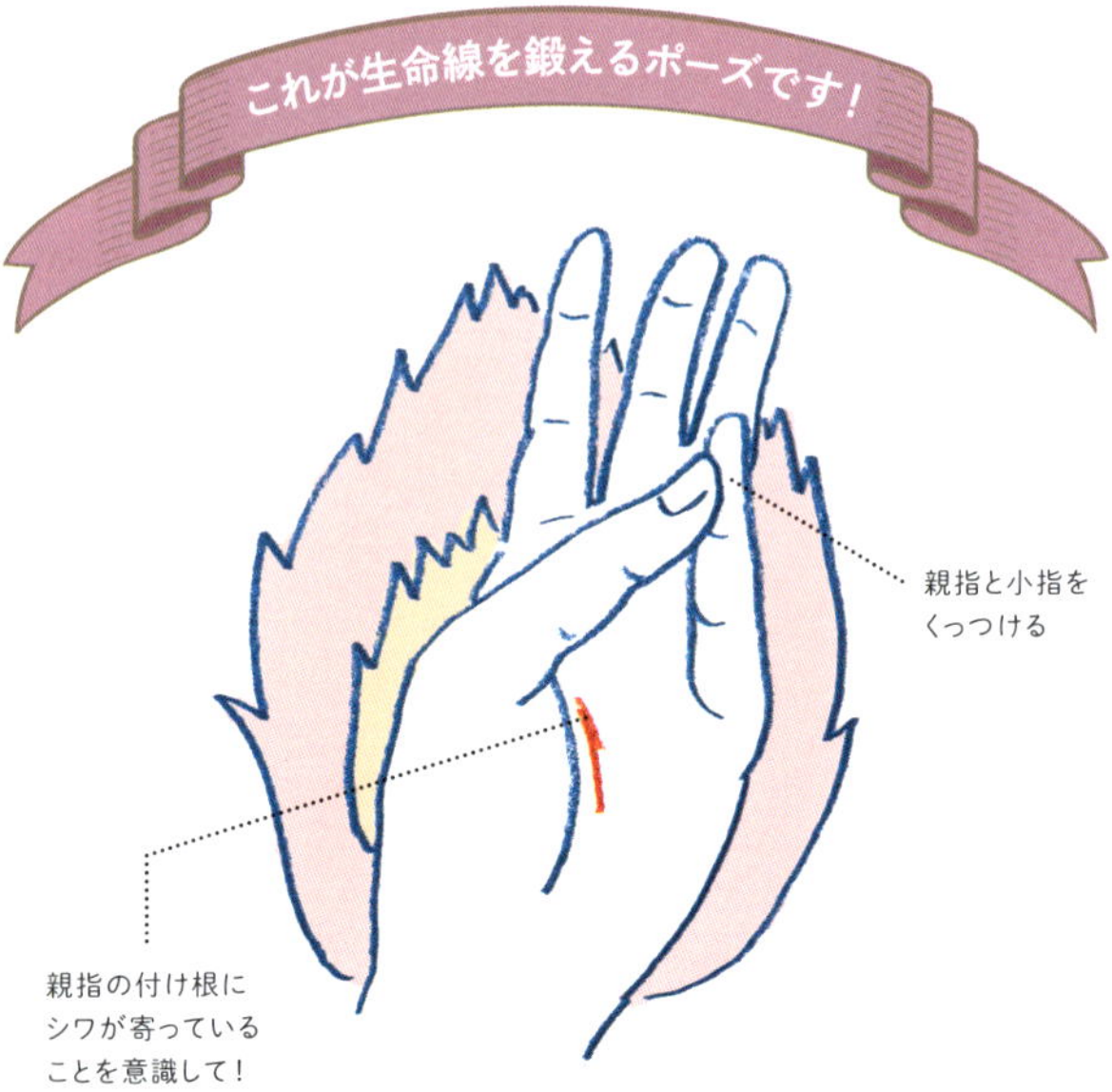
これが生命線を鍛えるポーズです！
親指と小指をくっつける
親指の付け根にシワが寄っていることを意識して！

このエクササイズをやったほうがいい人	
	・最近、やる気が出ない人 ・ちょっとお疲れぎみの人 ・行動力をアップさせたい人

どんな人も生命線は持っていますが、そのコンディションはどうですか？ 線が切れ切れで弱々しかったり、島ができていたりすると、疲れやすかったり、やる気が出なかったりしてモチベーションがダウン。「せっかくなら毎日、元気に過ごしたい……」ならば、ぜひこのエクササイズで生命線を鍛えて。

　手の親指と小指をくっつけるだけの簡単なエクササイズですが、やれば元気が湧いてくるはず。生命線にしっかりシワが寄っていることを確認しながら行ってくださいね。

ココが運命線

もう人生に迷わない！
運命線エクササイズ

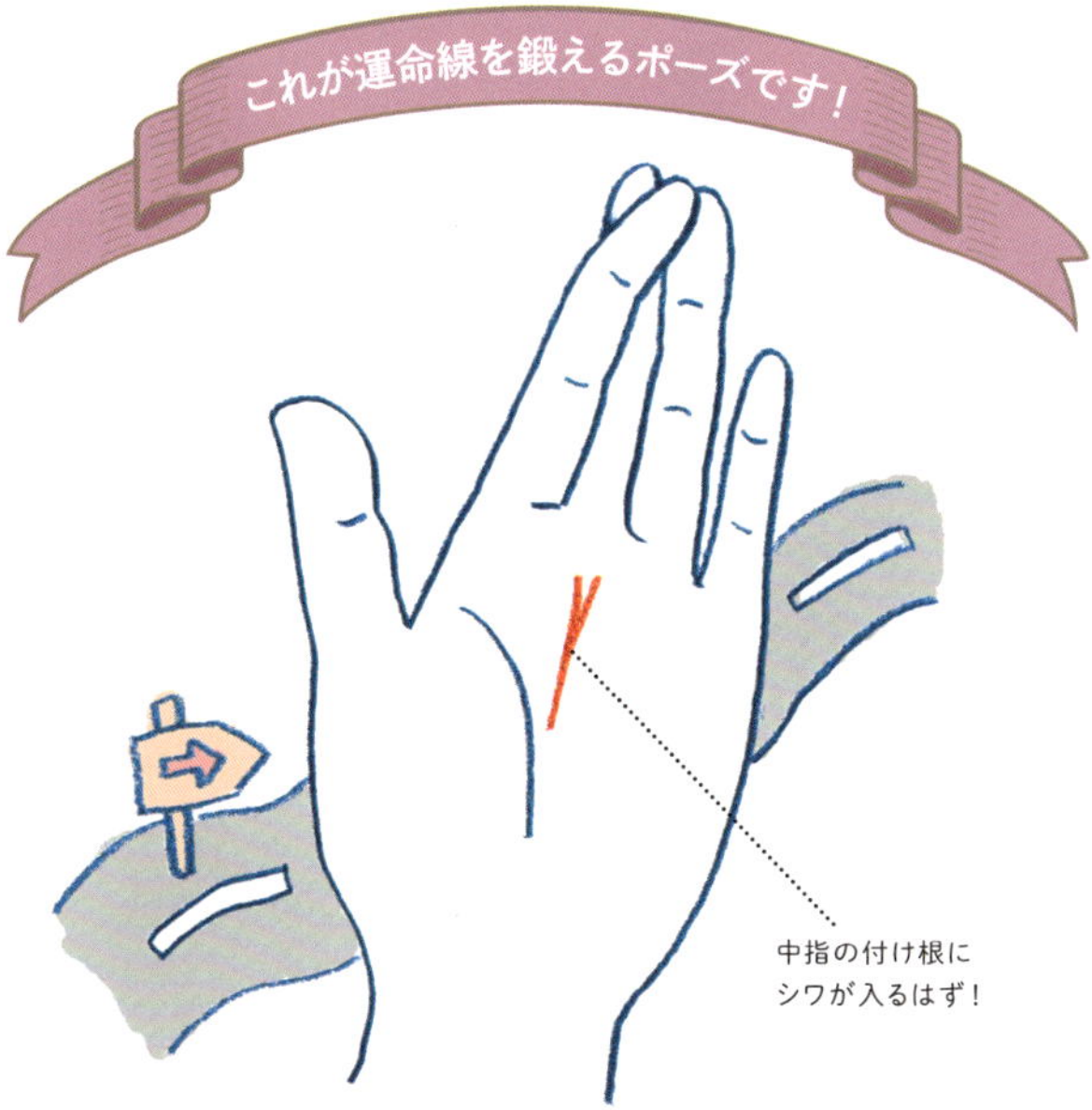
これが運命線を鍛えるポーズです！
中指の付け根に
シワが入るはず！

このエクササイズをやったほうがいい人

- 毎日、なんとなく生きている人
- 荒波を乗り越えて自分の道を歩みたい人
- 「一旗揚げたい！」と成功を狙っている人

運命線は中指に向かって走る線ですが、きちんと1本わかりやすく出ている人はまれ。でも「その人の人生の道筋」を表す線ですから、しっかりくっきりしていたほうが、人生の迷いは少なくなり、自信を持ってガンガン突き進めます。

そんな運命線を鍛えるエクササイズがこちら。手を開き、人差し指と薬指を中指の上で交差させます。これを習慣にして運命線がくっきりしてくれば、あらゆるものをつかみとる強運相といわれている〈覇王線〉（P147）になる可能性も……！

ココが金運線

お金に不安を抱く生活は終わり！

金運線エクササイズ

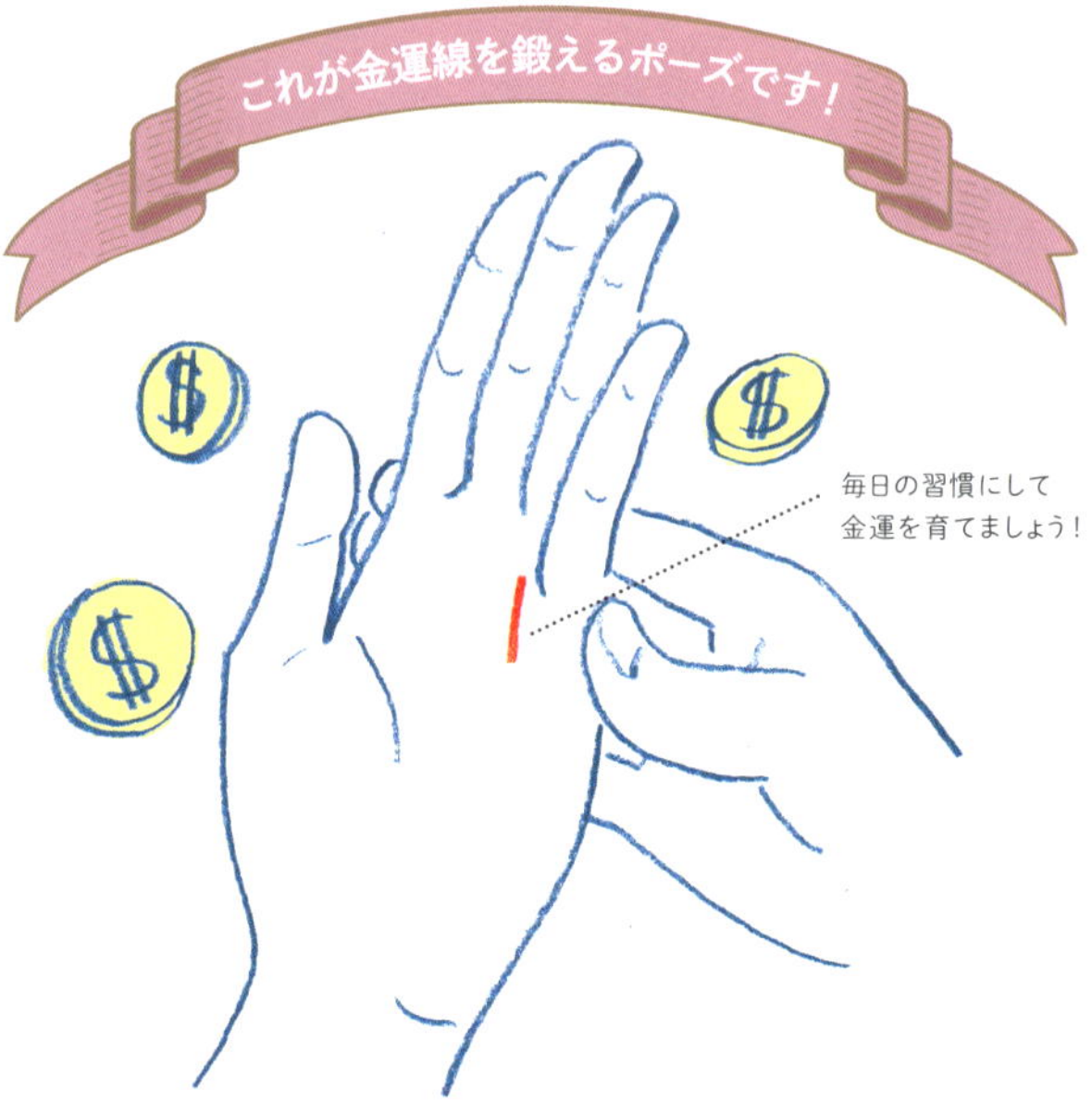
これが金運線を鍛えるポーズです！
毎日の習慣にして
金運を育てましょう！

このエクササイズをやったほうがいい人	
	・お金のやりくりに苦労している人
	・バリバリ稼いでリッチになりたい人
	・くじ運をアップさせたい人

その人の「お金を生み出す力」を表すのが金運線で、1本くっきり長く入っているのが理想型。これが薄かったり短かったり、何本も入っていたりすると、金運も頼りなく、常にお金が足りない状態に……。

改善するためには、手を開き、指の付け根付近を反対の手で握り、親指で小指の付け根を横からグッと押しましょう。薬指の下のふくらみにタテのシワが入るように意識してください。手を離したあと、金運線が前よりはっきりしているのがわかるはずです！

ココが結婚線

幸せなウエディングベルが聞こえる
結婚線エクササイズ

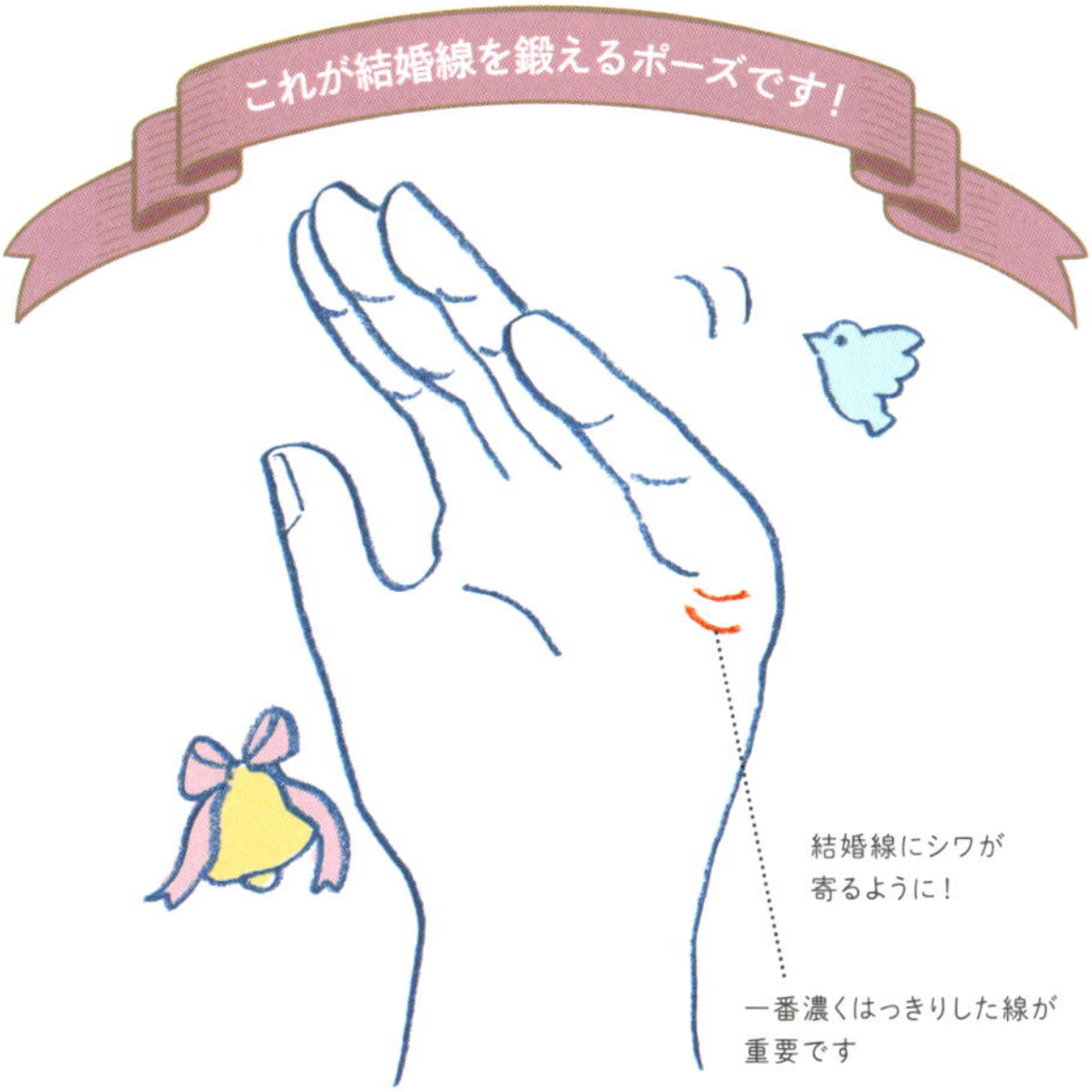
これが結婚線を鍛えるポーズです！
結婚線にシワが寄るように！
一番濃くはっきりした線が重要です

このエクササイズをやったほうがいい人

- 運命のパートナーに巡り合いたい人
- 円満な結婚生活を送りたい人
- 1人の人と一生添い遂げたい人

結婚線はその人の結婚のタイミングや結婚生活の充実度を表す線です。これも長い線がピシッと1本入っているのが理想。そんな結婚線を鍛えるためのエクササイズは、小指を90度になるように曲げるだけでOK。小指の付け根付近にある結婚線にシワが寄っていることを確認してくださいね。

ちなみに結婚線が長くのびて、薬指の下にタテに入る金運線を突っ切ると〈玉の輿線〉（P135）になります。セレブライフを目指して日々、エクササイズしましょう！

ココがエロ線

もっともっと愛されたい！なら……
恋愛運アップエクササイズ

これが恋愛運アップエクササイズ！
美的センスもアップ！
中指と薬指の下に
半円形のシワが寄って
いることを意識して！

このエクササイズをやったほうがいい人

- とにかくモテたい人
- 自分の魅力を開花させたい人
- 夜の営みを充実させたい人

僕が〈エロ線〉（P130）と呼んでいる線、実は西洋では「ビューティーライン」といわれる素晴らしい線なんです。「英雄色を好む」といいますが、要は相手を喜ばせて虜にする魅力があるということ。芸能界のスターはこの線を持っていることが多いですね。

同性異性問わず、注目されたい人、魅力を高めたい人はぜひこのエクササイズを。手を開いた状態で手の中指、薬指を90度になるように曲げます。そのほかの指は曲がらないよう、垂直に立てたままにするのがポイントですよ！

両手で行いましょう！

運気活性化エクササイズ

血行がよくなれば、運も巡り始める！

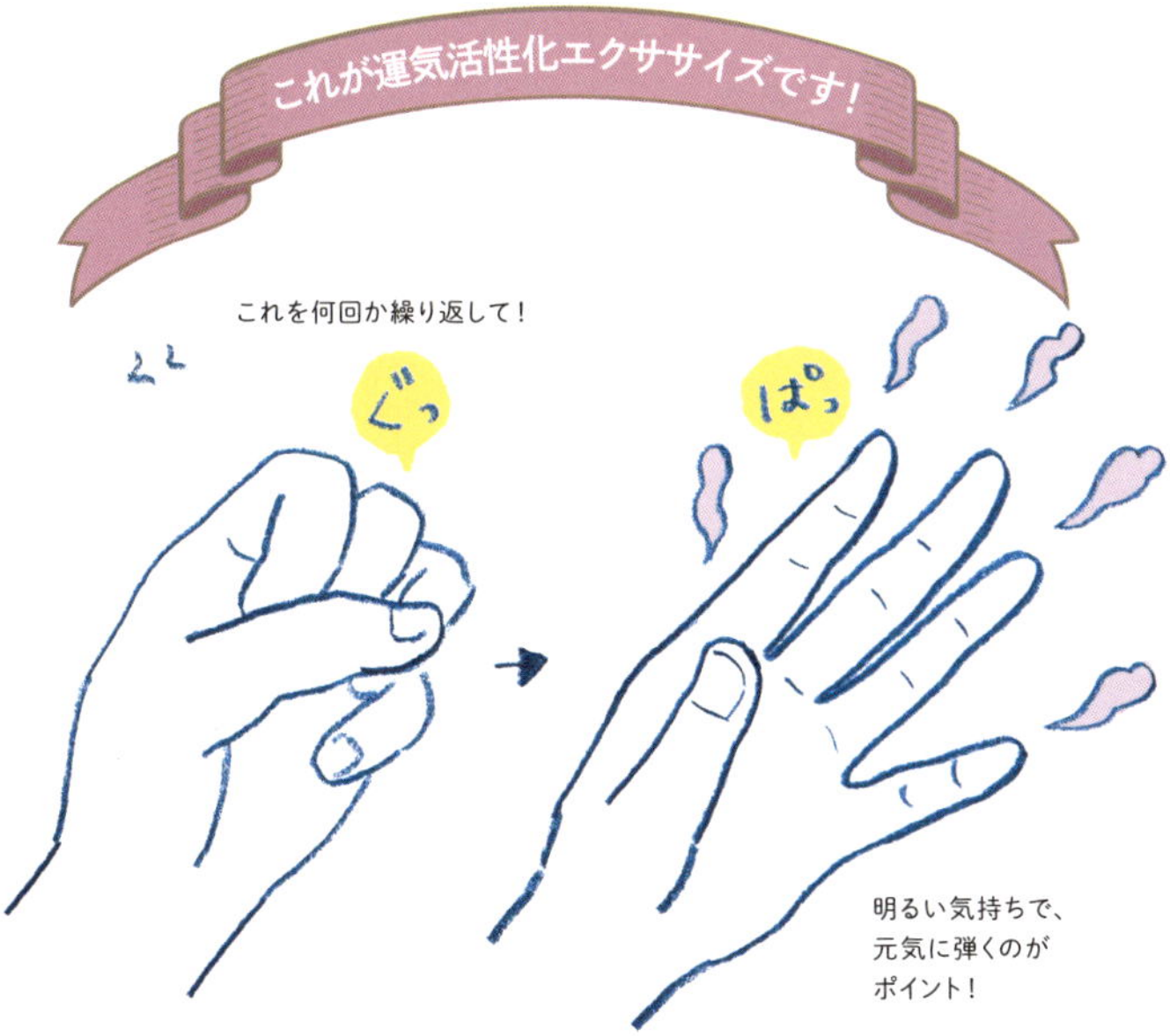
これが運気活性化エクササイズです！
これを何回か繰り返して！
ぐっ
ぱっ
明るい気持ちで、
元気に弾くのが
ポイント！

このエクササイズをやったほうがいい人	
	・どんな人も1日の始まりに！ ・毎日に張り合いがない人 ・なんとなくツイていないと感じる人

Chapter3でもお話ししたように、手のひら全体の血行をよくすることはとても大切。それにより運の巡りもよくなるからです。手の末端までしっかり血を巡らせ、運気を活性化させるためのエクササイズです。

手を軽くグーにした状態で指先をそろえ、力を入れて指先をパッと弾きましょう。だんだん手が熱くなり、手のひら全体がピンク色になってくるはず。これが血行がよくなっている証拠！　血が巡れば、気が巡り、運が巡り始めます。1日の始まりに行うのもおすすめ。

目指せ！　手の女子力UP③

Let's ハンドマッサージ

〜なめらかな手を作る編〜

1

手の甲にハンドクリームを取ります。

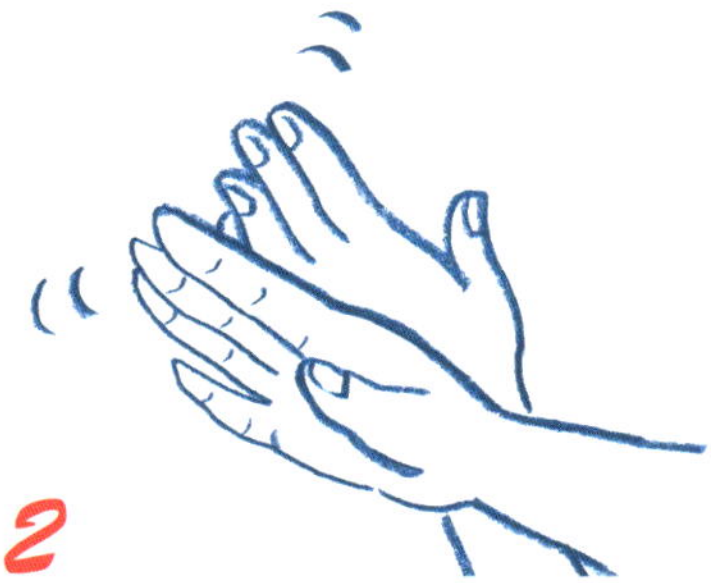

2

両手の甲を合わせて、全体にクリームを行きわたらせます。

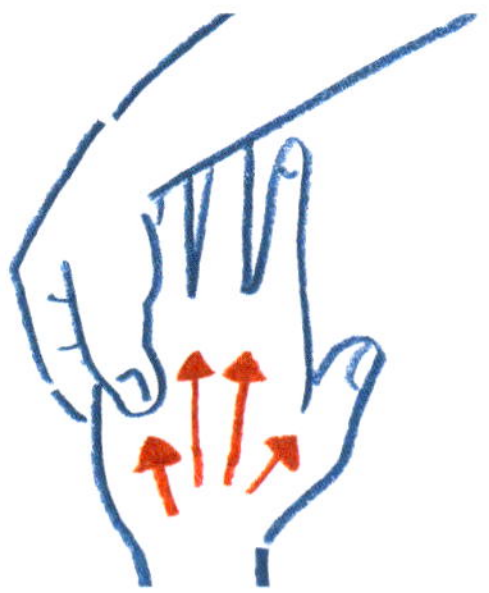

3

手の甲の骨と骨の間を親指でさすり、血液を流していきます。手の甲は皮膚が薄いため、あまり強く押さず優しくケアすることを心がけましょう。

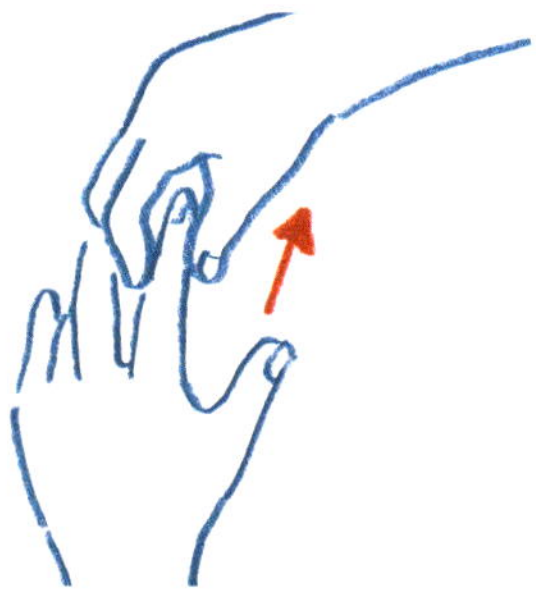

4

指の付け根から指先に向かって、指のサイドを挟むようにして引き上げていきます。

美HAND Column

「ハンドクリームは冬場しかつけない」という人もいるかもしれません。でも普段、ふれる機会の多い紙や布は、手のひらの油分を吸収する性質があるため、季節を問わず手は乾燥しがち。べたつきが気になる時は手の甲だけで塗り広げるのがおすすめ。また時間がある時は手の甲やツメの周りの乾燥しがちな部分をマッサージして、なめらかな手を目指しましょう。ハンドクリームを塗ったあとは肌の滑りがよくなるため、流すようなイメージでケアを行います。

5

ツメのサイドにもクリームをつけて、優しくもみます。

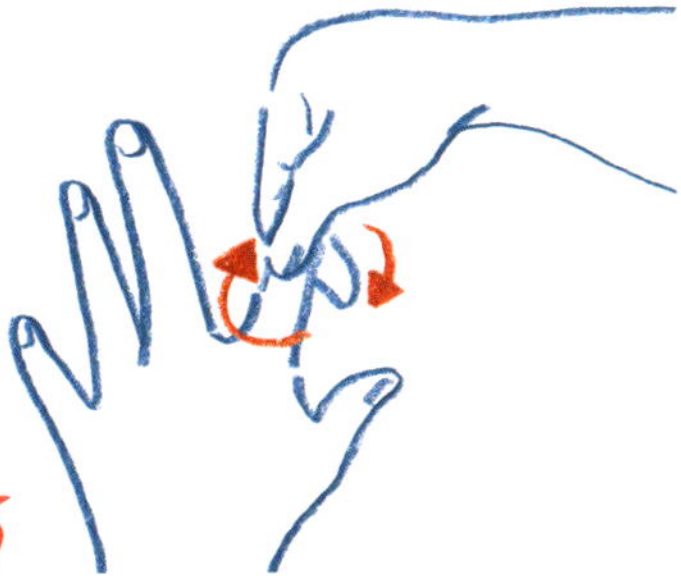

6

最後に手の甲の第二関節にあるシワを、円を描くようにマッサージします。ここは意外と老化が表れやすい場所なので、ケアをするかしないかで差が出ますよ。

マッサージ監修
トータルビューティーアドバイザー

水井真理子さんよりMessage

自分の顔や身体を慈しむように手のひら全体で肌を触るようにしていると、自然と手はやわらかくなってくるんですよ。手がやわらかくなると化粧水や美容液などもグッと浸透しやすくなります。日頃から手のケアを意識して「女子力の高い手」を目指してくださいね。

ちょっと得する
“手の話”
6

戦国武将も、仏像も!?
いたるところで手相は運命を動かしてきた！

手相は3000～5000年前のインドが発祥といわれています。そこから「西洋手相術」と「東洋手相術」に分かれていきます。

聖書には「神は人の手に、その人を書き記した」という一文があります。これって、まさしく手相のことですよね。古代の哲学者アリストテレスも手相の勉強に熱心だったといわれています。

西洋は社交文化なので、恋愛や相性などを見るのに手相を用いたようですが、東洋の場合は、もっぱら戦に用いていました。だから勝負運や健康運を見るのが得意なんです。

例えば武将たちはお供に軍師として、今でいう占い師を連れていました。「この武将は運気が強いから同盟を組みましょう」「この軍は今、弱っていますから攻め時です」というように、占いで得た情報を戦略に使っていたのです。

占いを活用した武将として有名なのが、武田信玄です。当時の武将たちには契約をする時に「手形」を押す文化がありましたが、実は武田信玄の手形はどれも相が異なるのだとか。これは「その時、藩にいた一番いい手相の人を連れてきて押させたのではないか」なんていわれています。

影武者ならぬ、手相武者ということですね（笑）。「こんないい手相の奴には勝てっこない……」と相手に思わせるためだったのかもしれません。

ちなみに僕は職業病で、どこに行っても手相を見てしまうクセがあるんですが、実は仏像にも手相があるんです。悟りを開いているお釈迦様は皆、〈ますかけ線〉（P44）を持っています。まさに天下取りですね。それに対して悟りを開いていない神様、例えば阿《あ》吽《うん》像には「簡単に流されないぞ」ということなのか〈KY線〉（P39）が入っていたり、楽器を持っている千手観音の手には〈芸術家線〉（P38）があったり。

「もしかして、彫った人は手相のことを知ってたの!?」と思わずにいられないくらい、不思議な偶然の一致があるので驚きました。

皆さんも人間に限らず、いろいろなものの手相をチェックしてみてください。かくいう僕は最近、「犬の肉球相」を研究中です（笑）。

ちょっと得する
“手の話”
7

手相を知れば、相手がわかる
人づき合いのストレスを格段に減らすコツ

手相は自分自身のことだけでなく、他人のことを知るためにも使えるものです。

取引先やお客さんの頭脳線をチラッと見てください。頭脳線はまっすぐにのびる〈理系線〉、ゆるやかにカーブする〈文系線〉、大きく下降する〈芸術家線〉の3タイプに分かれます（P38）。頭脳線は相手の物の考え方を表しているので、そのタイプによって「相手の心の動かし方」がわかります。

もしも相手が〈理系線〉の持ち主ならデータや理論重視。「この商品を買っていただいたら、このくらいの利益が見込めます！」と事実を的確に話したほうが理解を得られます。

〈文系線〉の持ち主ならノリが大事。難しい話をするとうんざりされるので「今度飲みに行きませんか？」とまずは一度、食事に誘ってしまいましょう。仲よくなってしまえば無理なお願いをしても「あなたが言うのなら……」と、「ＹＥＳ」の返事を引き出せるでしょう。

〈芸術家線〉の持ち主は才能豊かですが、打たれ弱いので、とにかく「すごい！」と褒めていい気分になってもらうのが、協力を得る近道。これは相手が上司、部下、同僚いずれであっても使えるはずです。

これ以外に、あなたの身近にいる「困ったちゃん」に対しても手相は使えます。例えばいつも腹立たしい言動の上司がいたとします。でも相手の手に〈KY線〉（P39）があることに気づいたなら**「この人、思っていることをズバズバ言うけれど、決して悪気があるわけじゃないんだ」**と思えるはずです。

また何をしでかすかわからない友達に〈不思議ちゃん線〉（P134）が入っていたなら、今までは「なぜこんなことをするの!?」とイライラさせられっぱなしだったのが、「まあ、〈不思議ちゃん線〉があるから仕方ないか」と思えるようになるかもしれません。**「この子〈不思議ちゃん線〉の持ち主だからさ～」**なんて、皆でいじれるようになれば、ストレスは激減するどころか、楽しい気分にすらなってくるかも。だから手相は1人で楽しむのもいいですが、**周りにいる人たちと分かち合うのがおすすめ**です。

手相を知ることとは、相手を知ること。相手を理解できれば、人間関係はグッと楽になるはずですよ。

Column
島田流！ 使える恋愛心理テク

相手の信頼を勝ち取る「ポポネポの法則」

相手の信用を得る、魔性の会話テクニックがあります。それが「ポポネポの法則」。これは「ポジティブ・ポジティブ・ネガティブ・ポジティブ」の頭文字の略で、要は「いい話・いい話・悪い話・いい話」の順で話すというもの。すると不思議と相手のことを信じてしまうのだとか！ 実は通信販売業者や占い師が使うテクニックでもあります。ここで一例を紹介します。

（ポ）「このデジカメは〇万画素！」
（ポ）「しかもこんなにコンパクト！」
（ネ）「ただし一般の方が使うには問題が……実は性能がよすぎるんです」
（ポ）「でもこのお値段すごいですよ」

こんな会話、聞き覚えありますよね。頭ごなしにネガティブな話をされたら「なんだこの人？」と警戒心を抱きますし、話の最後に言われたら嫌な気分を引きずってしまうでしょう。それにすべてがポジティブな話だと「こいつ胡散《うさん》くさいな」という気持ちが生まれます。あえて「そんなこと言っていいの？」と相手が思うような情報を挟むことで「あなたのためにあえてデメリットも話していますよ」というふうに受け止められ、「この人は自分の味方だ、信じられる」と思ってもらえるのだとか。

効果絶大な「ポポネポの法則」……。使いすぎにはくれぐれもご注意を！

Chapter5

もっとお手軽に運を上げる

「パワーネイル」で 開運！

普段、何気なく塗っているネイル。
そこに「あるもの」をプラスするだけで、
パワーがアップするって知っていましたか？
今日から指先をアンテナにして、幸運をキャッチしましょう！

Shimada Tesou

指は運をキャッチするアンテナ　だからこそ「ツメ」はとっても大事！

手相を見るうえで大事なのは線だけではありません。実は「指」や「ツメ」もとても大事なのです。

最初にお話しした通り、**指は運気をキャッチするアンテナ**のようなもの。常にきれいに整えておくことで、いい運気が入ってきやすくなります。しかも、指ごとに受信する運気が違います。

親指……家族・健康に関する運
人差し指……名誉・成功に関する運
中指……出会いや良縁・対人関係に関する運
薬指……お金に関する運
小指……仕事・勉強に関する運

ぜひ今のあなたの指先をチェックしてみてください。

ささくれがあったり、カサカサしていませんか？　それは

言ってみれば、アンテナの感度が鈍っているということ。

さらにそのアンテナの先には何がついていますか？　そう「ツメ」ですね。ツメがだらしなくのびっぱなしだったり、割れていたりしたら、運は思うように入ってこなくなってしまうでしょう。だから指先やツメのケアはきちんとしておいてください。

さらにアンテナの感度を上げて運を呼び込みたいなら、おすすめの方法があります。

それが「幸運の白点ネイル」です。

ツメに浮かび上がる「幸運の白点」とは？

あなたにも覚えはありませんか？

ある日、ふと指先を見たら、ツメに1ミリくらいの白い点が浮かび上がっていて「あれ？　どこかにぶつけたりしたっけかな？」なんて思ったことが。

実はこれ、手相界では「幸運の白点」と呼ばれていて、とんでもない幸運が訪れるサインなのです！　その幸運はだ

いたい4カ月くらい続くといわれています。その期間は「ツイている」時なので、積極的に行動を起こすといいですね。

とはいえ「幸運の白点が出ないかなあ～」なんて、手を見つめて何カ月もじっと待っているわけにはいきません。なら「自分で作り出してしまおう！」というのが「幸運の白点ネイル」なのです。

やり方はとっても簡単。普通のネイルカラーを塗ったあと、**欲しい運気に対応する指のツメにラインストーンをのせる**だけ。これで「幸運の白点ネイル」のできあがりです！

結婚式や合コンなどで、薬指にラインストーンをつけている女の子をよく見かけます。きっと「恋の出会いがありますように！」という思いからつけているんだろうな、と思いますが、それを見るたびに**「あーあ、出会いが欲しいならつけるべきは薬指じゃなくて中指なのに……。もったいない！」**と、僕は常々思っていました。

なぜなら薬指は「お金に関する運」。これじゃあ、せっかく出会いがあっても、いい雰囲気にはなりづらいですよね。

この「幸運の白点ネイル」のポイントは、**欲しい運気の指をほかの指よりも目立たせること**にあります。そのため「あの運もこの運も欲しい！」と、たくさんの指につけないこと。運が分散してしまって、何がなんだかよくわからなくなります。どれか1つ、その日の予定に合わせて「今日はコレ！」という指を選んでください。

職場のルールなどで華美なネイルアートができない人は、ラメやシールでもいいし、その指だけほかの指とは違う色のネイルを塗るのでもいいでしょう。最悪、「修正液を一滴たらす」のでもかまいません（笑）。

さらに「色の力」も味方につける

ラインストーンをのせるツメに塗るネイルカラーにも、ぜひともこだわってみてください。

古くから色には力があると考えられてきました。

例えば赤を見れば興奮したり、青を見れば落ち着いたり、黄色を見れば明るい気分になったり、ピンクを見れば女子

あなたの運命色は？

らしい振る舞いをしたくなったり。

人間は当たり前のように色の力を実感しています。

開運的には恋愛はピンク、金運は黄色、勝負運は赤、健康運は緑がおすすめです。なかでも、もっとも自分の運を上げてくれる色を知りたい……というあなたに、とっておきの方法があります。

一生、あなたを守ってくれる色が存在する！

「数秘術」という占いをご存じでしょうか？

これはあなたの生年月日から導き出した「運命数」によって、性格や運気を導き出すというもの。

この占いでは**あなたを一生守ってくれる「運命色」**を割り出すこともできます。その色をご紹介しましょう。

〈あなたの色の出し方〉

①西暦の生年月日をすべて1桁にバラして足します。

②合計数が2桁になったら1桁にバラして足します。最後

に出た数が運命数です。

例えば1990年1月18日生まれの人の場合、

① 1＋9＋9＋0＋1＋1＋8＝29

② 2＋9＝11、1＋1＝2　運命数は「2」になります。

あなたの運命数はわかりましたか？　それぞれに対応する「運命色」は上のイラストの通りです。

もちろん、一生この色しか使ってはいけないというわけではありません（笑）。でもこの色を意識して、大事な場面で力を借りてみてください。

色と石の組み合わせで最強のネイルが完成！

例えば、この「運命色」とラインストーンを使った「幸運の白点ネイル」を組み合わせれば、あなたにとって最強の「パワーネイル」ができあがります。

「運命色」をツメに塗ったあと、その時求めている運気に対応する指にラインストーンをのせるのです。

例えば、こんなふうに使ってみるのはいかがでしょう？

●心身ともに元気になりたい↓親指のツメにON

最近元気が出ない、気分が鬱々としているのなら、親指ラインストーンでパワーアップ！

●成功を収めたい↓人差し指のツメにON

人差し指のラインストーンは成功の後押しに。昇進や試験の合格、ステップアップを願う時にこのネイルを見ながら仕事や勉強をすると、気が引き締まるはず。

●恋の出会いが欲しい↓中指のツメにON

人気を集めたい人、恋の出会いを求めている人は、ここにラインストーンをのせて強調しましょう。

●お金が欲しい↓薬指のツメにON

金運に直結するのは薬指。安定した収入を得たい、臨時収入が欲しい、散財を控えたい時には、ここにラインストーンをのせましょう。

●対人スキルや仕事力を上げたい↓小指のツメにON

重要な仕事がある時、スムーズに作業を進めたい時には、

小指をストーンでキラリと輝かせましょう。人間関係を円滑にしたい時もここにのせるのがおすすめです。

ここまでさんざん手相を変える方法をご紹介してきましたが、正直なところ実際に手の線が変わるまでには、何カ月か、かかる可能性があります（笑）。

でもネイルだったら、今すぐにでもできますよね。しかも**ネイルは自分の視界に入る回数が多いので、その運気のことを意識するきっかけ**が生まれやすくなります。それに関するいい情報をキャッチしやすくなるので、チャンスもつかみやすくなるでしょう。

いつものネイルにプラスアルファ、この「パワーネイル」をぜひお試しください！

ちょっと得する
“手の話”
8

3カ月に一度、チェックしよう！

手相はあなたの頑張りを教えてくれる成績表

手相は日々変化しています。これは注意深く手を見るようになった日から、気づく人は気づくはず。「あれ？　こんな線、昨日まであったっけ？」と思うような線が、ある日突然出ているのです。

ただし多くの人は「……まあ、気のせいかも」と受け流してしまって終わり。これではせっかく手が発信している情報がむだになってしまいます。

そこでおすすめしたいのは「手を写真に撮っておく」ことです。数年前に、食べたものを記録に残す「レコーディングダイエット」が流行《はや》りましたが、同じように手を写真に残しておけば「確かに手相が変わっている」という事実がわかるので、変化している部分の意味を調べずにはいられなくなるでしょう。

「変化した部分をチェックする」というのと同時に、頑張っている事柄がある人は、それに関する線を重点的に観察するようにしてください。

例えば仕事に関することなら運命線、お金なら金運線、結婚やそれに向けての恋愛は結婚線。基本6線のうち、生命線や頭脳線、感情線はなかなか大きく変わることはないのですが、この3つは変化することが多いようです。もちろん巻末の「島田流

手相図鑑」（P127）の中であなたが欲しいと思う線の部分をチェックするのもいいでしょう。

例えばタレントになりたいのに〈タレント線〉（P141）がなかった。でも、どうしても叶えたいなら、きっといろいろなことに挑戦すると思うんです。話し方を研究してみたり、人前で何かをしてみたり。普通の人以上の努力は必要かもしれませんが、頑張っていればあとから〈タレント線〉が出てくる可能性は十分にあります。逆を言えば、**もしも線が出てきたなら「今の努力は合っている」という証拠。**

手相は、その人が持っている才能や可能性を教えてくれるものであると同時に**「その努力は正しいですよ」「ちゃんと成長していますよ」**と教えてくれる成績表でもあるのです。

観察するスパンは、だいたい3カ月に一度が目安。そこにはきっと、日々の頑張りの成果が表れているはずですよ！

ちょっと得する
"手の話"
9

目を閉じて、手を握ってみて！
本当に相性のいい人を見抜く「手セックス」のすすめ

実は、手って、いろいろなことを感じ取るセンサーのようなものなんです。

例えば赤ちゃんは目が見えない時分から、いろいろなものをペタペタと手で触りますよね。「これは触っても大丈夫なもの」「これはダメなもの」と手で識別しているのだそうです。

自分にとって必要なもの、そうではないもの、好きなもの、嫌いなものを手の感触で本能的に見分けているということです。

この「手で見分ける力」ってもっと人生に役立てることができるのではないか、と思うんです。

例えば恋愛。「早く結婚したい」「幸せになりたい」と焦っていると、相手の外見や収入、社会的地位など、目に見えるものに惑わされて、失敗しがちです。ただし出会ってすぐの相手が「自分と相性がいいかどうか」を見極めるのは至難の業。

そこで編み出したのが「手セックス」です！

やり方はとても簡単です。合コンなどたくさんの男女が集まっている場で、女性が目をつぶって手を差し出します。そして男性たちが1人ずつ、その手を順番に握っていくんです。だいたい3秒が目安。そ

の時、女性は自分の手の感覚に集中してください。**「この人、なんだか肌に合うな、しっくりくるな」**という相手と、触った瞬間に「うわ、もう気持ち悪い！」と感じる相手に分かれるのがわかるはず。それはまさに手を通じて、**ＤＮＡレベルで感じている反応**なんです。

目を開いてみたら「え、まさかこの人が！」と思うような相手に、気持ちよさや安心感を覚えているかもしれません。

手を握って嫌じゃない相手、安心できる相手であるなら、きっとその後の結婚生活も安泰なはず。

結婚となれば**「手と手を取り合って」**生活を営んでいくわけですから、相性はとても重要なもの。もちろん身体の相性にも通じてくるでしょうしね。

つき合う前に「手セックス」！　これはぜひ飲み会などで、皆でトライしてみてください。きっと盛り上がること間違いなしですよ！

Column

島田流！ 使える恋愛心理テク

視線で相手の求めるものがわかる 恋のトラップ・クエスチョン

気になる人に「昨日、晩ごはん何食べた？」と質問してみてください。何と答えましたか？ 実は大事なのは答えの内容ではなく、その時の目線の動き。過去を思い出す時、人間の視線は「上」「横」「下」のどれかに動きます。この視線の動きで、その人が何を求めているかがわかります。

上を見た場合は、視覚で情報を得たいタイプ。見た目重視なのでイメチェンをしたり、ファッションに力を入れると好感度が上がります。

横を見た場合は、聴覚で情報を得たいタイプで聞こえのよさが大事。このタイプに好かれたいなら、発声をよくして明るい声にしたり、言葉遣いをきれいにしたりするといいですね。

下を見た場合は、体感を重視するタイプ。一緒に遊びに行って、そこで感動体験を共有することを大事にします。いわゆるエッチ好きでもあります。

これによりアプローチ法も変わってきます。視覚タイプの相手には「ねえ、ここ行かない？」と場所の写真を見せるのが効果的。聴覚タイプには「ここ、こんな場所らしいよ」と話して聞かせ、体感タイプには「ここに行くとこんな体験ができるらしいよ！」と熱く語ってみてください。

相手の好みを瞬時に察知できるトラップ・クエスチョン、ぜひうまく活用して、恋を成就させてくださいね。

巻末付録

永久保存版！

あなたの手にも きっとある 島田流手相図鑑

ユニークな名前がつけられた
「島田流手相」を一気に81個紹介します！
あなたの手にもきっと幸運の印が刻まれているはず。
手相は日々変化するので、ぜひこまめにチェックして！

Shimada Tesou

ピンチもチャンスも……手相は最高の「お守り」になる！

手相って「その人の使い方しだいだな」と思います。

これは僕の話なのですが、こういう仕事をしていると、やっぱり本番前に緊張したり、「今日、うまくしゃべれるだろうか……」と不安になったりすることがあるんです。

でも、ありがたいことに、僕は手に〈アナウンサー線〉（P140）を持っているんですね。手のひらを見て「〈アナウンサー線〉があるんだから、大丈夫！」とこっそり自分を励ましています。すると不思議と緊張も吹き飛ぶんですよね。

ある意味、手の中にある「お守り」のようなものだと思っています。自分の手に刻まれているんだから、わざわざ持って歩く必要もない、最高のお守りだと思いませんか？（笑）

時には、あまりいい意味ではない線もあるかもしれません。でもその線は「このままいくとちょっと危ないですよ」とS

OSサインを出してくれているということ。

手相の意味を知らずに過ごしていたら、気づかずにハマっていただろう落とし穴やアクシデントを、スルッと回避するきっかけを与えてくれているわけです。いわばこちらは「厄除けのお守り」ともいえるかもしれませんね。

島田流ユニーク手相をあなたの手に探せ！

ここからは僕が名づけた手相を81種類、一気にご紹介していきます。もしかしたら、あなたの手のひらにもうれしい線を見つけられるかもしれません。そうしたら、ぜひその手相をお守りにしてください。

「今はまだ夢を叶えていないけど、私には〈なりあがり線〉（P148）があるから大丈夫！　焦らず頑張ろう」

「〈トラブル線〉（P149）が出てる……お金の貸し借りはやめたほうがよさそう。事前に気づけてラッキー！」

こんな具合に考えてみてください。あなたの手の中のお守りをしっかり目を凝らして見つけてくださいね。

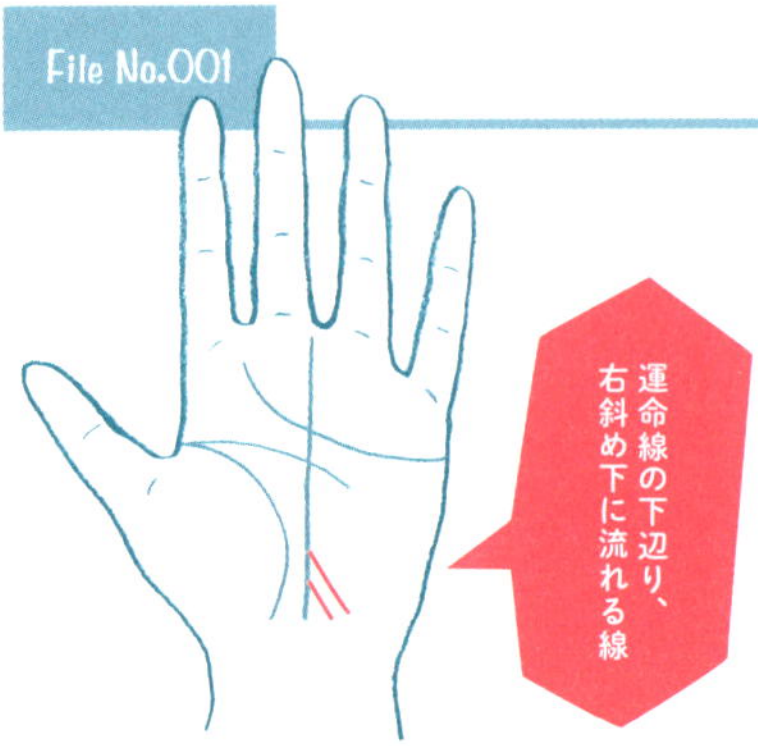
File No.001
運命線の下辺り、右斜め下に流れる線

モテ線

性別問わずにモテモテ！

別名〈人気線〉とも呼ばれている線。老若男女問わず、いつでも人に囲まれているでしょう。異性も集まってくるので、恋も始まりやすいはず。この線を持っているのに「まったくモテない……」のなら、自分から率先して出会いの場に出かけるようにして。きっと遠くない未来、恋が始まるはず。

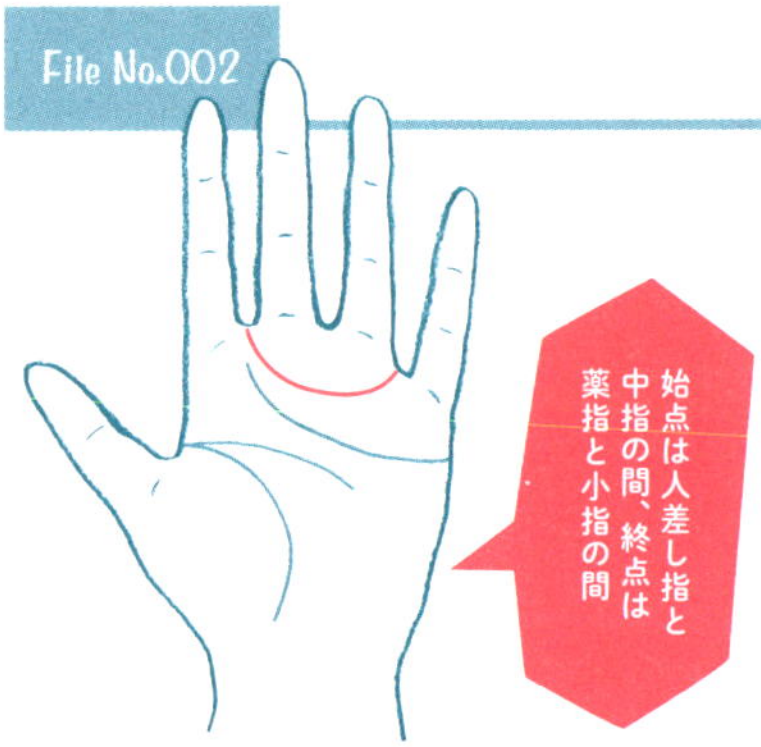
File No.002
始点は人差し指と中指の間、終点は薬指と小指の間

エロ線

異性から注目を浴びる！

美的センスに秀でている人に現れる線です。デザイナーや美容師など、センスを活かす職業の人によく見られます。えも言われぬ魅力があるので、気づかないうちに異性をメロメロにしているかも。一夜限りの関係を好む傾向もあるよう。本数が多いほど、性的な興味が強いといわれています。

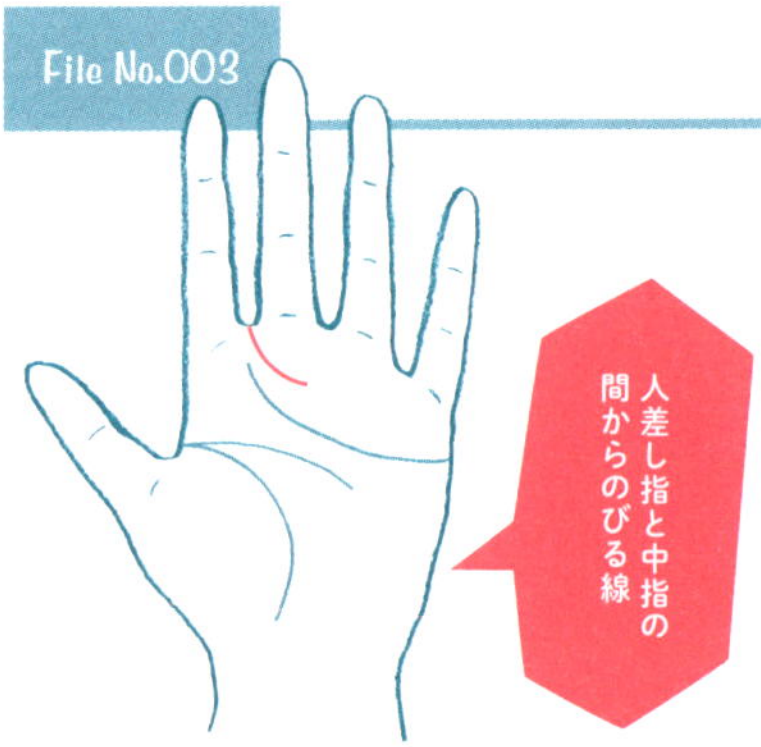
File No.003
人差し指と中指の間からのびる線

エス線

積極的に相手をリード

恋において相手を引っ張っていくタイプの人に現れる線です。「待っているなんて時間がもったいない！」とばかりに、好きになれば果敢に自分からアプローチ。相手を自分のものにしたいという気持ちが強いので、束縛が激しい一面も。愛情を上手に表現することが、いい恋をするポイント！

File No.004

薬指と小指の
間からのびる線

♥ エム線

とことん相手に尽くしちゃう！

奉仕精神が強い人に現れる線。特に恋愛では相手にとことん尽くすタイプでしょう。自分からリードするよりも、相手にリードしてもらうのを好むため、基本的には受け身。自分を犠牲にしても相手の笑顔が見られることに幸せを感じます。でもその優しさを利用されないように気をつけて！

File No.005

中指の下にできる
半円状の線

♥ アブノーマル線

一風変わった個性の持ち主

変わった考え方をする人に現れる線。芸術家や個性派タレントによく見られます。型にはまらない自由な関係を好み、恋に刺激を求めます。自分では「普通」と思っていることが他人に理解されないことも多々ありそう。強い個性を受け入れてくれる相手となら、上手につき合っていけるはず。

File No.006

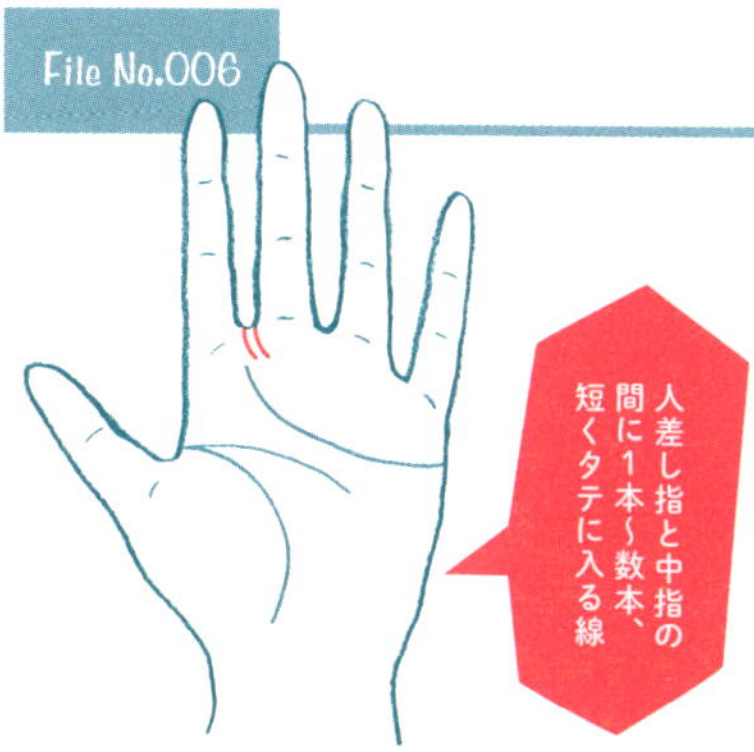
人差し指と中指の
間に1本〜数本、
短くタテに入る線

♥ ナルシスト線

恋の主人公は、自分自身！

自分大好き人間の人に現れる線です。常にどう見られているか意識していて、「一番いい自分」を演出しようとするでしょう。ファッションや美容、人におごるなど、見栄のための投資も惜しみません。その分、場の中心になれないとすねる傾向がありますが、そこまで自分好きというのはあっぱれ！

File No.007

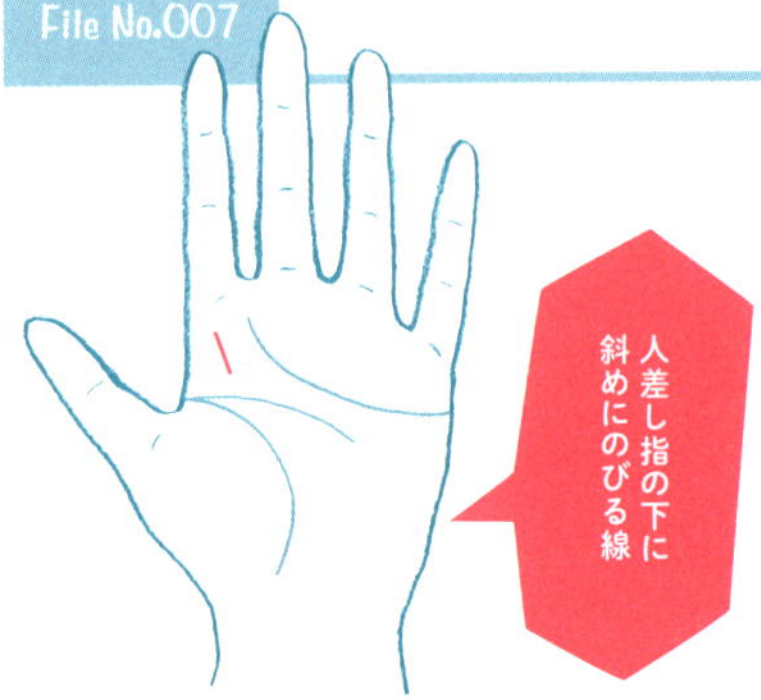
人差し指の下に
斜めにのびる線

夢見る乙女線

ピュアハートで相手をメロメロに

「いつか運命の相手が現れるはず！」と期待を抱いている人に現れる線。白馬の王子様を望んでいたり、マンガのキャラに恋していたりと、やや現実離れしている傾向が。とはいえ、そのピュアなハートが、異性を惹きつけるポイント。好みではない異性でも、まずは人となりを知る努力をしてみて。

File No.008

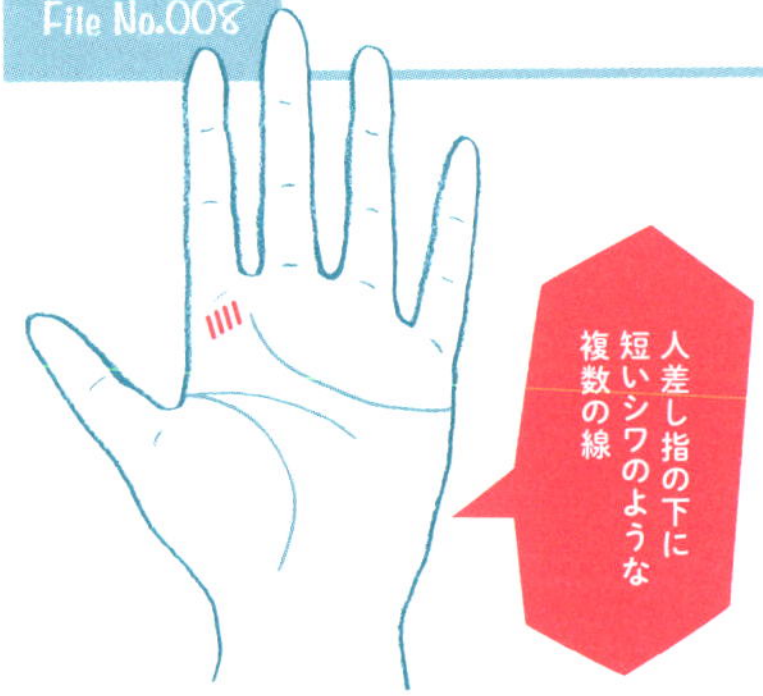
人差し指の下に
短いシワのような
複数の線

よちよち幼児線

相手の母性本能をくすぐる！

甘えん坊な人に現れる線。どこか愛らしい雰囲気が漂っていて、異性からは「守ってあげないと！」と思われているでしょう。かなりモテるタイプだといえます。ただし他人にも自分にも甘いところがあり、好みではない異性に言い寄られても、「NO」と言えない傾向があるので気をつけて。

File No.009

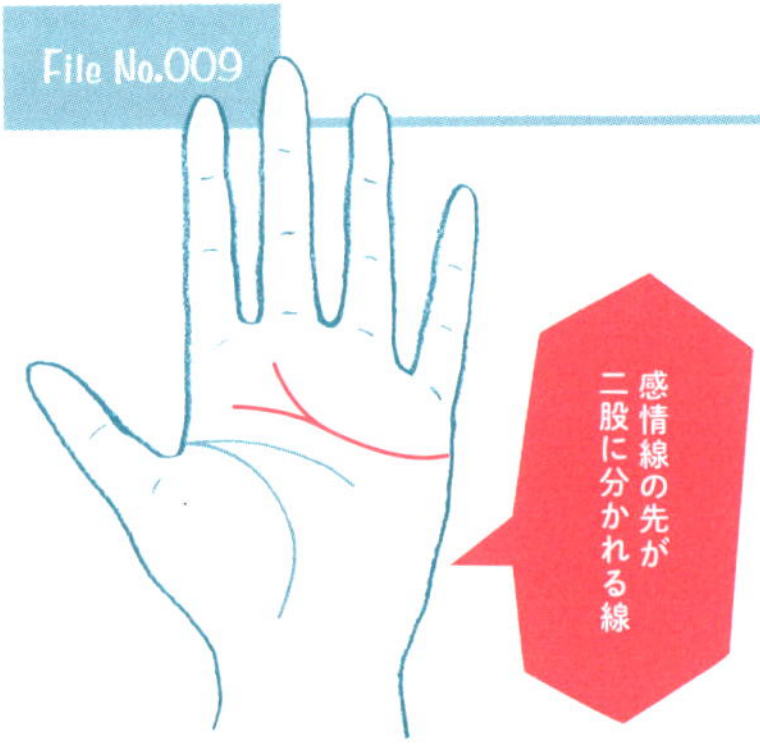
感情線の先が
二股に分かれる線

二丁目線

繊細な気遣い屋さん

不思議と二丁目系の人に多い線。別名〈思いやり線〉ともいい、自然と相手を気遣える人にも現れます。恋においては、場の空気を盛り上げるウィットに富んだ会話で、心の距離を縮めていくでしょう。ただし実はとても繊細で、振られると、なかなか立ち直れない傾向もあるようです。

File No.010

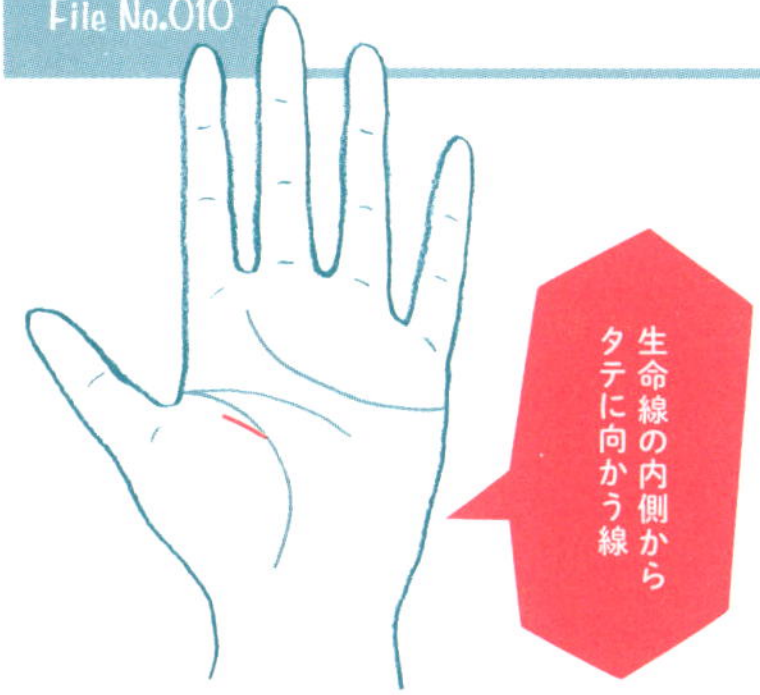
生命線の内側から
タテに向かう線

モテ期到来線

運命の出会いも接近中

人生に何度とない「モテ期」の訪れを知らせる線です。異性からモテるのはもちろん、同性からもひっきりなしにお声がかかるようになるはず。そうした人を介していい出会いがある可能性も高いので、積極的に顔を売って、人脈を広げましょう。遠くない未来、運命の出会いがあるかも……！

File No.011

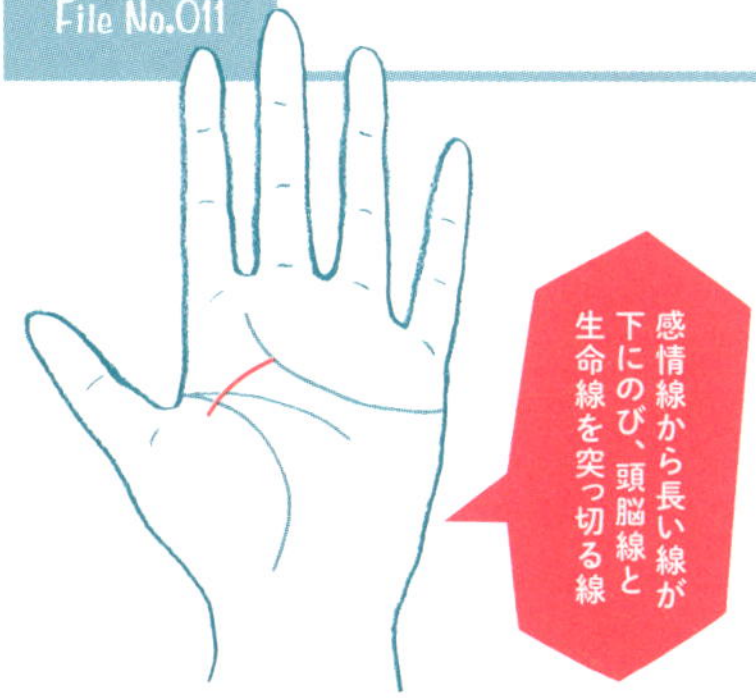
感情線から長い線が
下にのび、頭脳線と
生命線を突っ切る線

未練タラタラ線

昔の恋を忘れられない

過去の恋愛を引きずっている人に現れる線です。「自分にはあの人以上に合う人はいない」と思い悩んでいそう。でも、その失恋の経験は紛れもない財産。恋がうまくいかなかった原因ときちんと向き合い、次の恋に活かしてください。そうすれば、次は自分史上最高の恋ができるはず！

File No.012

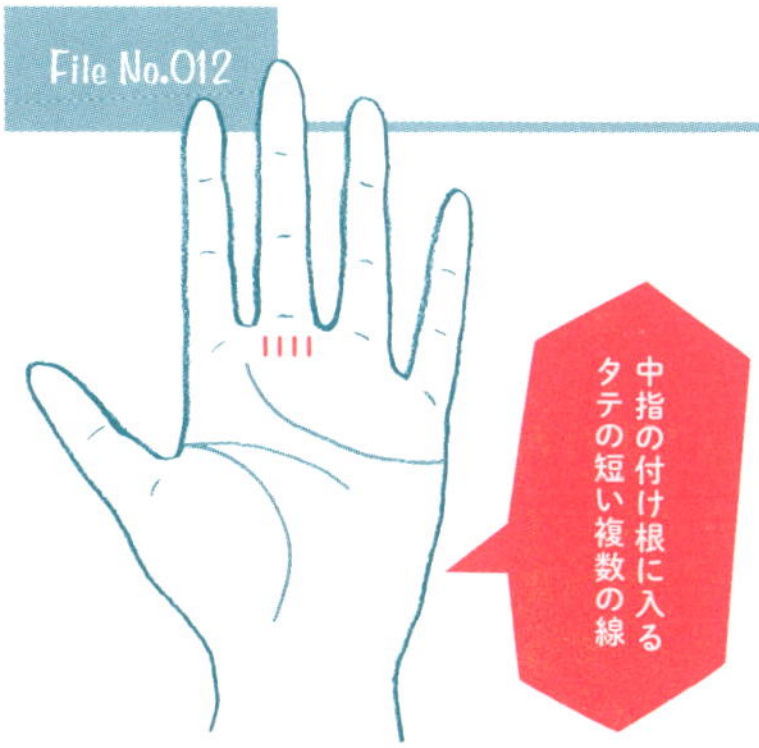
中指の付け根に入る
タテの短い複数の線

恋愛運停滞線

周りの協力を仰ぐこと

相手を見る目が曇っている時に出る線です。的外れなアプローチをして引かれたり、厄介な異性に引っかかったり。独断で動かず、周囲にアドバイスをもらうと吉。カップルの場合は相手に不満ばかりぶつけて、感謝の気持ちを忘れていませんか？　恋愛以外のことに夢中になっている場合も。

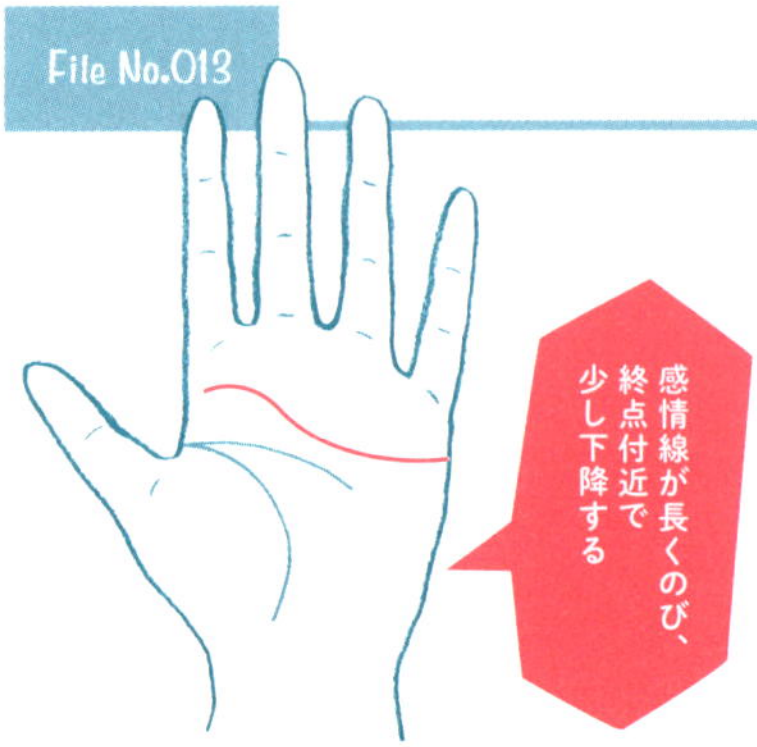
File No.013
感情線が長くのび、
終点付近で
少し下降する

恋愛後回し線

人生をエンジョイ！ ただし恋以外

何かと恋を後回しにしてしまう人に現れる線。仕事に一生懸命打ち込んだり、友人と旅行に出かけたり、恋にかける時間がないようです。決してモテないタイプではないので、少しだけ恋に意識を向ければすぐに恋人はできるはず！ 恋人ができたら恋愛を優先させるといいかもしれません。

File No.014
薬指と小指の間に
1本～数本、
短く入る線

不思議ちゃん線

癒やしの聖母であり小悪魔

ゆるふわな癒やし系のオーラを持っていて、いるだけで場を和ませる存在の人に現れる線です。異性からの人気も抜群！ ただし何をしでかすかわからない小悪魔的な振る舞いで周りを振り回すことが多々。とはいえ本音は「ワクワクしたい、刺激がほしい」という気持ちに忠実なだけだったりします。

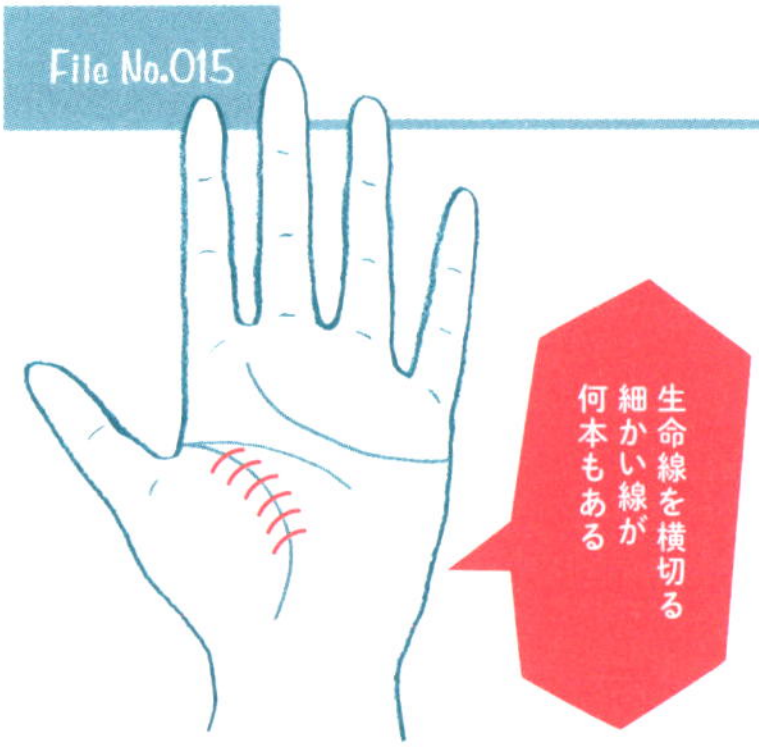
File No.015
生命線を横切る
細かい線が
何本もある

悲しみのモノサシ線

人生で起こる悲しみ

人生で経験した悲しみが手に刻まれている状態です。とても優しい心の持ち主なので、悪い人に利用されてしまうかも。どんなことが起こっても相手を一途に思い続けるので、悪い異性に引っかかってしまわないように。家族や周囲の親しい相手に相談しながら恋を進めてくださいね。

File No.016

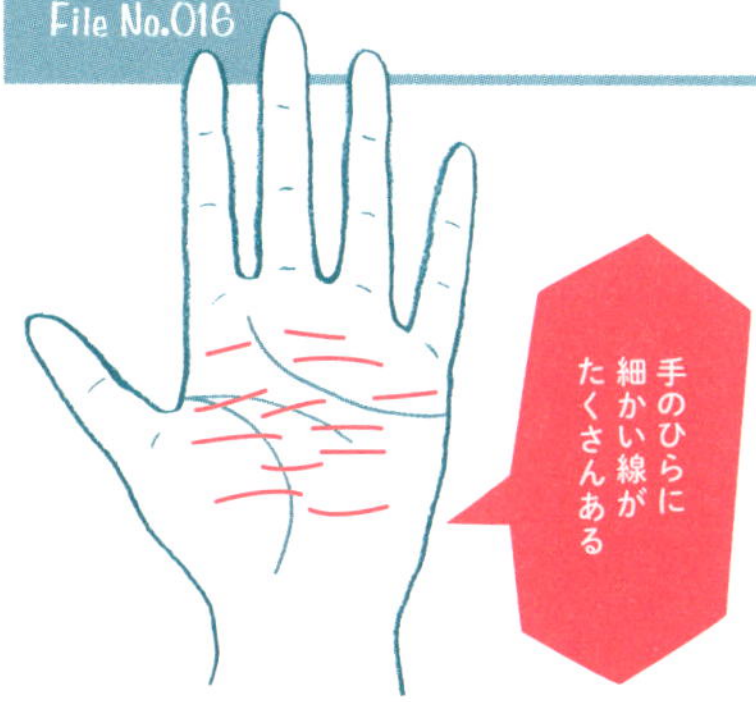
手のひらに
細かい線が
たくさんある

しわしわ線

ドラマのような展開に憧れ

細かいシワが無数に刻まれている相です。とても繊細な感性の持ち主。そのためこれまでにいろいろな傷つく経験をしてきたのでしょう。ロマンティックな恋に憧れ、涙もろい一面があるので、異性に大胆に迫られたり、悩みを打ち明けられると好きになっちゃうかも……。

File No.017

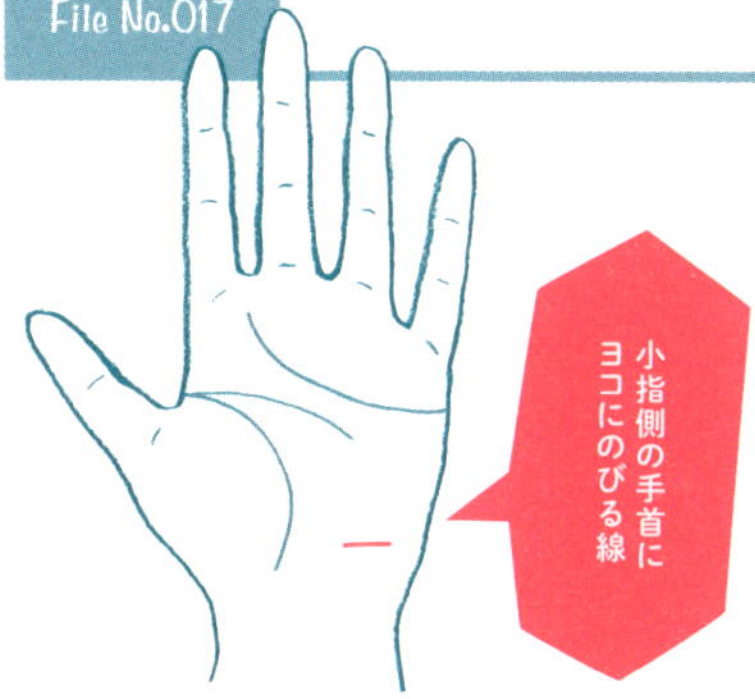
小指側の手首に
ヨコにのびる線

ビア・ラシビア線

恋の数が刺激の数！

束縛を嫌う自由人に現れるのがこの線。常に何かに夢中になりたいと考えているので、恋愛でもすぐに目移り。複数の人との関係を同時進行することも。でもそのつかみどころのなさが異性の心をとらえ、不思議とモテるでしょう。ただし恋人ができたら、ちゃんと誠意を見せることも大切です。

File No.018

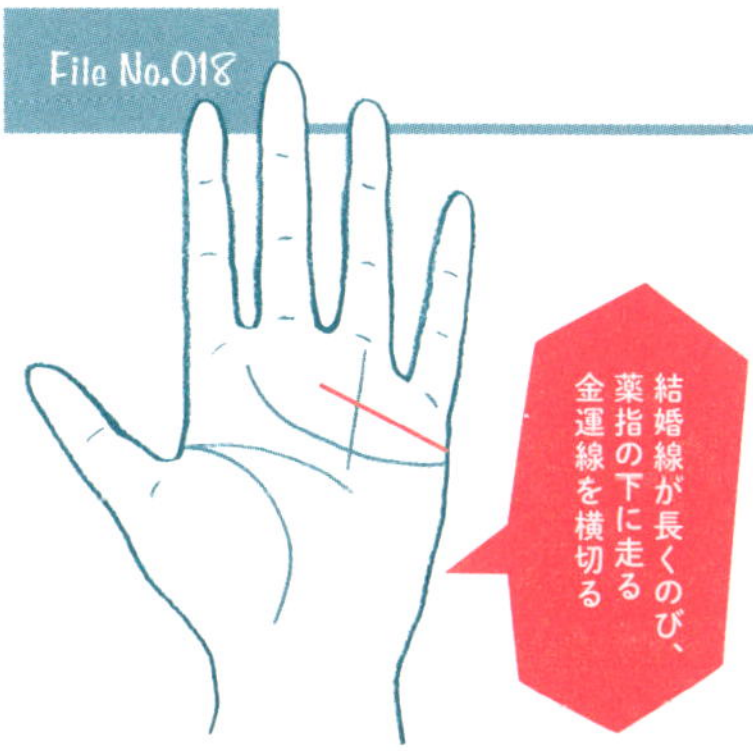
結婚線が長くのび、
薬指の下に走る
金運線を横切る

玉の輿線

お金持ちとの結婚で人生安泰

その名の通り、お金持ちと結婚しやすい人に現れる線。玉の輿にのって、今までの暮らしがガラリと変化する可能性も。この線の持ち主で「異性との出会いがない」と嘆いているなら、ハイクラスな人が集う場に出かけましょう。素敵な人に見初められて、トントン拍子で結婚まで進展するかも。

恋愛　結婚　仕事　お金　健康　将来、その他

File No.019

子だくさん線

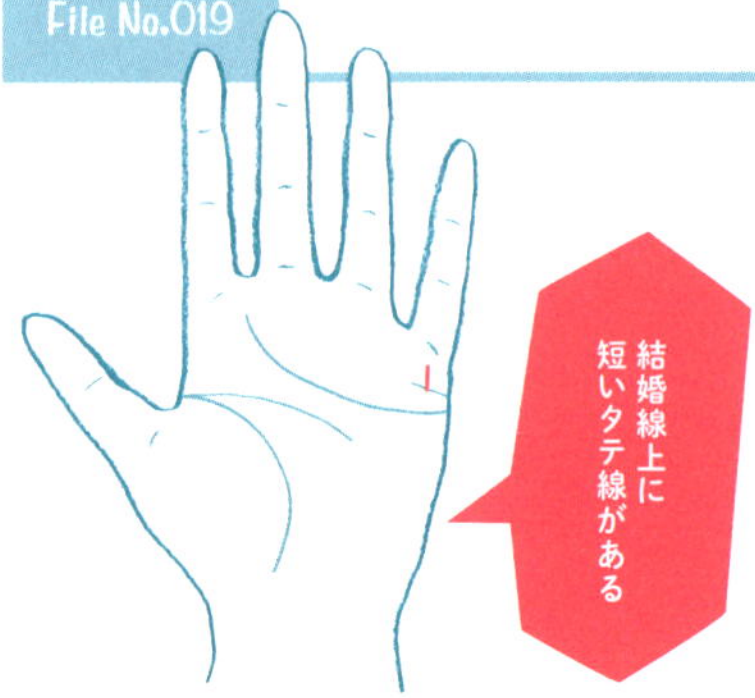
結婚線上に
短いタテ線がある

子どもに囲まれた幸せライフ

子宝に恵まれやすい人に現れるといわれる線。この線の持ち主は、子ども好きな人が多いでしょう。子どもに囲まれた幸せな結婚生活を送れるはず。異性との出会いがないのなら、子どもに関係のある遊園地や動物園などに足を運んでみて。童心を忘れない素敵な異性と出会えるかもしれませんよ！

File No.020

ファミリーリング

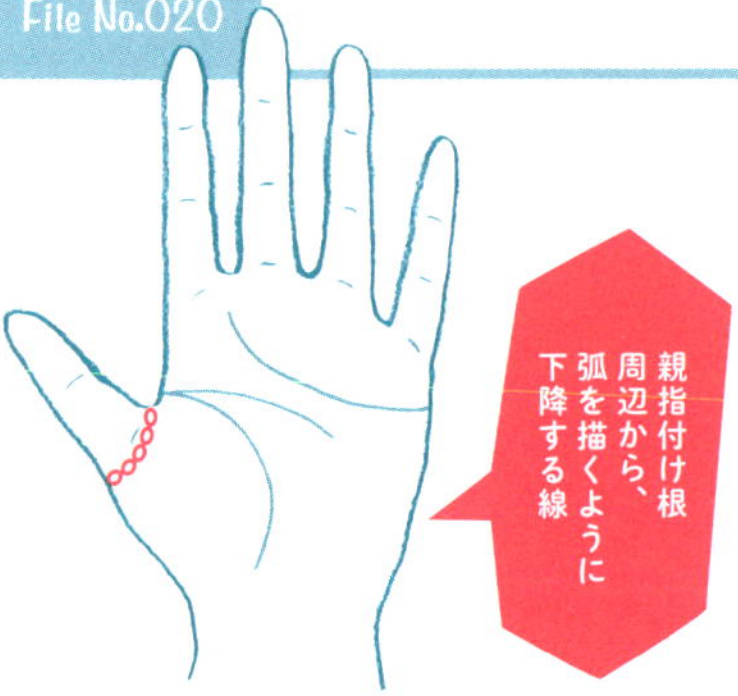
親指付け根
周辺から、
弧を描くように
下降する線

幸せな家庭を築く

子どもを授かりやすい人に現れるといわれている線。この線が現れる時は、母性が高まっているかもしれません。また、性的な魅力も増し、異性から注目の的となっていることも。異性に声をかけられることも増える時なので、しっかりと相手の人となりを見極めましょう。

File No.021

とばっちり線

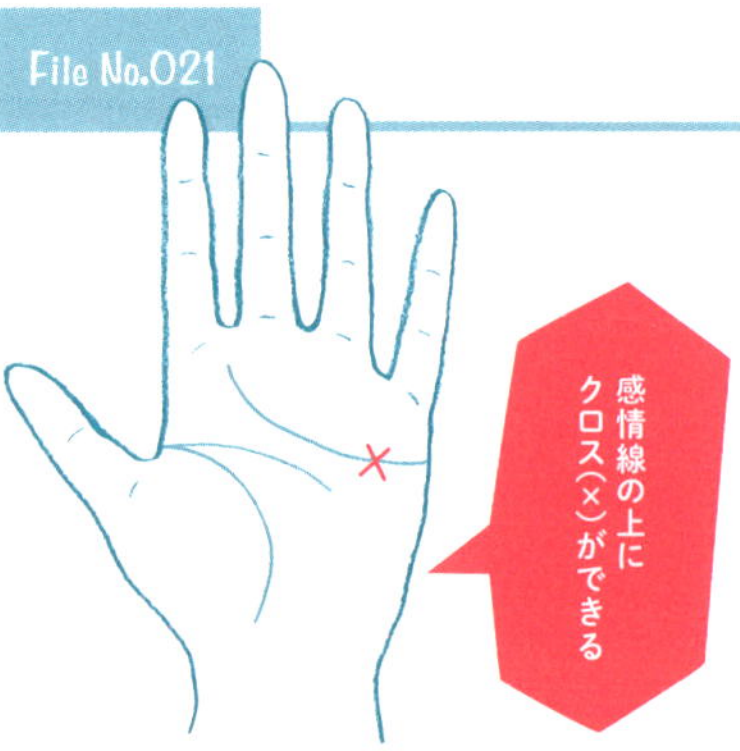
感情線の上に
クロス(×)ができる

厄介事に巻き込まれる!?

パートナーに何らかのトラブルが起こる可能性を知らせる線です。自分には何の非もないので、まさに「とばっちりだ！」と言いたくなるでしょう。思い当たることがあってもなくても、相手の動向に目を光らせて。ただしこの線は一時的なものなので、線が出ている間だけ気をつければOK。

File No.022

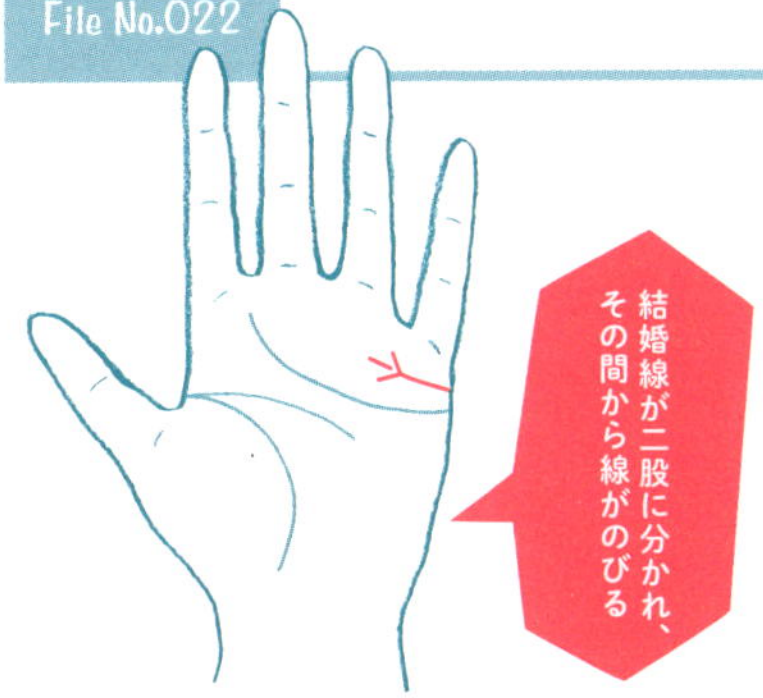
結婚線が二股に分かれ、その間から線がのびる

元さや線

まさか、あの時の恋人と……！

元恋人と結婚しやすい人に現れる線。今、婚活に悩んでいるのなら、元恋人とヨリを戻すことを視野に入れてもいいでしょう。あまり気乗りしないかもしれませんが、相手があなたからの連絡を待っている可能性も。一度、試練を乗り越えた2人なら、絆はさらに強まるに違いありません。

File No.023

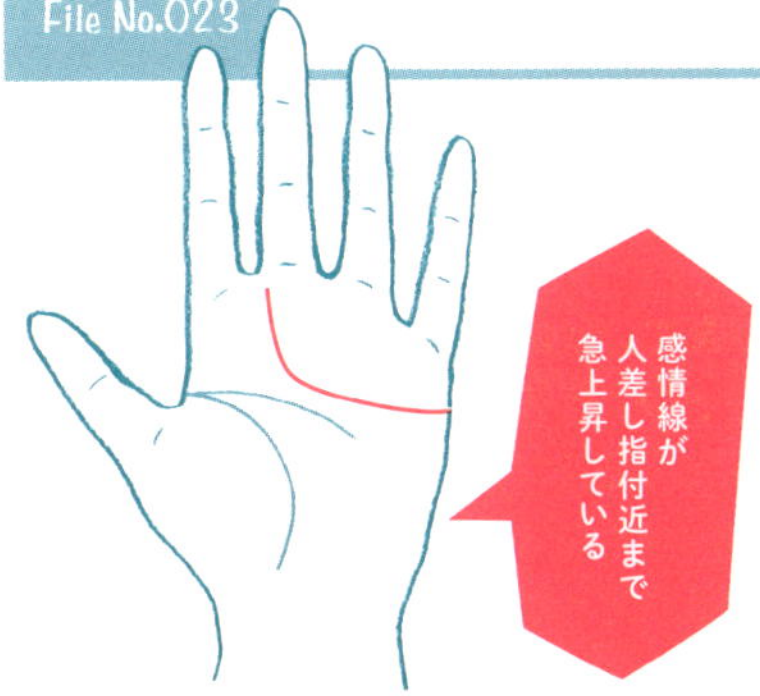
感情線が人差し指付近まで急上昇している

気づかい屋さん線

みんなの長所、引き出します！

周囲への気づかい力にあふれている人に出る線です。場の空気や相手の思いを読み取る力があり、TPOに合わせた振る舞いができます。自然な形で相手を立てることができるので、一緒にいる人はいい気分になってしまうでしょう。その力をうまく使えば、どこに行っても人気者に！

File No.024

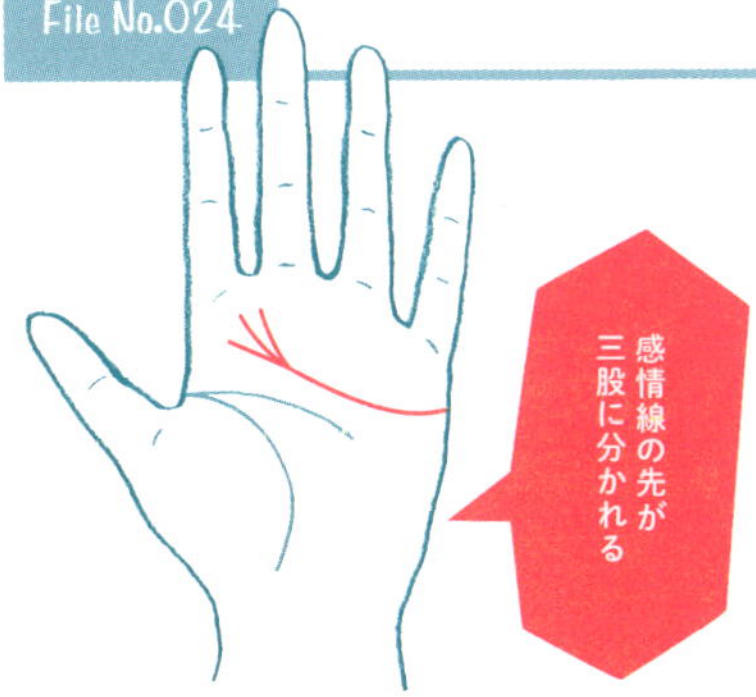
感情線の先が三股に分かれる

あげまん線

結婚相手の能力を引き上げる

いい妻になる素質がある人に現れる線です。夫を陰でサポートしたり、才能を引き出したりすることができます。その結果、出世につながり、リッチな暮らしができることも。この線の持ち主は、相手がどんな人でも有望株に育てることができるので、そこそこのいい人がいたら、サッと結婚してしまうのも手。

File No.025

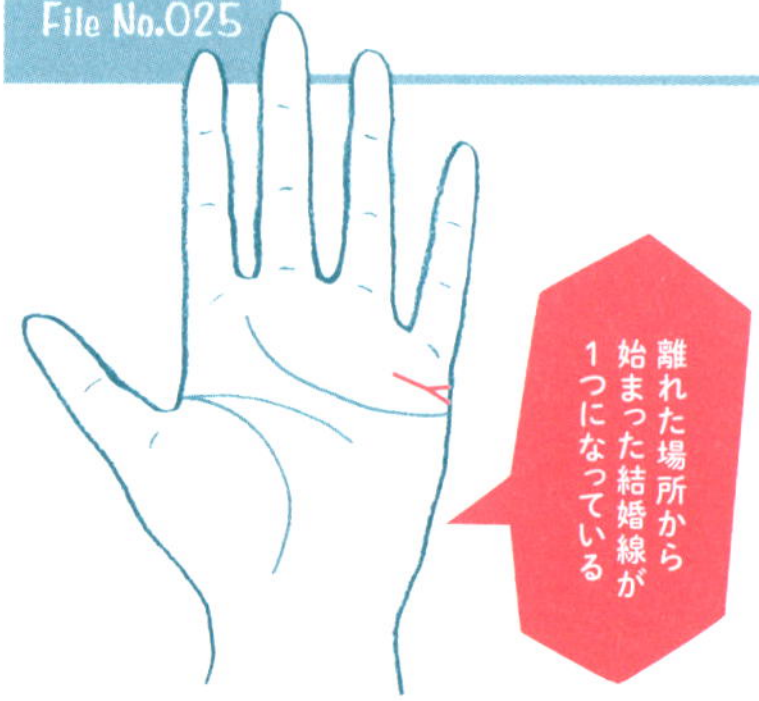

長い旅線

ゴールインまで少し長い道のり

交際してから結婚するまでに時間がかかる人に現れる線。このタイプの人は、なかなか結婚に踏み切れずにタイミングを逃してしまいがち。基本的に一途に相手を愛する人なので、勢いで結婚してしまっても幸せな結婚生活が待っています。もしも、相手からのプロポーズがないなら、あなたから言うのも◎。

File No.026

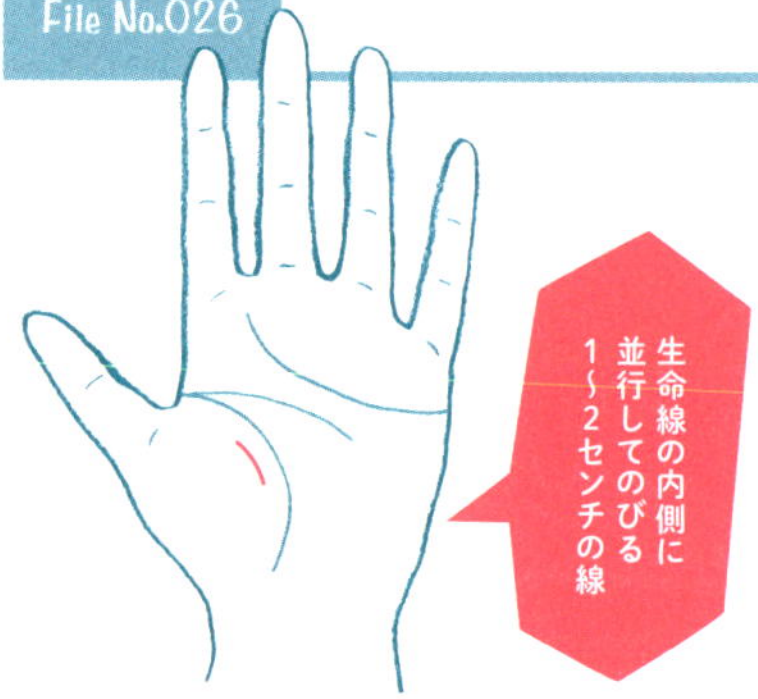

浮気線

コロコロと変化する恋心

別名〈1人じゃ満足できま線〉とも呼ばれています。恋をしている時のドキドキ感が大好きで、恋人がいても気になる異性が現れたらすぐに心変わりしてしまいそう。そのつかみどころのなさが魅力となっている一面もありますが、火遊びばかりしていると、いつか痛い目を見るので気をつけて。

File No.027

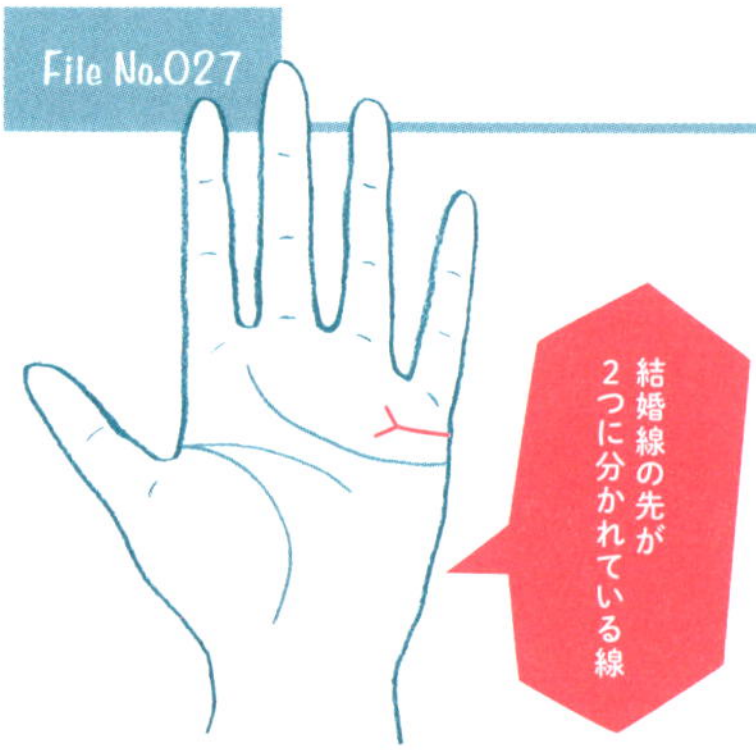

離婚線

相手を見極めるベストタイミング

パートナーとの別れが迫っている時に現れる線。何かしら問題があるのかも。別れを阻止したいなら、今すぐに話し合いを。でも現在の関係があなたにいい影響をもたらしていないのなら、ある意味「別れ時」ともいえます。この先もこの人と寄り添って生きるべきか、真剣に考えて！

File No.028

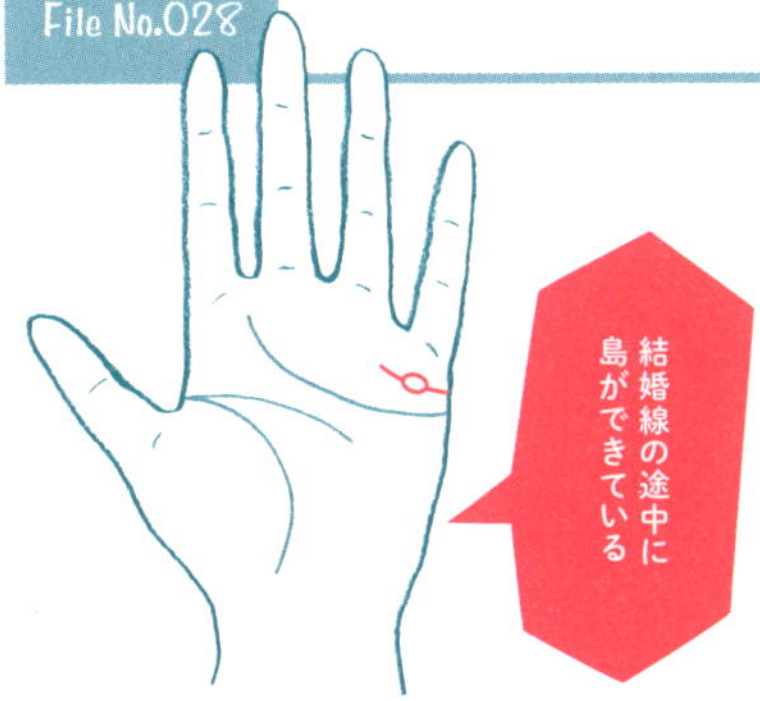
結婚線の途中に
島ができている

不倫線

内緒の恋は蜜の味……！

秘密の恋に惹かれやすい人に現れる線。別名〈タブー線〉とも呼ばれます。この線のある人は、不倫やアブノーマルな恋に走りやすい傾向が。結婚しているなら、ささいなきっかけで不倫関係を持ってしまうかも。パートナーがいない場合は、既婚者や恋人のいる人との関係に気をつけて。

File No.029

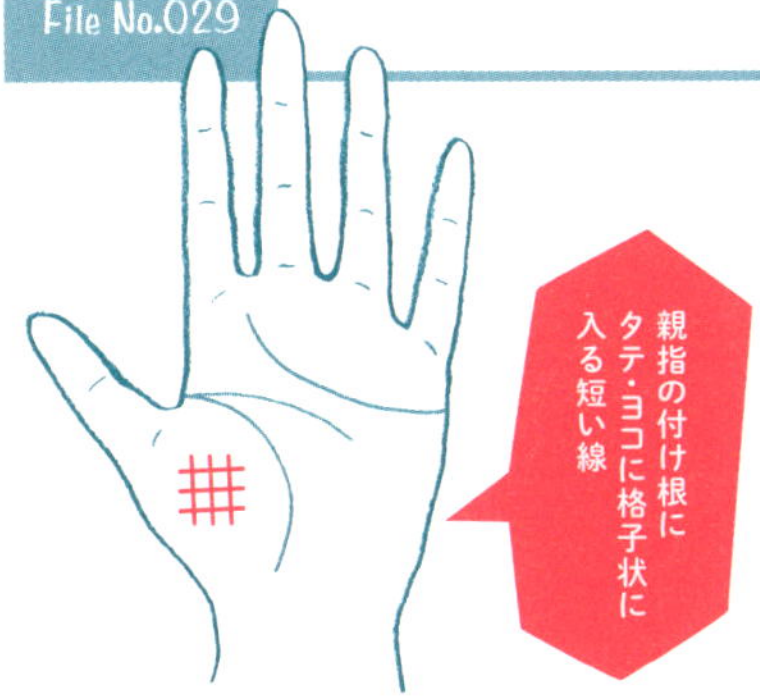
親指の付け根に
タテ・ヨコに格子状に
入る短い線

イケイケ線

今、来ている波に乗って！

「今、いい運が来ています！」という時に出る線です。婚期到来のサインであるだけでなく、転職や独立など、自ら動くことに関して絶好のチャンスであることを知らせています。幸せをつかみとるには「勢い」が大事な時があるものです。この線が出ている最中は、自分の決断に自信を持ち、冒険してOK。

File No.030

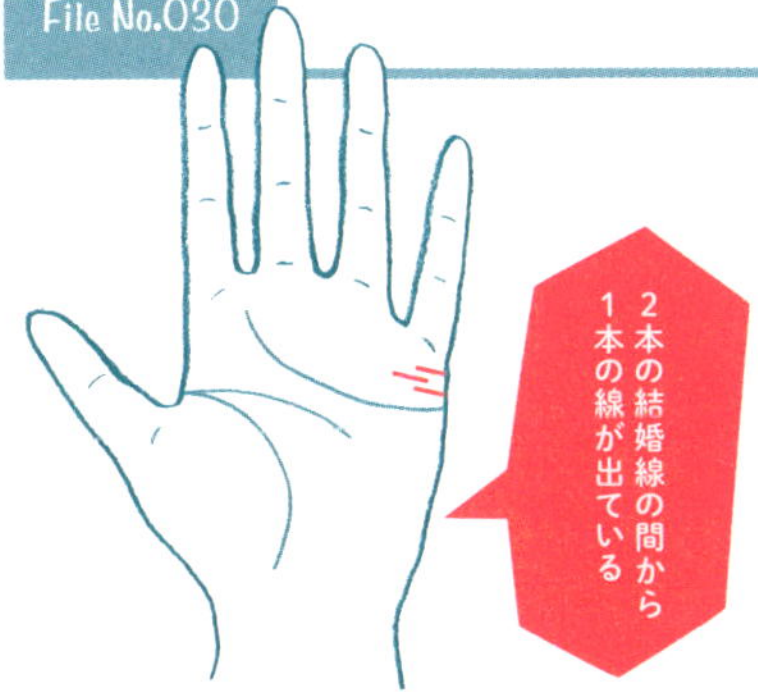
2本の結婚線の間から
1本の線が出ている

3つ巴《ともえ》線

複数の人からのプロポーズ！

何人もの異性からプロポーズされる!?　まさにお姫様状態を味わう可能性がある人が持つ線です。モテモテ気分を味わえますが、舞い上がって判断を誤らないよう、周囲の人に相談して、冷静に見極めたほうがよさそう。また特定のパートナーがいても異性に声をかけられやすいので、気を引き締めて！

File No.031

アナウンサー線

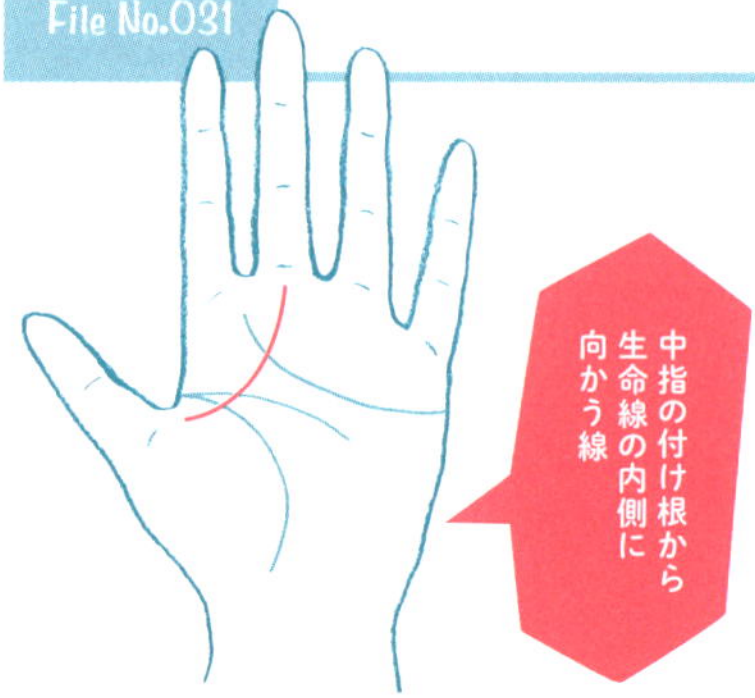
中指の付け根から
生命線の内側に
向かう線

巧みな話術で人々を魅了！

人を楽しませ、心をグッとつかむ会話力を持つ人に現れる線です。アナウンサーやお笑い芸人はこの線を持っていることが多いよう。「口下手だから……」なんて思わずに、自信を持ってどんどん話しましょう。スピーチやプレゼンなど人前で発言する機会を増やすほど、運気がアップしますよ！

File No.032

ライター線

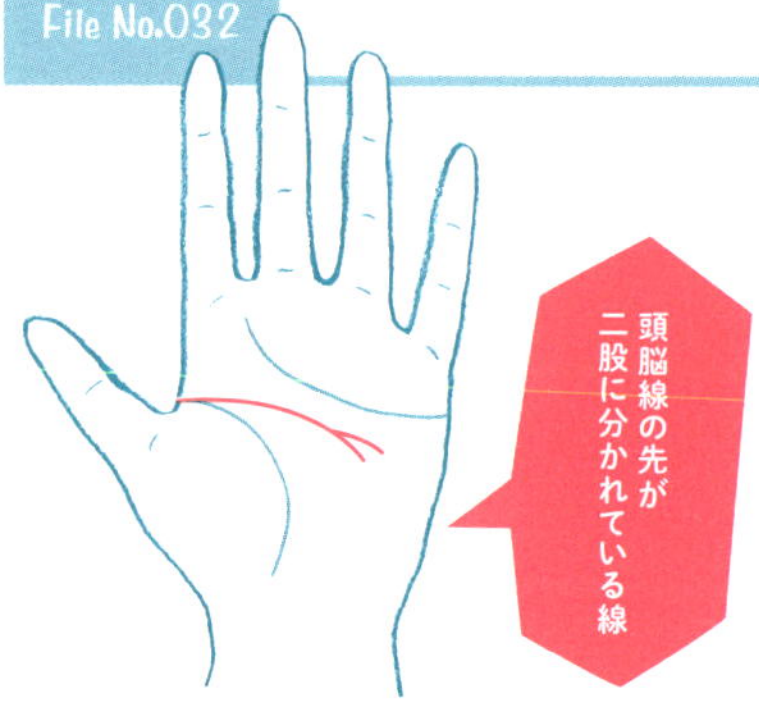
頭脳線の先が
二股に分かれている線

文章力で相手の心を動かす

別名〈作家線〉と呼ばれている線。この線を持つ人は、文章を書く力が優れているといわれています。この線があれば、文章によって人を魅了できるでしょう。まずは試しに、ブログやSNSなどで自分の書いた文章を発信してみて。大勢の人から評価してもらえれば、作家デビューも夢ではありません！

File No.033

実業家線

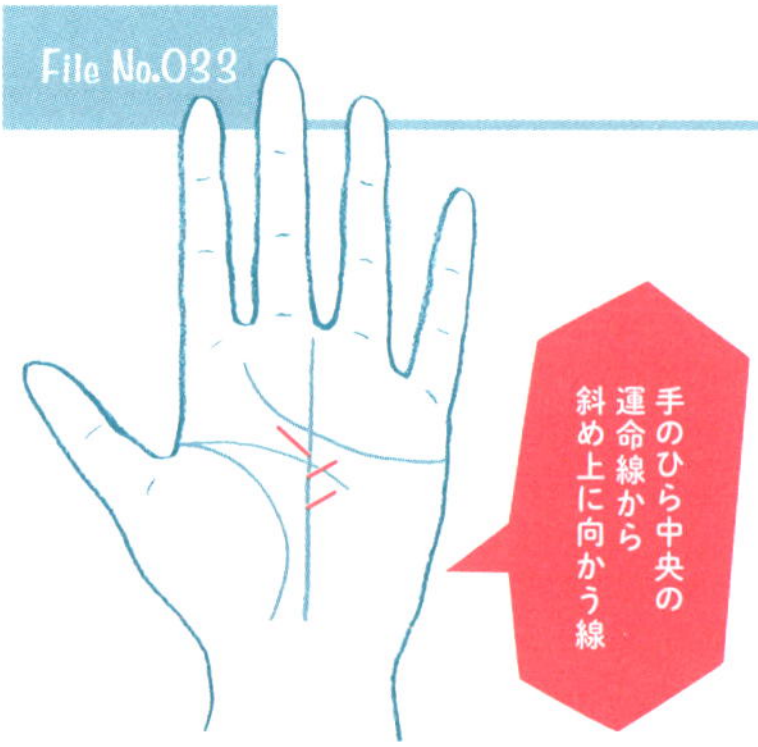
手のひら中央の
運命線から
斜め上に向かう線

ビジネスのプロフェッショナル！

仕事スキルや商売の才能に長けている人に現れる線。一代で財を成す社長やエリートサラリーマンに多いようです。大きなビジネスを手がけることで実力を発揮するタイプなので、目標は高ければ高いほどよし。攻めの姿勢でガンガン前進すれば、周囲から頼りにされること間違いなし！

File No.034

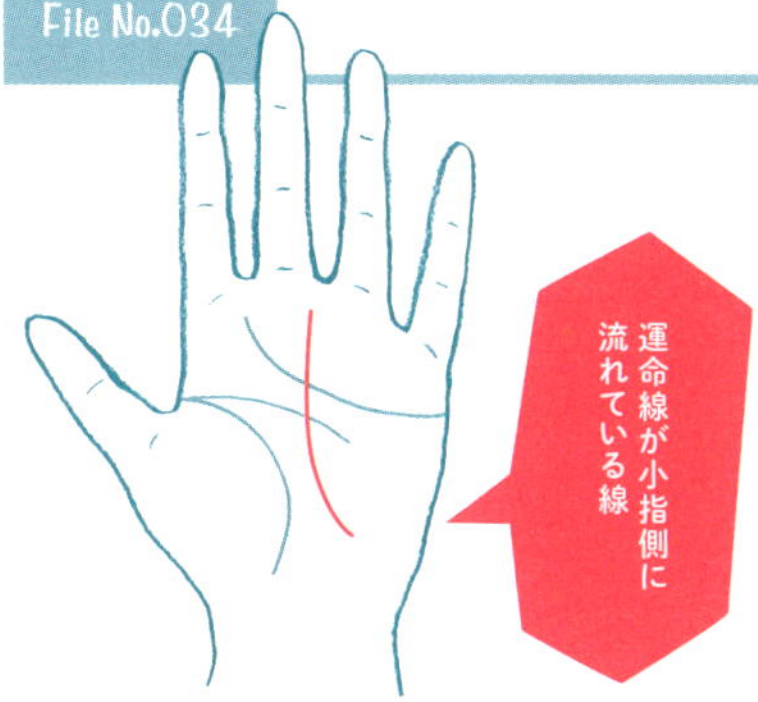
運命線が小指側に流れている線

タレント線

高い好感度で人気者に

芸能界ではよく見かける線。そもそも、芸能人は多くの人からの好感を得られないと成り立たない職業。そのため「人から好かれるための技術に長けた人」に現れやすい線ともいえます。大勢の人が集まる環境に身を置けば、自然と人気者になるはず。人との縁からチャンスがやってくることも。

File No.035

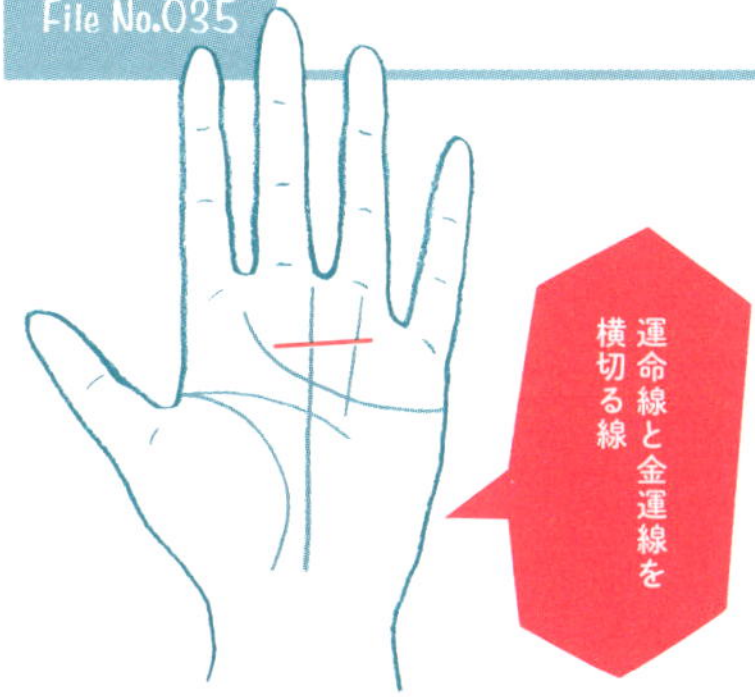
運命線と金運線を横切る線

不動産線

土地転がしの才能で勝ち組に

不動産関係の仕事で絶大な力を発揮する人に現れやすい線です。例えば、マンションやアパートを経営したり、不動産関連に投資をしてみたり……そうすることで大金をゲットできるかもしれませんよ。うまくいけば億万長者も夢ではありません！　今から、不動産に関する資格の勉強を始めてみては?

File No.036

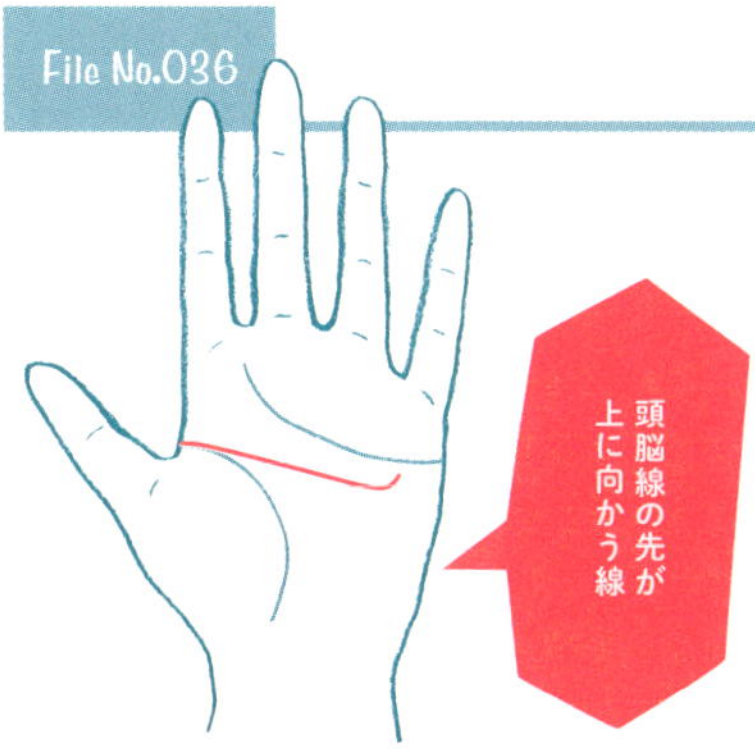
頭脳線の先が上に向かう線

商売人線

商売人魂でお金持ち！

何よりもお金の扱い方に長けているのが〈商売人線〉。持っているお金を増やす才能がある人によく現れます。銀行員や税理士などお金を扱う仕事は、まさしく天職といえます。投資や運用の知識を身につければ鬼に金棒！　その恵まれた才能を活かせば、お金持ちも夢じゃありませんよ。

File No.037

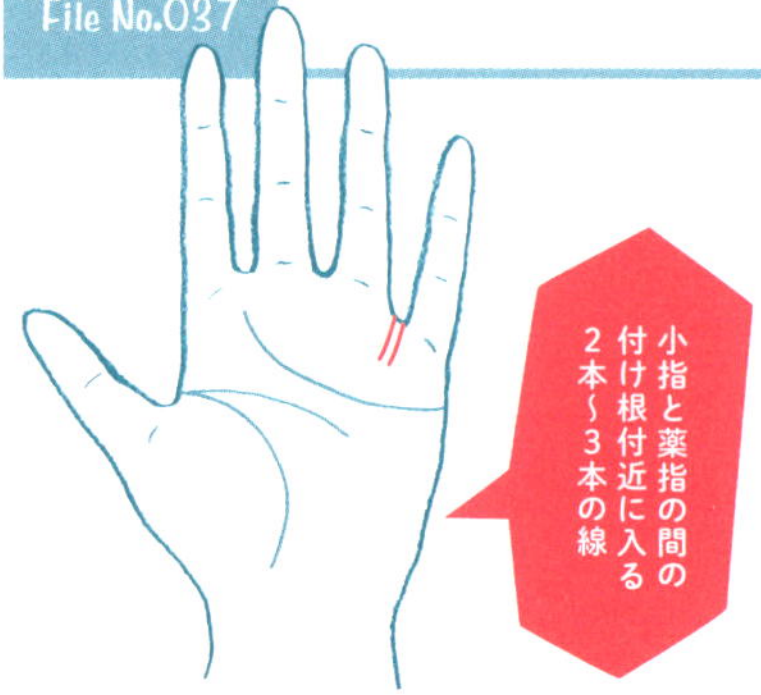
小指と薬指の間の付け根付近に入る2本～3本の線

ナイチンゲール線

奉仕精神で仕事に尽くす

人を癒やす能力がある人に現れる線。傷ついた相手を、温かい優しさで包み込むことができます。そのため、医療関係の仕事ならば、その力をフルに発揮できるはず。ボランティアも◎。また、別名〈マネージャー線〉とも呼ばれ、人を陰でサポートする仕事にも向いています。

File No.038

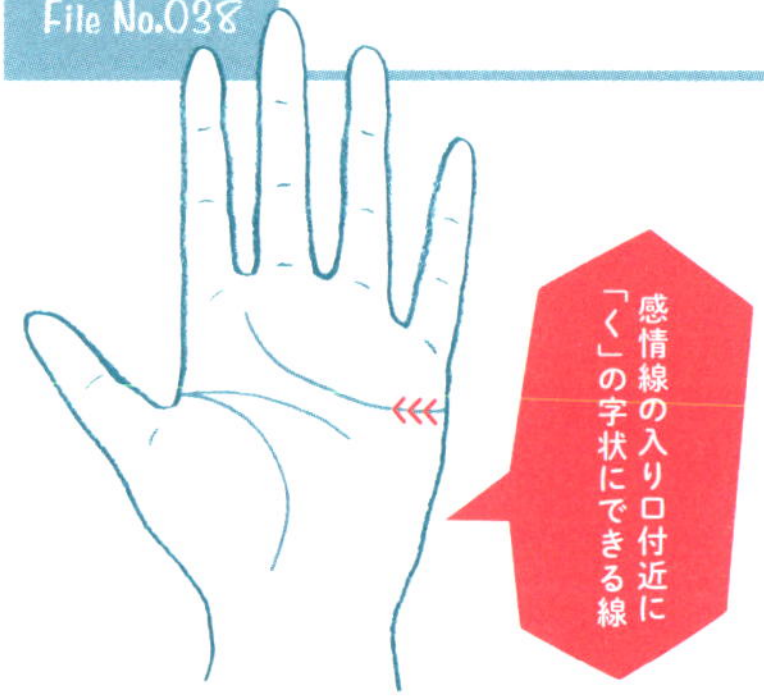
感情線の入り口付近に「く」の字状にできる線

ユーモア線

人を笑顔にする力あり！

ユーモアにあふれた人に多い線。活躍しているお笑い芸人によく出ていますね。張り詰めた空気を和やかにする冗談を言ったり、さりげなく気配りをして話を回したりすることができます。そのため、あちこちから引っ張りだこでしょう。営業職などは天職で、すぐに実績を作って出世できるはず！

File No.039

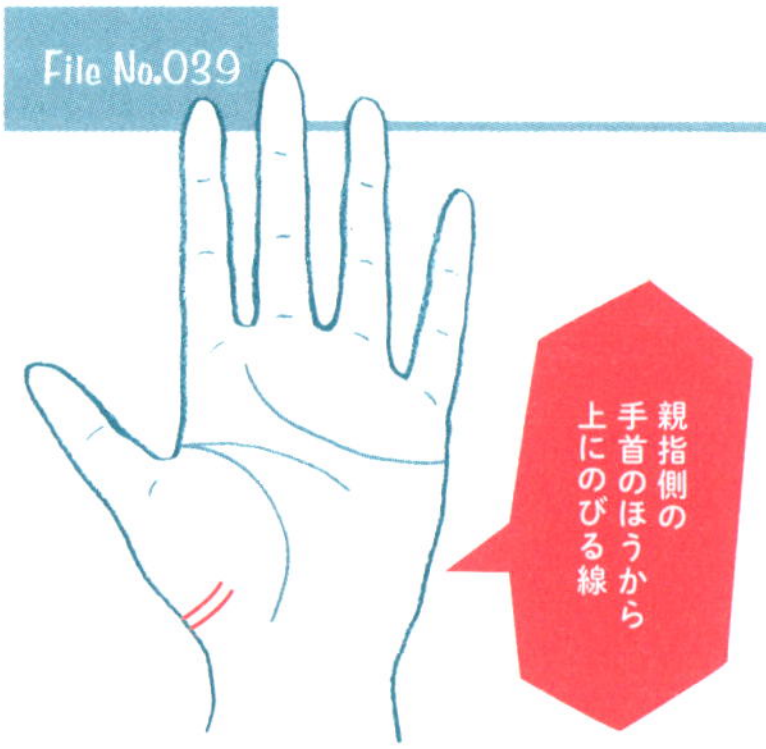
親指側の手首のほうから上にのびる線

カリスマ線

カリスマ的な存在感があふれる

周囲を引っ張っていくリーダータイプの人に現れる線。不思議と人を引き寄せるのは、ほかの人にはない魅力を兼ね備えているからでしょう。自分から歩み寄らずとも、気がつけば多くの人に慕われる、かなりお得なタイプといえそう。大勢のファンを作っておけば、困った時にサポートしてもらえるかも！

File No.040

ベンチャー線

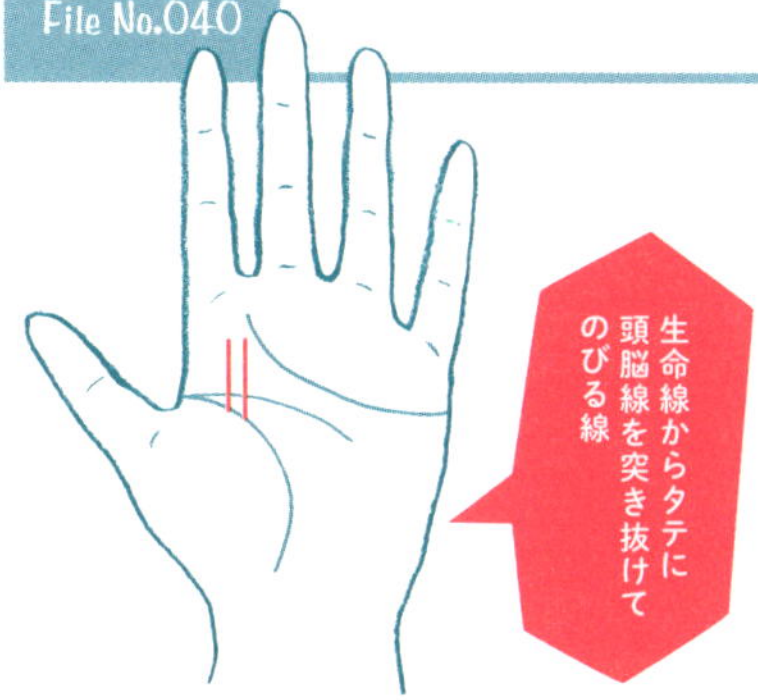
生命線からタテに
頭脳線を突き抜けて
のびる線

未知のことも恐れず突き進む

周りに何を言われようとも意志を貫く強さを持っている人に現れる線です。同時に、行動力やリーダーの資質も兼ね備えているため、あらゆる物事の「創始者」となる才能があります。努力するほど、深く、長く刻まれると言われているので、自分の頑張りがどのくらいかを、この線で確認してみて。

File No.041

仏眼

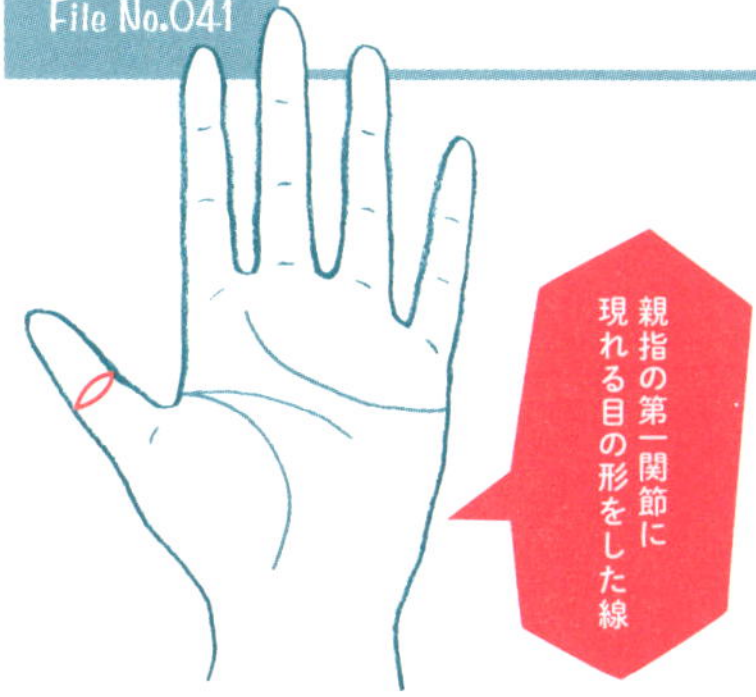
親指の第一関節に
現れる目の形をした線

あらゆるものを見てインプット

その神秘的な名前の通り、「目に見えないもの」を見る力を持っていることを表す線です。スピリチュアルな才能もあるでしょう。同時に、ずば抜けた記憶力の持ち主で、どんな小さなこともずっと覚えています。「人の顔を忘れない」「一度通った道はすぐに覚えられる」という特技も。

File No.042

スポーツ線

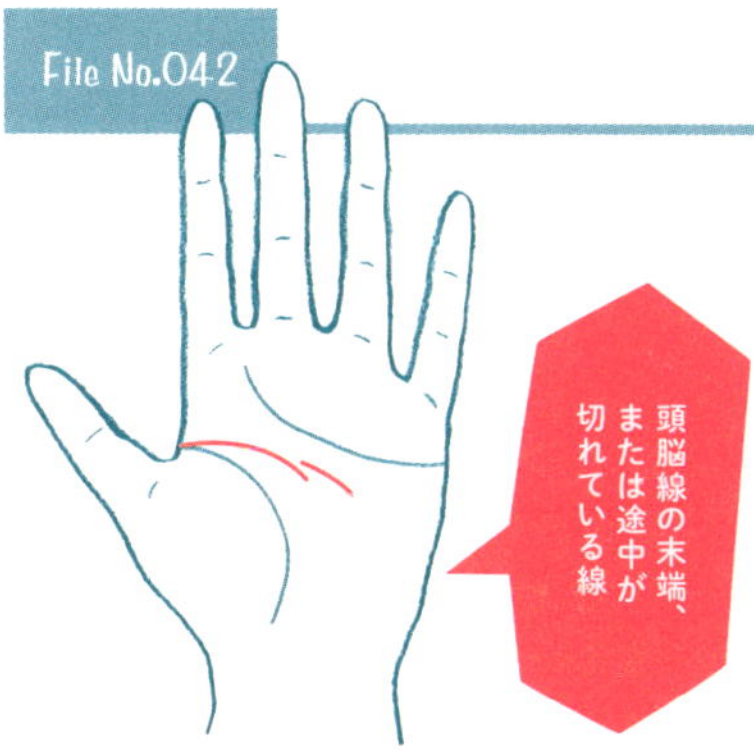
頭脳線の末端、
または途中が
切れている線

人並み外れた身体能力

運動神経が抜群の人に現れる線です。スポーツ選手にもよく見られ、身体を動かすことに充実感を覚えるでしょう。この線を持っているのに、何もスポーツをしていないなんてもったいない！ ぜひ何か１つ、始めてみてください。きっとすぐにハマるはず。むしろそちらが生きがいになるかも？

恋愛 結婚 仕事 お金 健康 将来、その他

File No.043

オタク線

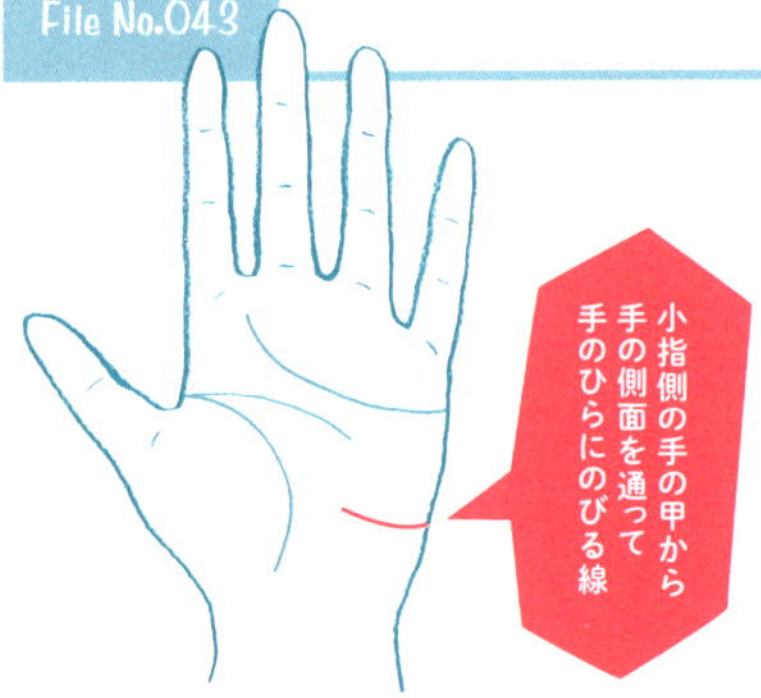
小指側の手の甲から
手の側面を通って
手のひらにのびる線

好きなことを極限まで究める！

とても探究心の強い人に現れる線。1つのことに興味を持つと、とことん掘り下げていきます。常人離れした集中力と知識量により、そのジャンルの専門家のようになることも。趣味の延長、もしくは自分が強く興味を抱ける分野に携われる仕事を選ぶと、めきめき頭角を現すでしょう。

File No.044

お助け十字

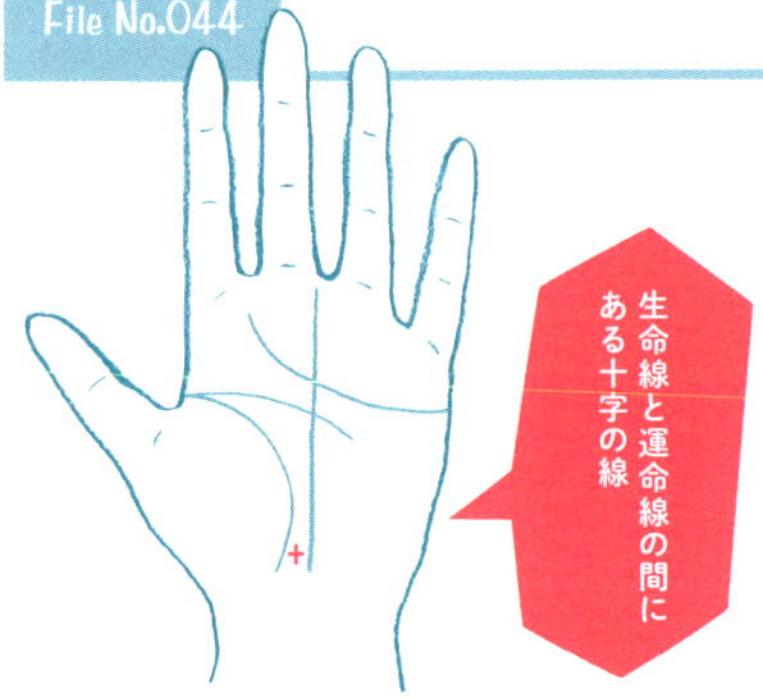
生命線と運命線の間に
ある十字の線

人の喜ぶ顔が生きがい！

周りの人を笑顔にする力を持つ人に現れる線です。サービス精神旺盛で、求められていることをサッと行動に移せるでしょう。人と接する仕事に就くと、高く評価されるはず。この線があるなら人目を気にするのはやめ、「やってあげたい」と思ったことを自信を持って行動に移して。きっと喜ばれます。

File No.045

ボランティア線

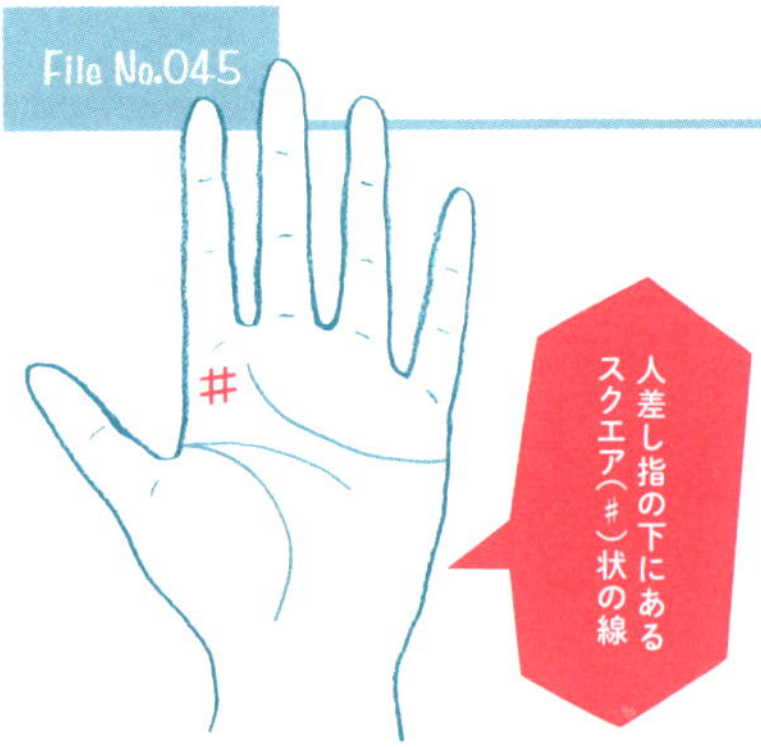
人差し指の下にある
スクエア(♯)状の線

困っている人を見過ごせない

電車で席を譲ったり、困っている人に手を差しのべるといったことをサッと行動に移せる人です。心の中に「世の中を平和にしたい」という純粋な理想があり、見返りを求めたりしません。その分、ルールを破る人には手厳しいですが、ぜひ信念を貫いて。きっと最高の充実感が得られるはず。

File No.046

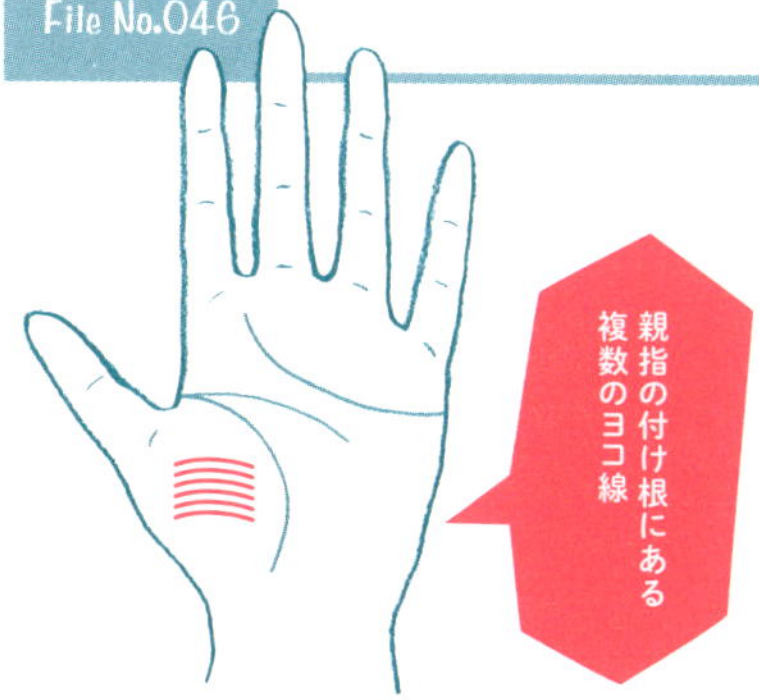
親指の付け根にある
複数のヨコ線

親分肌線

リーダー的な役割を担う

面倒見がよく、年下から慕われる人に多い線。別名〈愛情線〉とも呼ばれています。この線がある人は、仕切り上手なのでグループのリーダー的な役割を担うことが多いでしょう。また、人から相談を持ちかけられることも多々ありそう。懐の深さがとても魅力的に映っているはずです。

File No.047

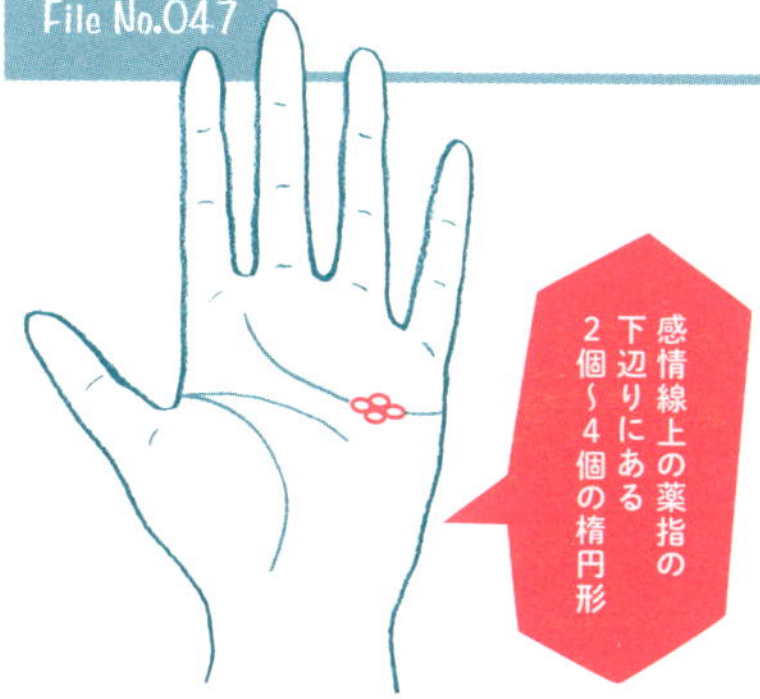
感情線上の薬指の
下辺りにある
2個～4個の楕円形

お見通し線

正しい答えを出す分析能力

物事の本質を見抜く力に優れている人に多い線。1つの答えにとらわれず、様々な角度から物事を見極めることができます。アイデアを具体的な形にして、利益を生むことが得意なので企画職は天職といえるでしょう。問題を解決する力にも優れているので、警察官や裁判官などの職業も◎です。

File No.048

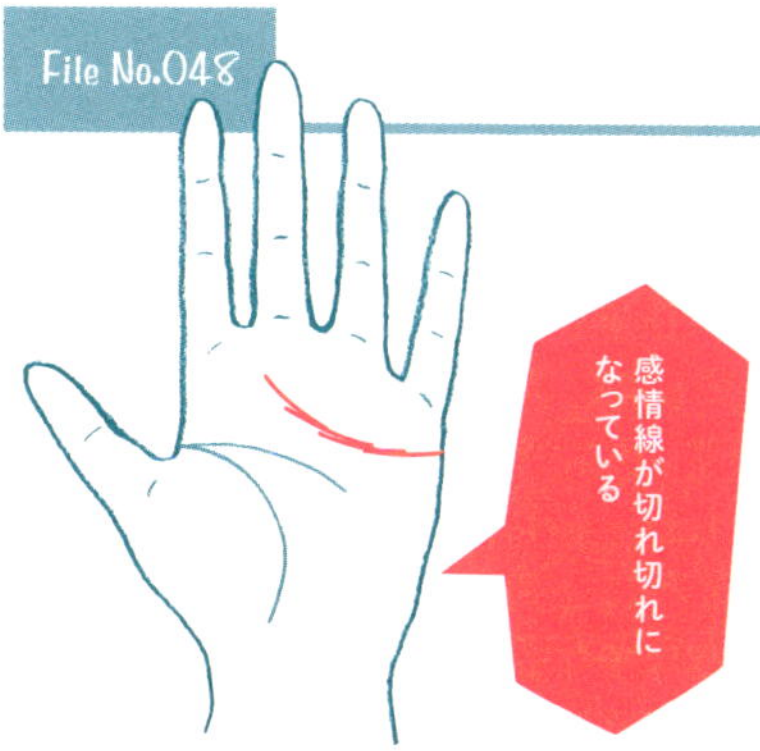
感情線が切れ切れに
なっている

好奇心旺盛線

いろいろなことに興味あり！

様々な分野に意識が向いていて、趣味の幅が広い人が持っているのがこの線。生活に刺激を求めており、同じような毎日を繰り返すことは耐えられません。できるだけ変化に富んだ仕事や環境を選ぶことが、長所を引き出し、成功するためのカギ。思いきって都会に引っ越すのも手です。

File No.049

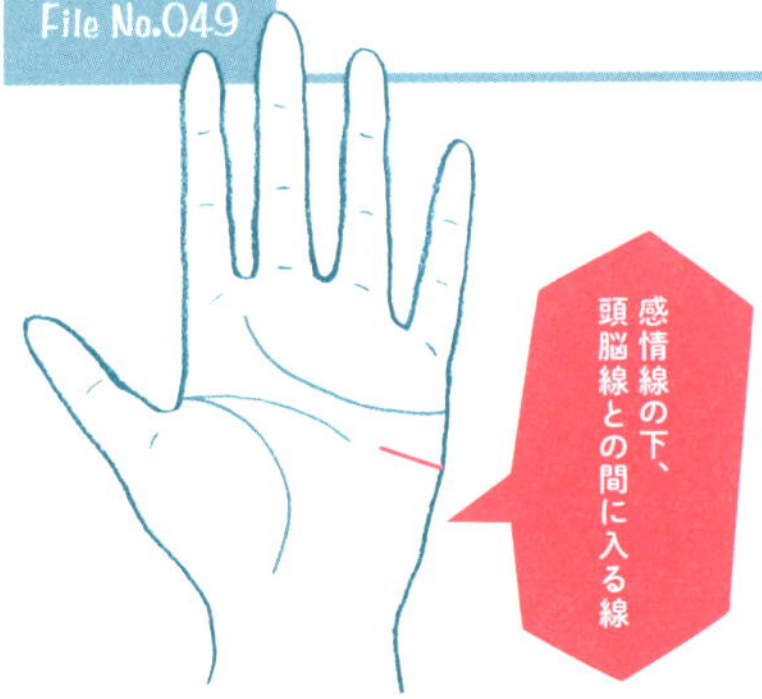
感情線の下、
頭脳線との間に入る線

あやまり（マ）線

自分の信念を貫き通す

高い理想を持つ人に現れる線です。自分が正しいと思ったことはとことん貫きますが、人に指図されたり、本意ではないことをさせられそうになると「NO」を突きつけます。たとえ年長者相手でも反抗するはず。ただし相手を追い込んでしまいがちなので、ほんの少しの情を忘れずに。

File No.050

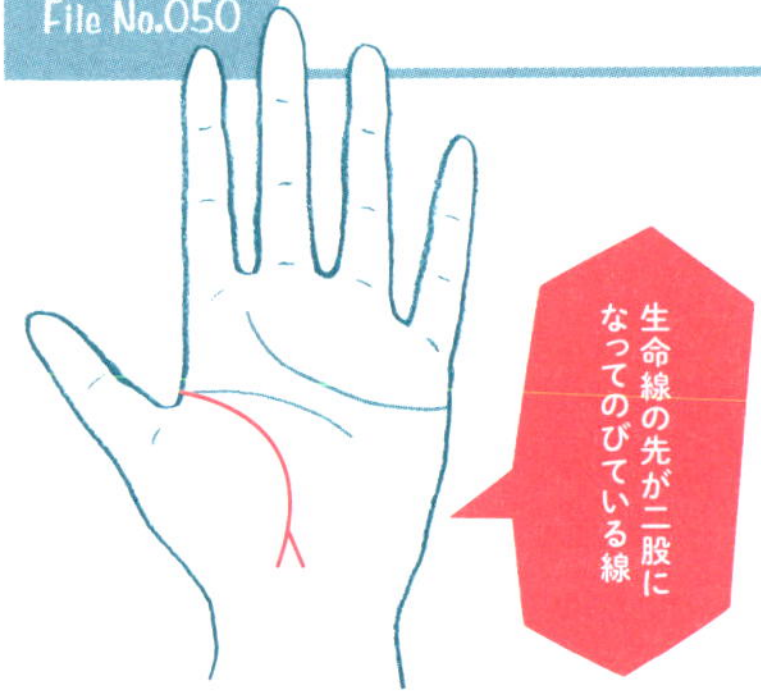
生命線の先が二股に
なってのびている線

イチロー線

遠く離れた場所で活躍する

家から離れれば離れるほど活躍できることを示す線です。生命線の上部から入って開きが大きくなるほど、旅の規模が大きくなるので、海外移住も視野に入れて。この線が小さい場合はただの「旅行好き」な場合も。またこの線が出ているなら旅行をするとラッキーなことがあるでしょう。

File No.051

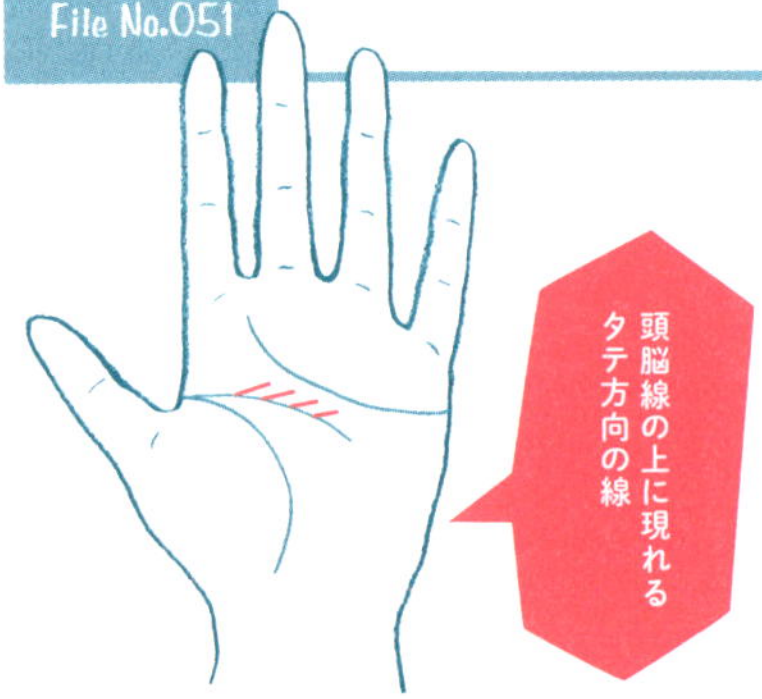
頭脳線の上に現れる
タテ方向の線

世渡り上手線

すぐ周囲と打ち解けられる

器用に仕事ができる人に現れる線。物覚えがとても早く、人とのコミュニケーションも上手です。どこに行っても活躍できる万能タイプでしょう。特に人間関係の潤滑油になることが多く、上司や先輩から好かれるはず。自分だけでなく皆がいい気分で働けるように心がけると、ますます運が上がりますよ！

File No.052

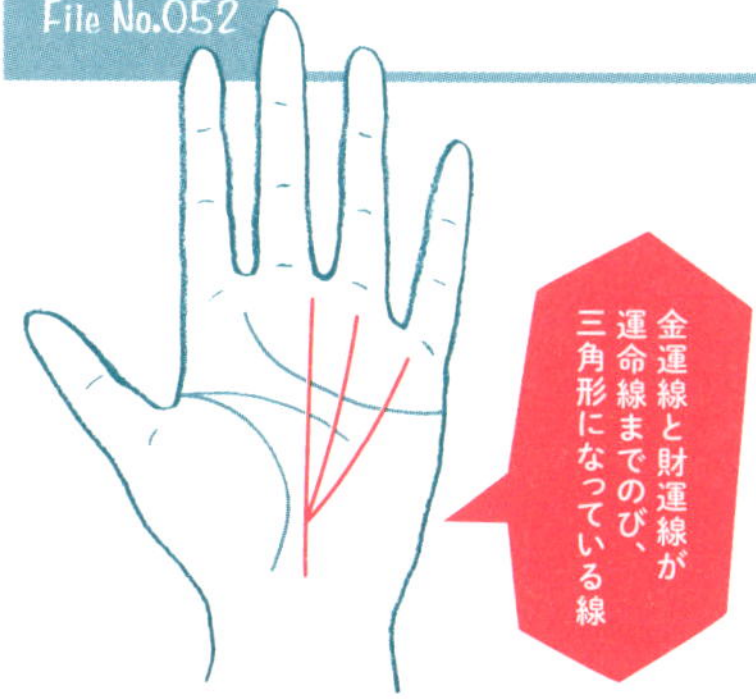
金運線と財運線が
運命線までのび、
三角形になっている線

覇王線

最強の金運の持ち主！

最強のお金持ち線といわれている線。「億万長者の相」ともいわれています。この線があればお金に困ることがなく、将来は安泰でしょう。もしも今、お金がなくても、いずれチャンスに恵まれるはずなので虎視眈々と機会をうかがって。今からビジネスプランを練っておいたほうがいいかも。

File No.053

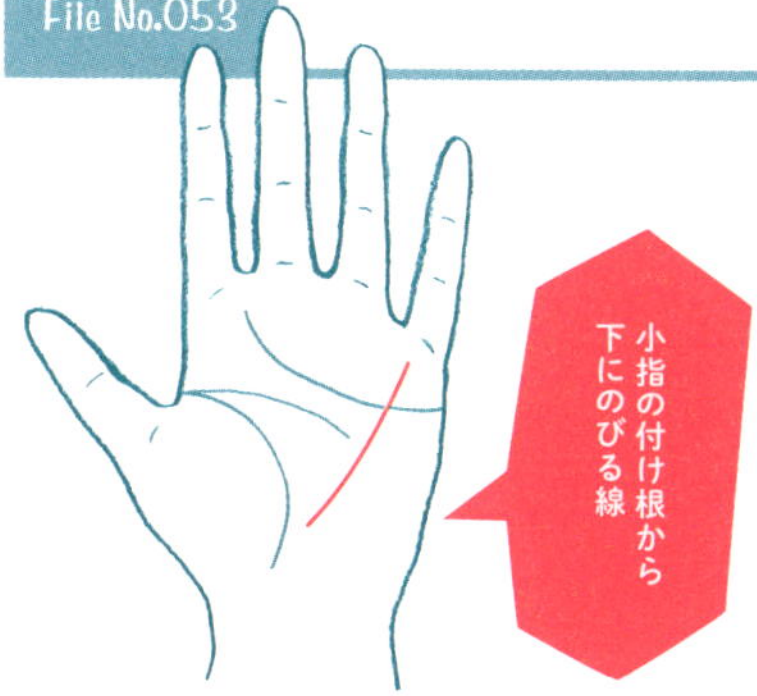
小指の付け根から
下にのびる線

財運線

コツコツとお金を貯めていける

お金を蓄える力に優れた人に現れる線。この線を持つ人は貯金をするのが上手。また運用の手腕もあるので、手堅い投資でどんどんお金を増やしていけるでしょう。年を重ねるにつれて濃くなるといわれているので、線が出ていない人も、お金のやりくりを工夫しているうちに出現するかも。

File No.054

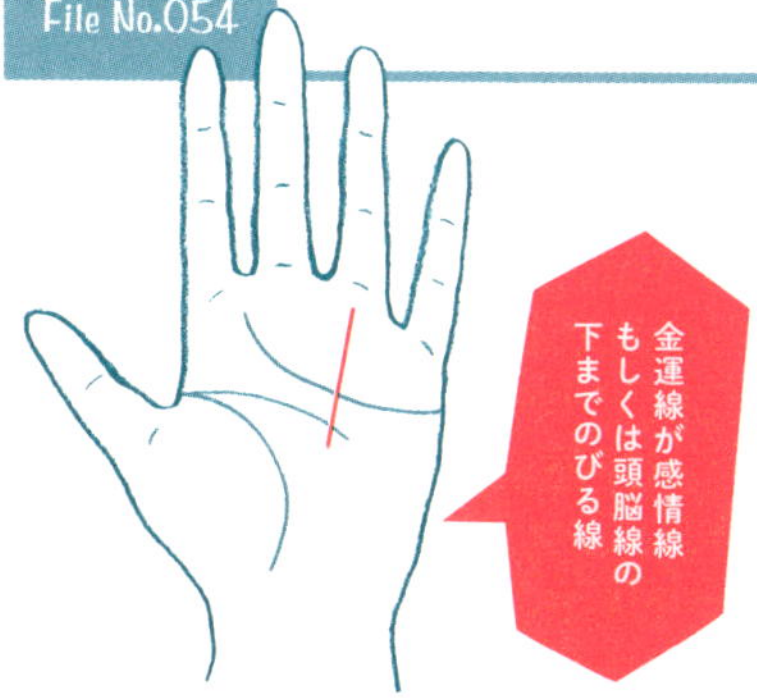
金運線が感情線
もしくは頭脳線の
下までのびる線

セレブ線

セレブ街道まっしぐら

強い金運がある人に現れる線。この線があれば、お金に恵まれやすく、普通の人以上の暮らしを送ることができます。また、金銭感覚にも優れていて、稼ぎ上手。そのため、順調にお金を蓄えていけるでしょう。ゴージャスそうな線の名前とは裏腹に、意外と質素な生活を好む一面も。

File No.055

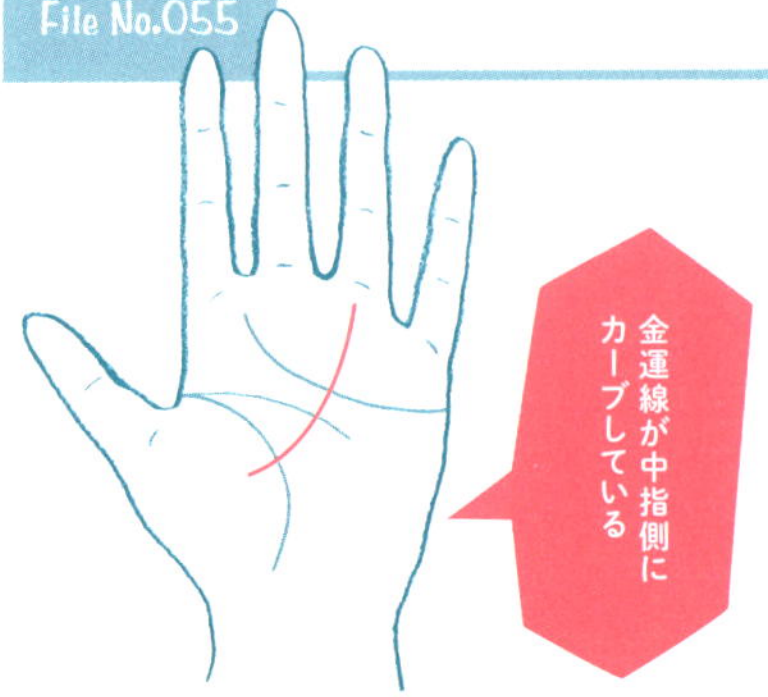

遺産線

受け継いだもので大金持ちに!?

この線がある人は、親からたくさんの有意義なものを受け継いでいます。親の資産、才能などによって、生涯、暮らしに困ることはなさそう。周囲から「あいつは親の七光り」だなんて言われたとしても、親から受け継いだものをありがたく有効活用することで、さらなるお金を稼いでいけるでしょう。

File No.056

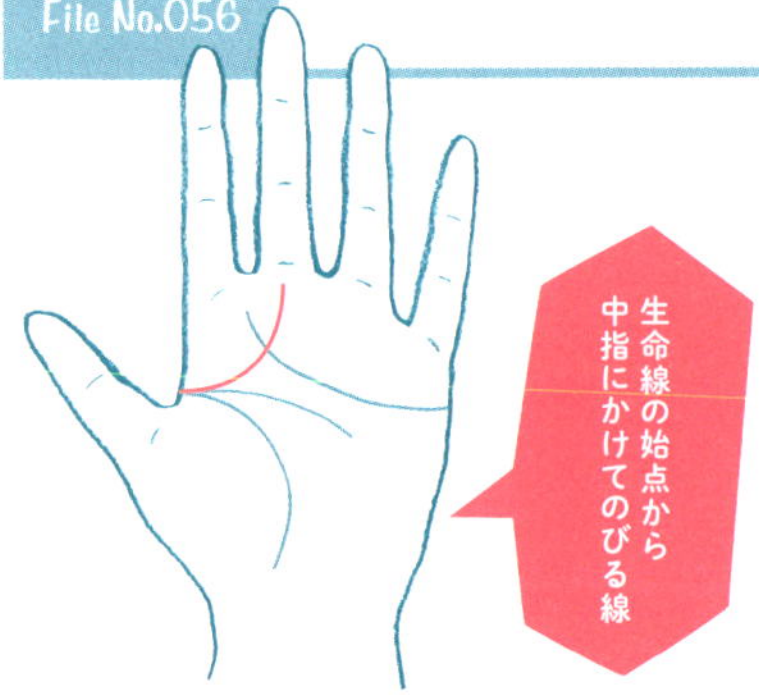

なりあがり線

なりあがりで人生急好転！

一気に運命が好転する時に現れる線。急に売れ始めるお笑い芸人にも多い線で、〈人生投げたらあきま線〉ともいいます。急に才能が開花したり、大きなチャンスが舞い込んだりします。この線がある時は、自分を信じて前進あるのみ！　きっと望んだ通りの成功を手に入れられるはずです。

File No.057

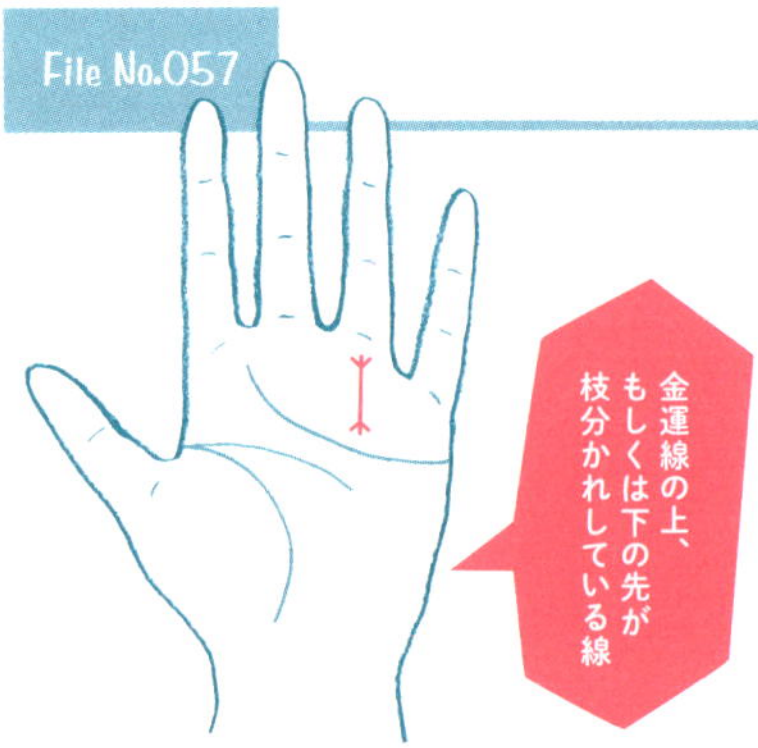

前途有望線

努力は決して裏切らない！

今までの努力が報われることを表す線。コツコツと築き上げてきたものが形になり、世間から認められることを暗示します。周囲からの評価も高まり、地位や名声も手に入れられるかも。それに伴い、お金もたくさん舞い込んでくるはず。今は厳しい状況だとしても、諦めずに取り組むことが大切です。

File No.058

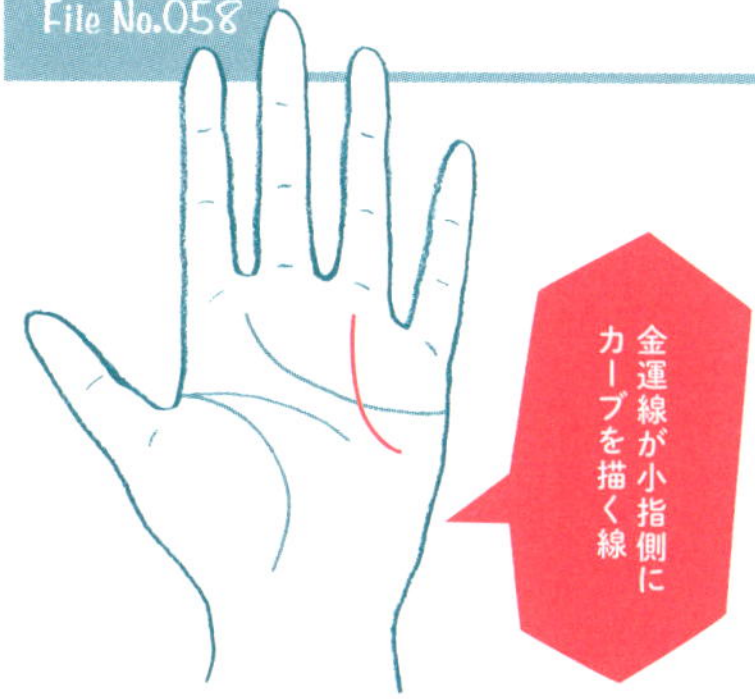
金運線が小指側にカーブを描く線

ビューティー線

センスでお金を引き寄せる

美的センスが高い人に現れる線。ヘアメイクやデザイナーに多い手相です。自分のセンスを活かせば、収入がアップするはず。もしも今、かけ離れた仕事をしているのなら転職を考えるのもあり。または、ハンドメイド作品などをネットで販売するのも◎。ファンがついて売れっ子作家になれるかも！

File No.059

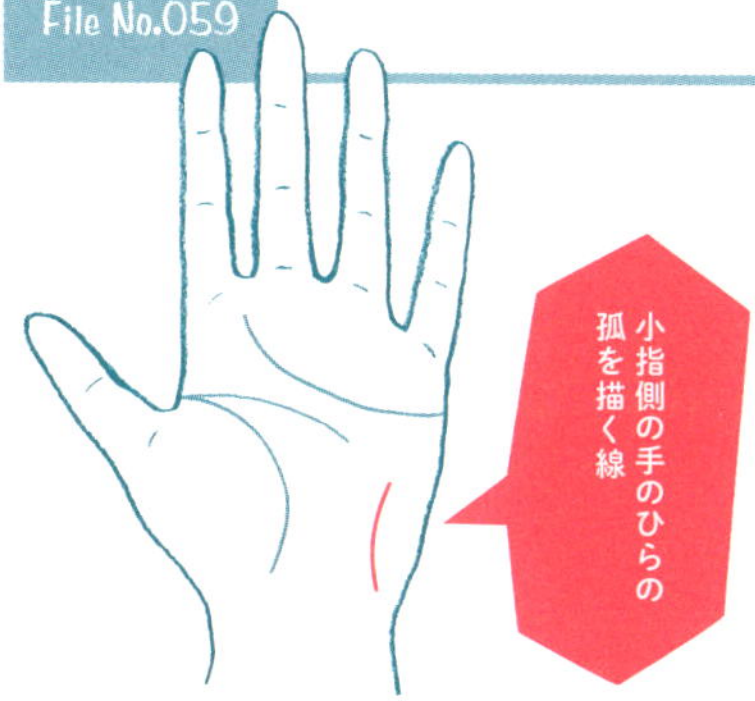
小指側の手のひらの孤を描く線

ギャンブル線

ピンときたら大当たり！

直感力に恵まれたギャンブラー気質の人に現れる線。ここぞという場面では運が味方をしてくれるので、ピンチに陥ることはほとんどないでしょう。また、ギャンブルで大勝することも多々ありそう。しかし、あまり大きな勝負に賭けてしまうと、大変なことになるので、くれぐれもご注意を……。

File No.060

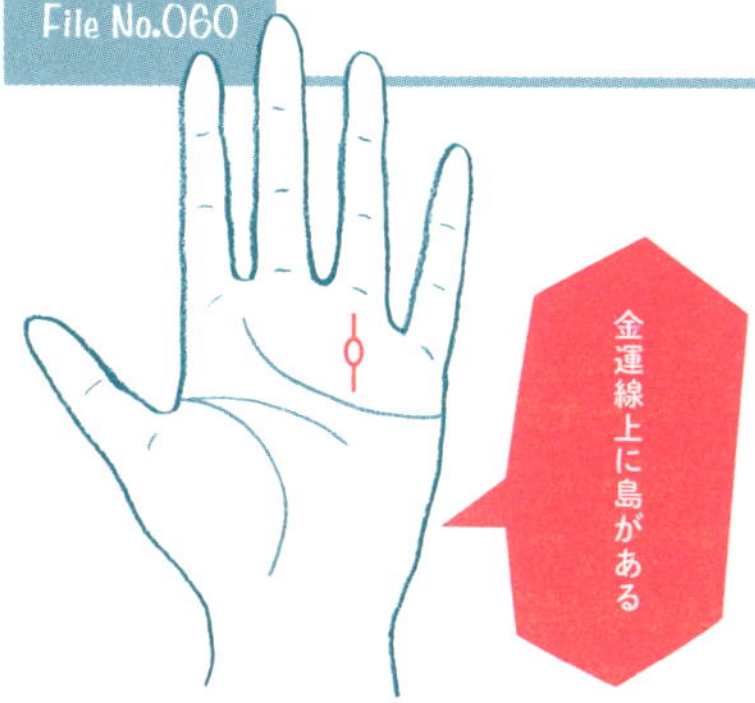
金運線上に島がある

トラブル線

金銭問題が接近中！

お金に関するトラブルの前兆を表す線です。財布を落としたり、貸したお金が返ってこなかったりするトラブルが発生するかもしれません。しかし、この線に気がつけばラッキーです！　意識的にお金に注意していればトラブルに巻き込まれることはありません。気づけば、線はなくなっているはず。

File No.061

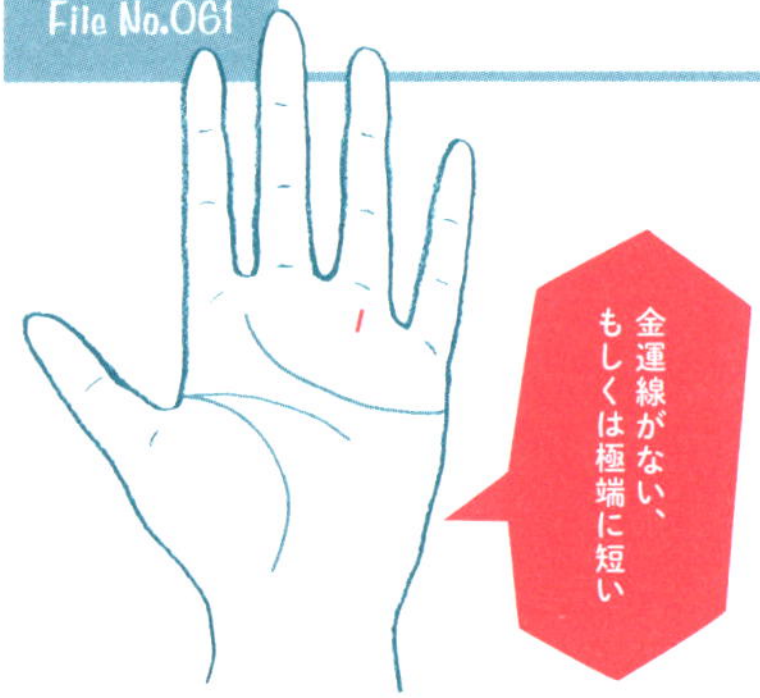
金運線がない、
もしくは極端に短い

夢追い人線

お金よりも夢の実現が優先

この線は「お金がなくても、夢さえあれば生きていける！」という人に現れます。アイドルやミュージシャン、芸人志望の人に多いでしょう。お金にならなくても、自分の好きなことをやりたいと望んでいます。生活に困ることはあるかもしれませんが、いずれその夢が実現する可能性も……。

File No.062

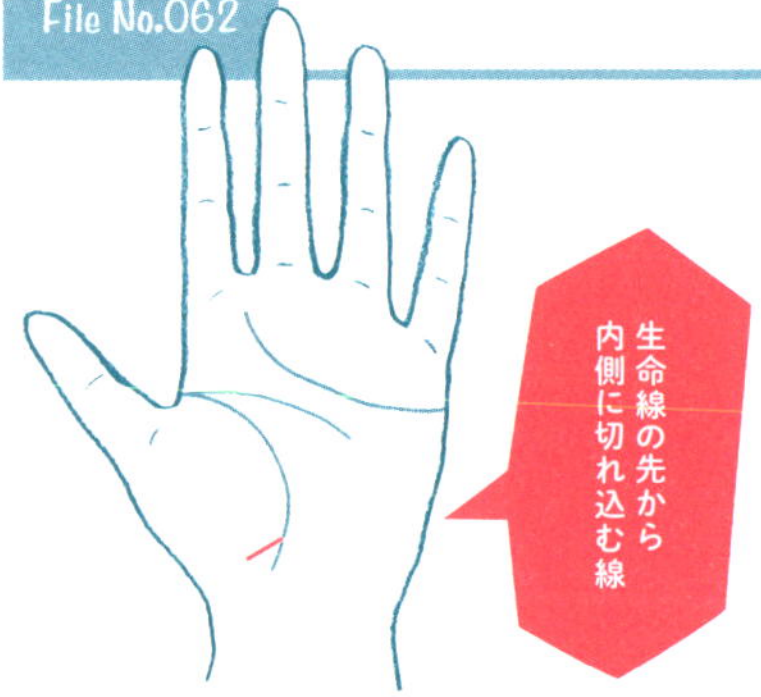
生命線の先から
内側に切れ込む線

スタミナ線

どんなハードワークもこなせる！

スタミナにあふれ、身体が丈夫な人に多い線です。仕事で徹夜をするくらいは朝めし前、体調を崩すことはほとんどないでしょう。はつらつとしているので、年齢よりも若く見られることも多そう。この線を持っているなら動かないと損！　人が躊躇する場面でこそ、1歩踏み出すようにして。

File No.063

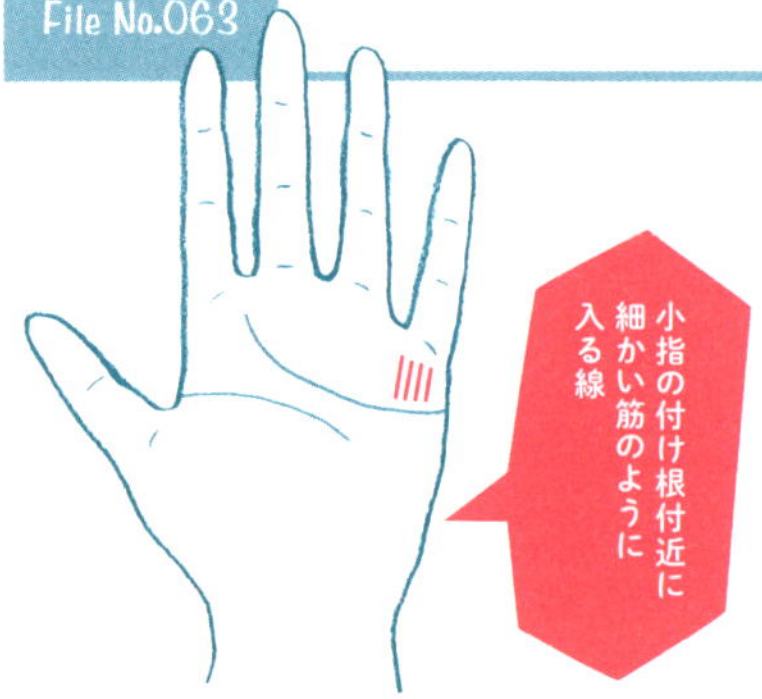
小指の付け根付近に
細かい筋のように
入る線

婦人科注意線

最近、どこか調子がおかしい？

ホルモンバランスを崩しがちな時に現れる線と言われています。肌荒れや生理不順などの悩みを抱えていませんか？　気持ちもイライラしがちかもしれません。こんな時は無理に何かをしようとせず、ゆっくり休養を取るのが第一。急ぎの仕事もとりあえず置いておいて、まずは自分を休ませて。

File No.064

バイタリティ線

手首に複数現れる線

常人以上のバイタリティ

手首の線は通常は1本〜2本といわれていますが、これが3本〜4本刻まれているのが〈バイタリティ線〉。生命力があって、かなり行動的なタイプ。病気にもかかりにくいはず。ただし鎖状になっていたり、切れ切れになっていたりする場合は、健康面で注意が必要なので、気をつけて！

File No.065

肝臓注意線

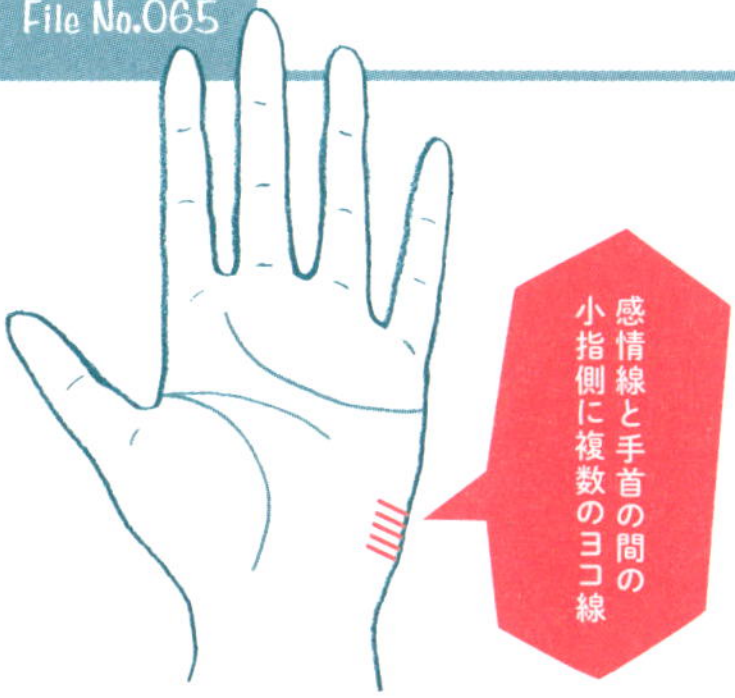
感情線と手首の間の
小指側に複数のヨコ線

一度お酒を飲んだら止まらない……

肝臓が疲れている時に現れる線です。別名〈お酒飲みすぎていま線？〉ともいわれ、ついつい大量のお酒を飲んでしまう人によく見られます。お酒好きなので周囲から頻繁に飲み会に誘われますが、あまり羽目を外すと後悔することに……。この線が出たら休肝日を設けるなど、自制を。

File No.066

脳・鼻・目注意線

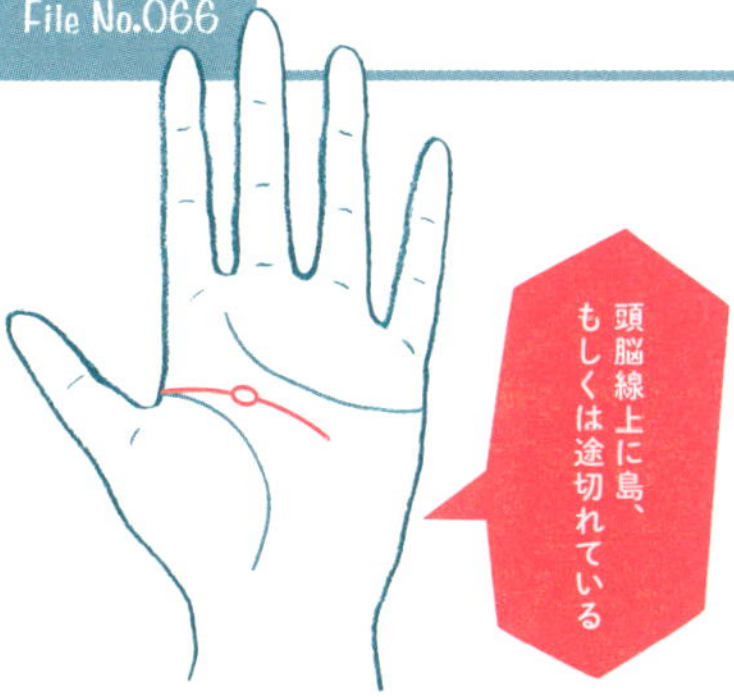
頭脳線上に島、
もしくは途切れている

目と頭の疲れはもう限界!?

別名〈パソコンやりすぎていま線？〉と呼ばれています。この線を持っている人は、IT系でパソコンを駆使している人に多め。仕事ができる人が多いのですが、身体をつい酷使してしまいがちです。特に目の疲れは、頭にも影響を及ぼすので、キリのいいところで休憩するなど工夫しましょう。

File No.067

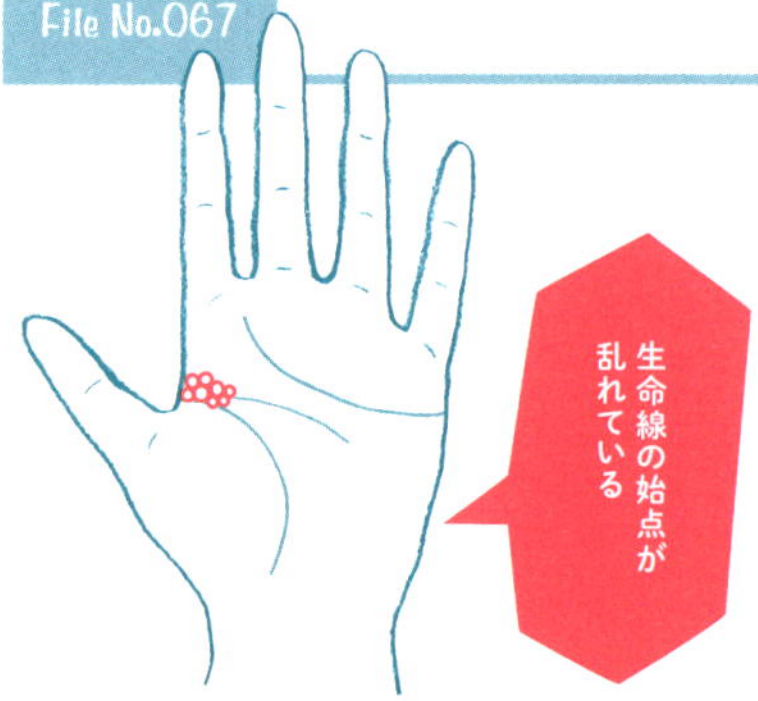
生命線の始点が
乱れている

呼吸器注意線

空気がきれいな場所に避難を！

呼吸器が疲れている人に多い線です。特に空気が汚れている都会などで生活している人、ヘビースモーカーにもよく見られます。休日は空気がきれいな大自然に足を運んだり、タバコを吸っているのなら本数を減らしたり。そうすることで、線の乱れはなくなっていくはずですよ！

File No.068

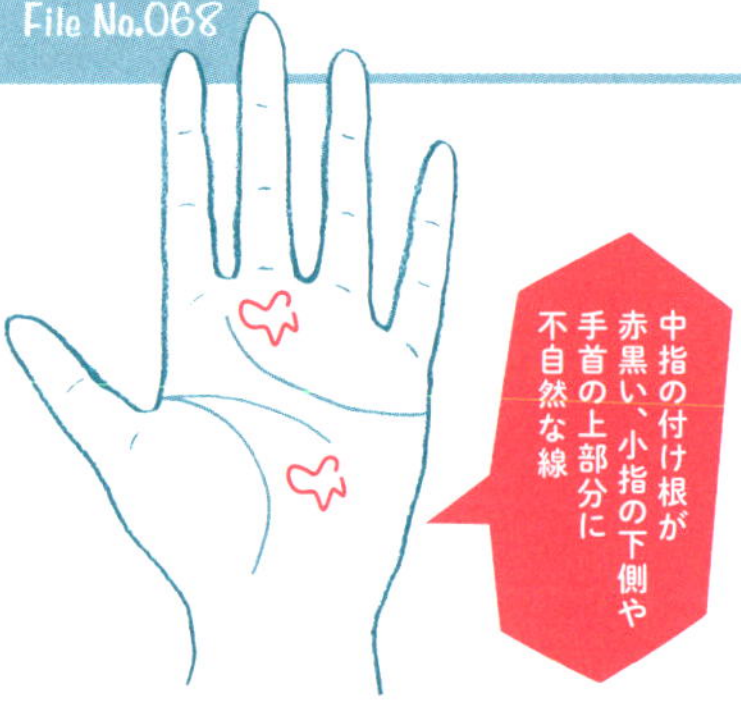
中指の付け根が
赤黒い、小指の下側や
手首の上部分に
不自然な線

災害線

来るべき災害に備えて……!!

災害に見舞われる前兆として現れる線。この線が出た時は要注意ですが、いつも以上に気をつけることで無事に災害を回避できるということでもあります。緊急時の保存食を用意しておいたり、海や山などのレジャーを控えたり。また、地震や台風などの情報にも敏感になっておきましょう。

File No.069

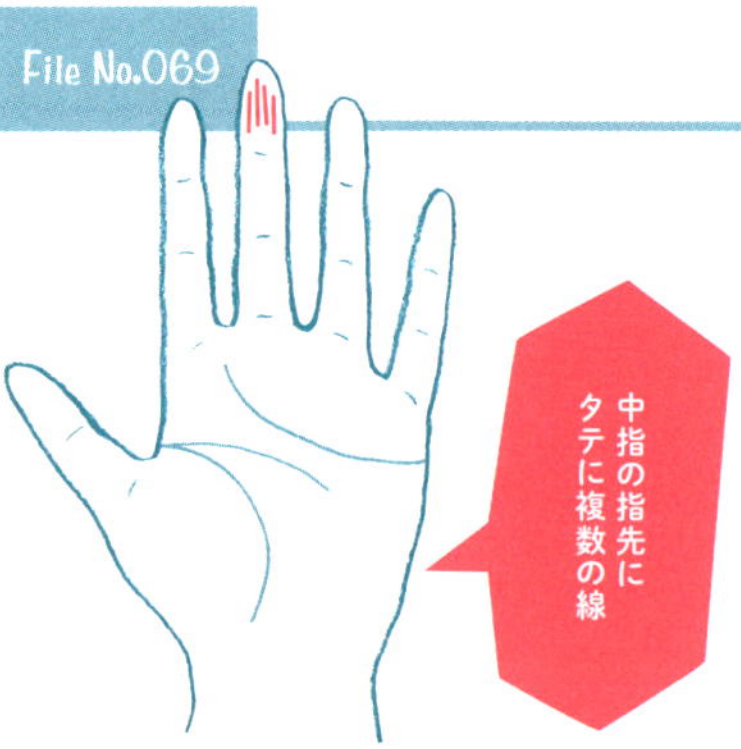
中指の指先に
タテに複数の線

崖っぷち線

心のリフレッシュが最優先

精神的に参っている時に現れやすい線。今は仕事や人間関係に追いつめられているかもしれません。このまま放っておくと、立ち直るのが大変になりそう。しっかり休みを取って身体をリラックスさせたり、家族や友人と旅行して気分転換したり。それにより、心がスッと楽になっていくでしょう。

File No.070

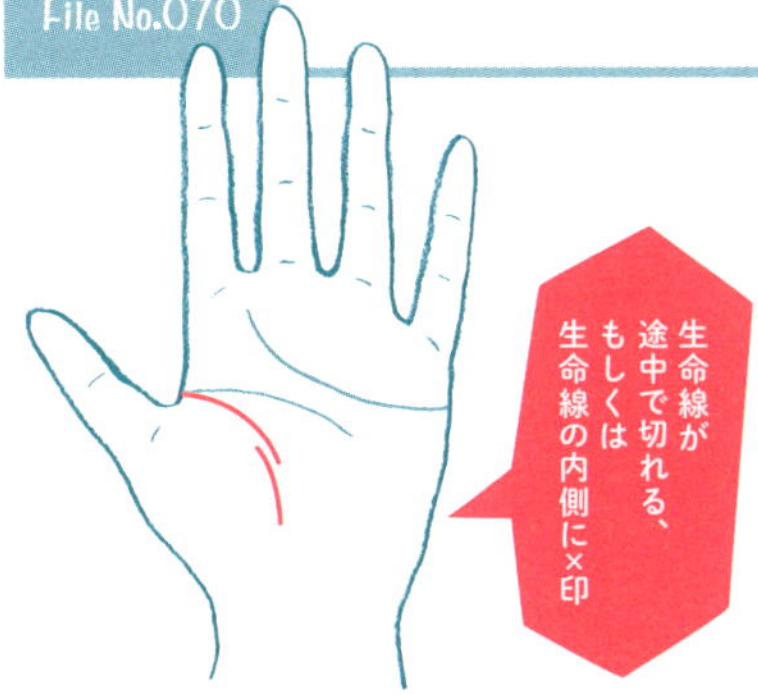
生命線が
途中で切れる、
もしくは
生命線の内側に×印

ケガ・事故注意線

思いがけないアクシデント

注意力が散漫になりやすい人に現れる線。そのため、ケガや事故に遭いやすいといえます。特に交通事故には要注意！ よそ見をして運転したり、歩きスマホをしたりといった「ながら行為」は避けるべき。いつもより時間に余裕を持って行動するなど、自衛すればこの時期を乗り切ることができるはず。

File No.071

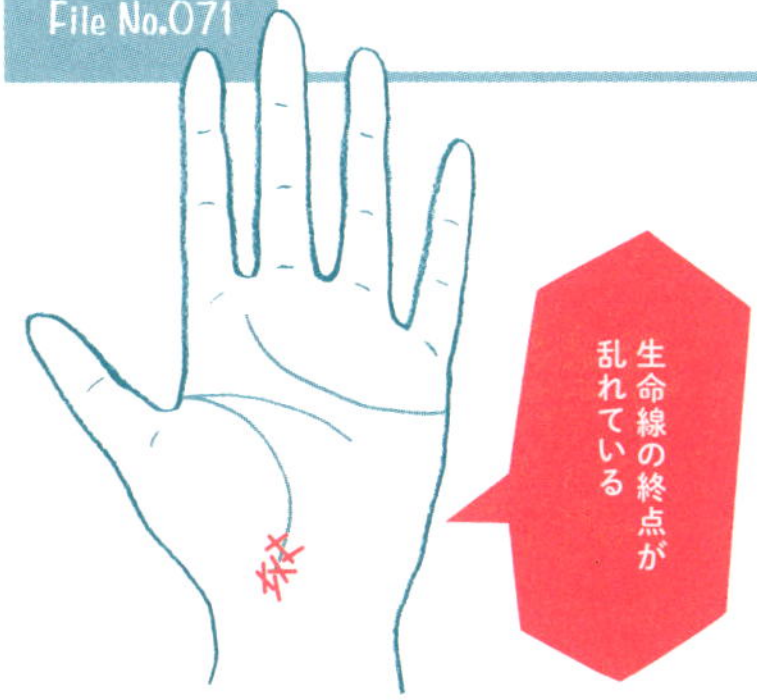
生命線の終点が
乱れている

消化器注意線

おいしいものを食べすぎ!?

胃や腸などの消化器が疲れている時に現れる線。おいしいものが大好きなグルメの人に多く見られます。幸せそうに食べるので、周囲にご馳走されることも多いでしょう。もしかすると、食べすぎや飲みすぎになっていませんか？ 腹八分に抑える、消化のいいものを食べるなど、身体をいたわって。

File No.072

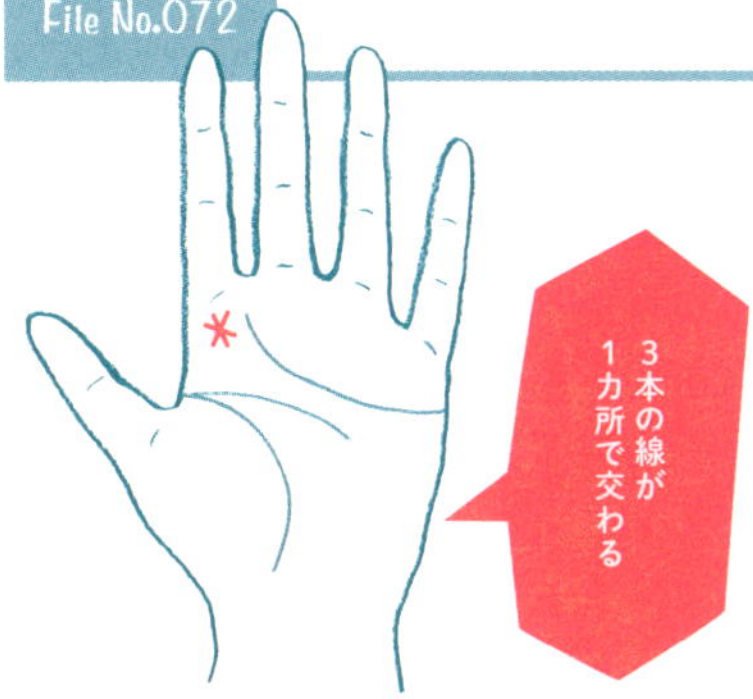
3本の線が
1カ所で交わる

★ スター

最高のラッキーがあなたに

とてもラッキーな状態の時に現れるマーク。生きているうちに数回しか現れないといわれています。また、現れても数週間で消えてしまうとも。このマークが現れた時は、「大チャンス！」なので、日常生活の出来事に敏感になってください。ひょんなきっかけから幸運を手にできる可能性がありますよ！

恋愛　結婚　仕事　お金　健康　★将来、その他

File No.073

★トライアングル

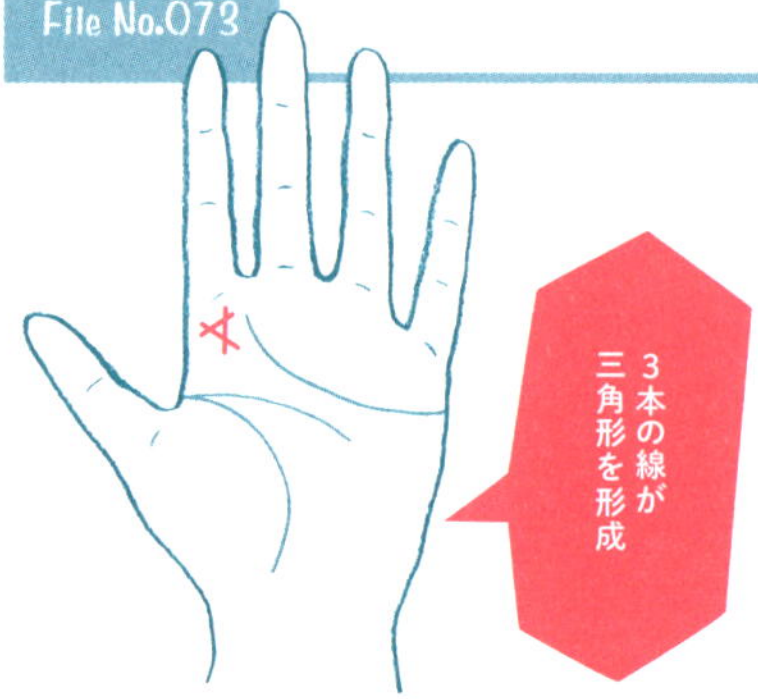

そろそろラッキーが訪れそう

〈スター〉になりかけの線です。少し時間がたてば、幸運が訪れることを暗示しているので、今から心の準備をしておいて。夢を叶えるために行動を起こすなど将来に向けて具体的なプランを練るのも◎。願いが叶った時、手のひらを見ると〈トライアングル〉が〈スター〉に変化しているかも！

File No.074

★ソロモンの環

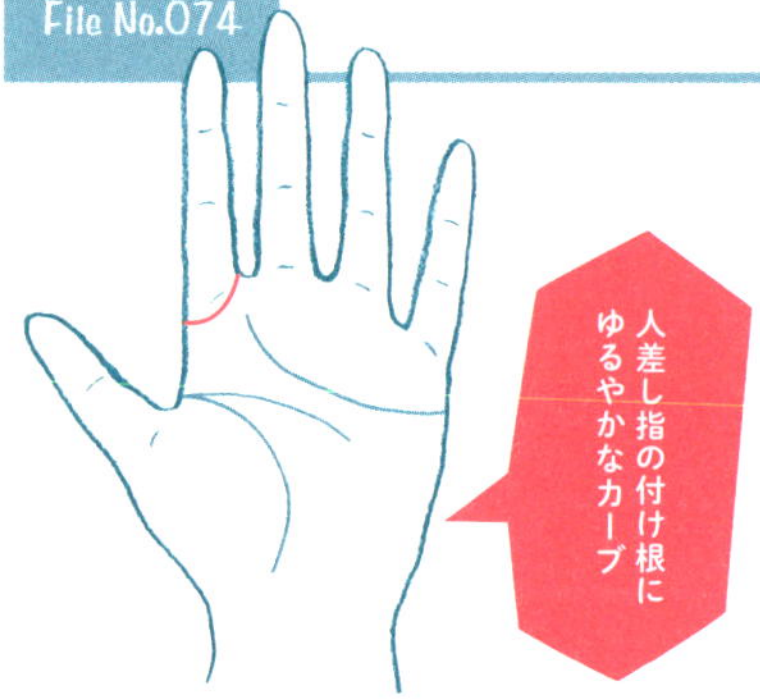

幸運の訪れの合図

とても珍しいといわれている、幸せの訪れを表す線。強力なエネルギーを持っているので、どんなことにも邪魔されず、スムーズに進んでいくはず。仕事、恋愛、結婚、お金などで困ることもなさそうです。また、〈ソロモンの環〉が複数本あれば、思い描いた夢はほとんど叶う強運の時期とも。

File No.075

★ソロモンの星

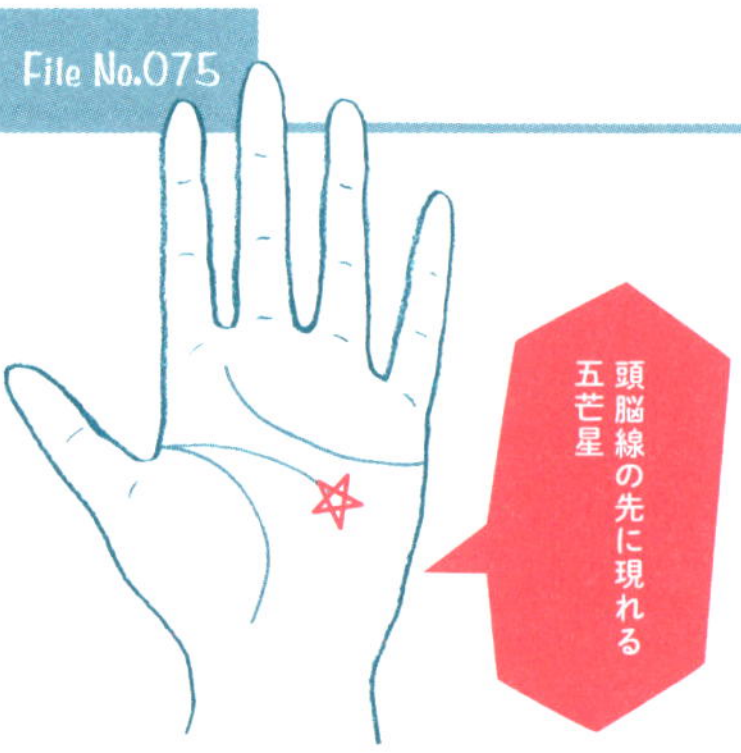

ミラクルを起こす力を手に

奇跡のサインが〈ソロモンの星〉。持っている人は数万人に1人といわれるほど貴重なマークです。世界を変える力を持っている人に現れるともいわれています。もしかすると教科書に登場するような人物になるかもしれません。皆が諦めてしまうような大きな夢を掲げて。きっと達成できるはず！

File No.076

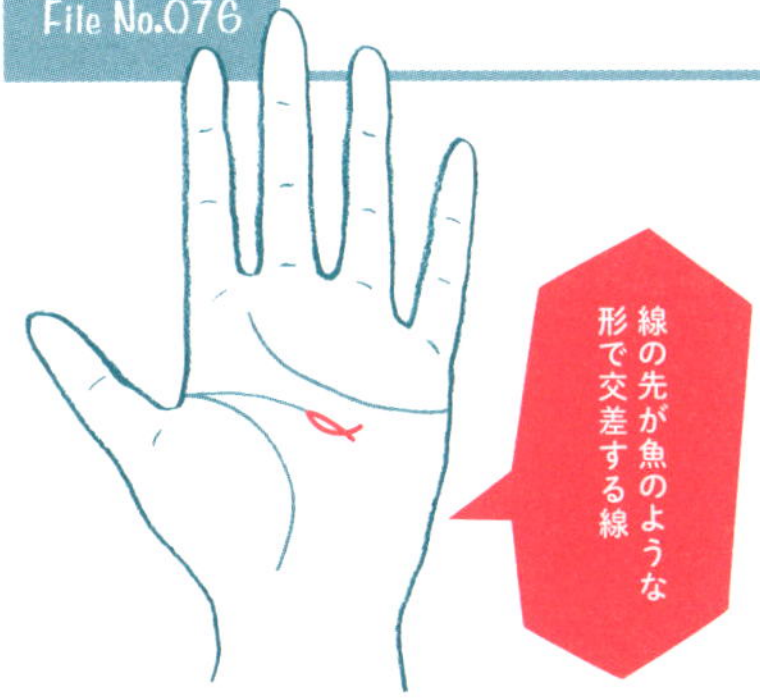
線の先が魚のような
形で交差する線

★ フィッシュ

ラッキーなお魚マーク

魚の形に似ている、幸運を表す線。手のひらのどこにあるかによって意味が異なります。結婚線の先なら「結婚のチャンス」、金運線の先なら「大金が舞い込む」、頭脳線の先なら「キャリアアップ」など、出た線や丘の場所を参考にどんな意味か考えてみましょう。基本的にはどの線でも幸運を表します。

File No.077

漢字の「井」や
音楽記号の「#」
のような線

★ 一発逆転線

ピンチがチャンスに……！

ピンチの状況を大逆転できる前兆として現れる線。もしも今、追いつめられた状況にあるのなら、むしろ大チャンスといえます。ささいなきっかけから状況が一気に改善されるでしょう。臨時収入が入ったり、ヘッドハンティングされたり、ライバルに打ち勝ったり……最後まで諦めないことが大切です！

File No.078

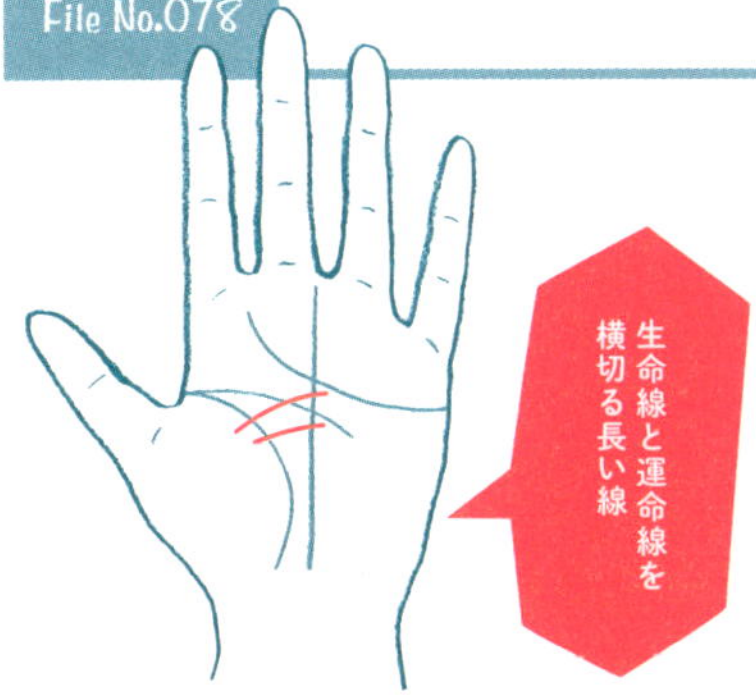
生命線と運命線を
横切る長い線

★ ハードル線

人生の試練が明らかに

運命線を横切る線。線の数が多いほど、試練が訪れるといわれています。仕事でトラブルが発生したり、大切な人とぶつかり合ってしまったりするかも。でも、人生に試練はつきもの。「人間として成長するチャンス」ととらえれば、貴重な機会を与えられているのだと気づけるはずです。

File No.079

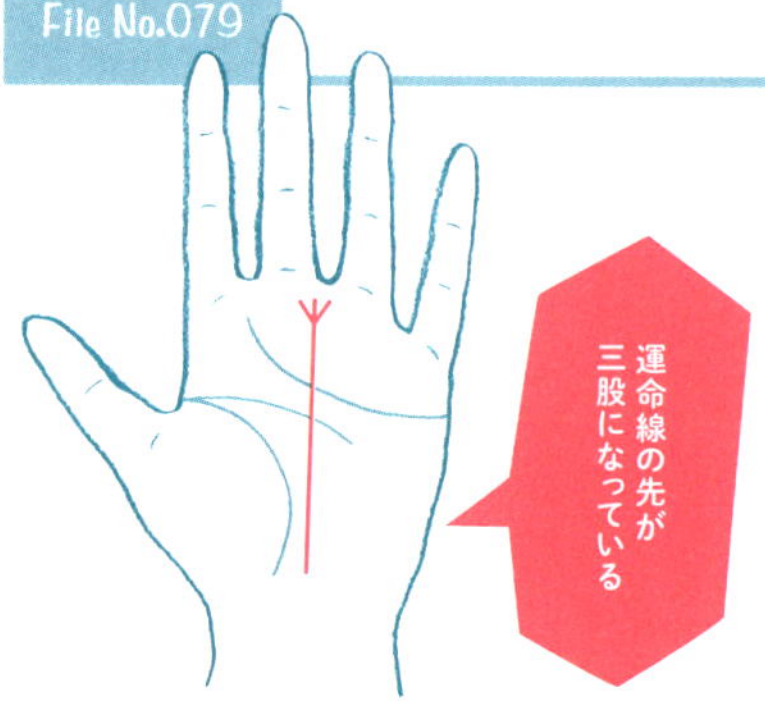
運命線の先が
三股になっている

★ 幸せな晩年線

幸せに包まれる人生の終わり

幸福な晩年を過ごせることが約束された線です。もしも現状に不安を抱えていたとしても心配いりません。明るい未来が待っていることをこの線が教えてくれています。「あなたはこのままで大丈夫」という手からのメッセージだと思って明るい気持ちで過ごせば、人にも環境にも恵まれるでしょう。

File No.080

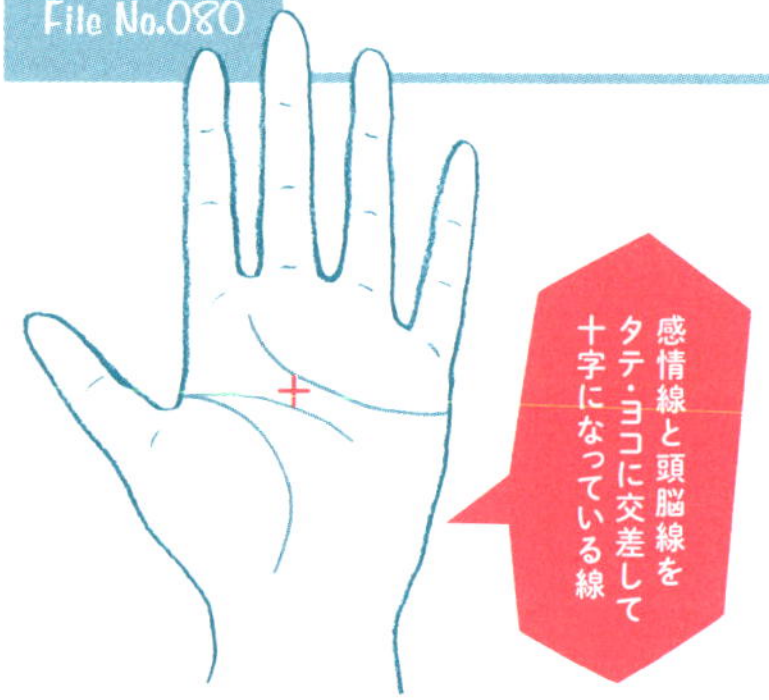
感情線と頭脳線を
タテ・ヨコに交差して
十字になっている線

★ 神秘十字

スピリチュアルな力の持ち主

目に見えない世界とのつながりが深いことを表す線です。この線を持つ人は「守護霊に守られた人」と言われており、直観という形で様々なヒントを得ています。それによりピンチを免れることもあるでしょう。人より鋭敏な感性を持っているので、それを創作活動に活かすと成功を収めます。

File No.081

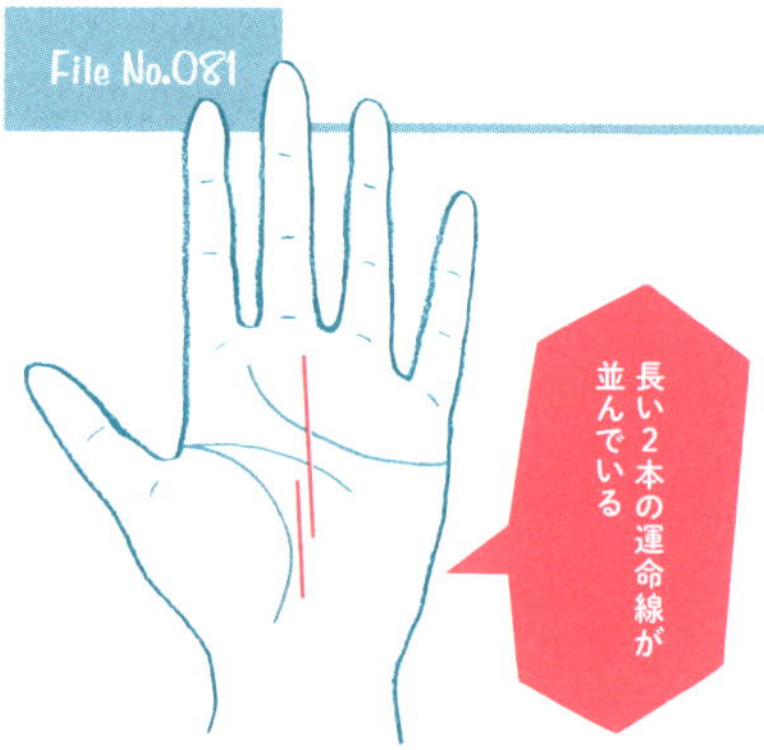
長い2本の運命線が
並んでいる

★ 二重運命線

パワフルに運命を切り開く！

人一倍運気が強いことを意味する線です。自分の望んだ方向へ順調に進んでいけるでしょう。また、チャレンジ精神も旺盛で誰も成し遂げていないことに果敢に挑んでいきます。人生を切り開いていく力がとても強いので、この線があるなら、ぜひ、自分の夢を叶えるために行動を起こしましょう。

巻末付録　永久保存版！　あなたの手にもきっとある 島田流手相図鑑

♥恋愛　💎結婚　🏢仕事　💰お金　🎗健康　★将来、その他

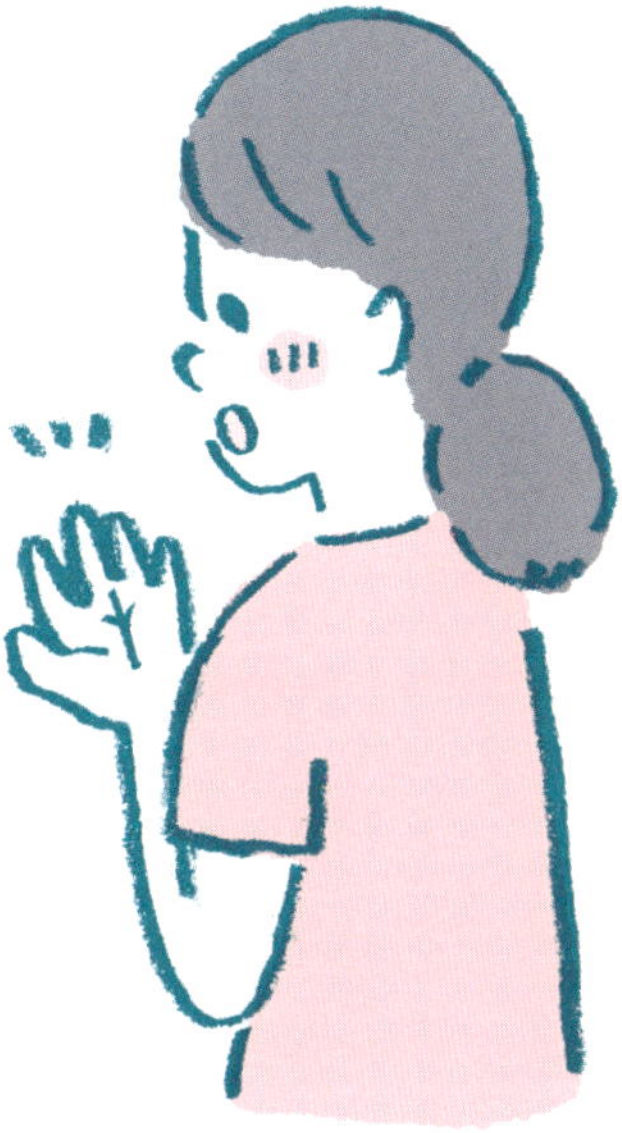

おわりに

手相はあなたに幸せになる自信を与えてくれるもの

手相はあなたの「取扱説明書」。
それをしっかり読み取ることはできましたか？
また自分のいろいろな性格を知ることができたでしょうか？

最近、よく思うのが「みんな、やっぱり自信がないんだな」ということです。
「自信がない」ということは、自分を信じることができていない、
それは「自分が何者かわかっていない」ということなんじゃないかな、と思っています。

そういう時に「君、〇〇線があるよ」と言うと、すごく喜ばれるんですね。
たとえそれが〈エロ線〉であっても「え〜、私、エロいんだって！」とうれしそう（笑）。
当たっているか、当たっていないかはともかく
「あなたにはこういう一面があるかもしれませんよ」と言われることで、
自分がどういう人間なのか、知るきっかけになるのかもしれません。

手相を通じてどんどん自分を知っていけば、

自分がどんな人間かわかるようになってきます。
そしてそのことが必ず、あなたの自信になります。

マッサージやエクササイズ、ネイルなど、
この本では手相を自分の望み通りに変えたり、
運のいい手を作るための方法もいくつか紹介してきました。
それは、「なりたい自分になる」ための第一歩。

不思議なことに、運のいい人には共通点があります。
それは「私って、運がいい！」と心から信じていることです。
とはいえ、なかなかそうは思えないですよね。

でも、手に幸運のサインが出ていたなら……、
きっとあなたも、自分の幸せを信じられるはず。

あなたも手相を活用して「自信」を手にしてくださいね！

Profile

島田秀平

1977年12月5日生まれ。長野県長野市出身。ホリプロコム所属のお笑い芸人。芸人活動の傍ら、2002年に知り合った「原宿の母」に占いの才能を見出され、修業を始める。2008年には「代々木の甥」を襲名。芸人ならではの視点でつけたユニークな手相のネーミングが大人気に。これまでに約30000人以上の手相を鑑定し、現在も手の研究を重ねている。手相のほかパワースポットや都市伝説、開運法などにも詳しい。
著書に『島田秀平の 幸せ引き寄せ手相占い』(河出書房新社)、『島田秀平が3万人の手相を見てわかった!「強運」の鍛え方』(SBクリエイティブ)、『島田秀平のスピリチュアル都市伝説』(学研プラス)などがある。

島田秀平の運気が上がる!! 手相の変え方

2017年9月1日　第1刷発行
2019年11月5日　第2刷発行

著　者	島田秀平
編　集	大木淳夫
発行人	木本敬巳
発行・発売	ぴあ株式会社 〒150-0011　東京都渋谷区東1-2-20 渋谷ファーストタワー
編集	03(5774)5267
販売	03(5774)5248
印刷・製本	大日本印刷株式会社

マッサージ監修	トータルビューティーアドバイザー・水井真理子
ブックデザイン	中井有紀子(SOBEIGE GRAPHIC)
イラスト	佐々木奈菜
企画協力	長沼けい子
協力	髙田敏之(ホリプロコム)
編集	山田奈緒子、井上一樹(株式会社説話社)

ISBN 978-4-8356-3823-2